山东工商学院博士科研启动项目(BS201718)

列宁党风建设思想与实践研究

李桂树　著

山东大学出版社

图书在版编目(CIP)数据

列宁党风建设思想与实践研究/李桂树著. —济南:山东大学出版社,2018.9

ISBN 978-7-5607-6190-9

Ⅰ.①列… Ⅱ.①李… Ⅲ.①马列主义党—党风建设—研究②中国共产党—党风建设—研究 Ⅳ.①D053 ②D261.3

中国版本图书馆 CIP 数据核字(2018)第 255762 号

责任策划:陈海军
责任编辑:李艳玲
封面设计:张　荔

出版发行:山东大学出版社
社　址　山东省济南市山大南路 20 号
邮　编　250100
电　话　市场部(0531)88368008
经　销:山东省新华书店
印　刷:济南景升印业有限公司
规　格:720 毫米×1000 毫米　1/16
12 印张　223 千字
版　次:2018 年 9 月第 1 版
印　次:2018 年 9 月第 1 次印刷
定　价:39.00 元

前　言

中国特色社会主义事业是中国共产党坚持解放思想、实事求是，在深刻总结和汲取历史经验教训的基础上，团结和带领全国各族人民在新的历史时期坚定不移地推动马克思主义基本原理与中国实际和时代特征相结合的产物。中国共产党是中国特色社会主义事业的领导核心。在中国特色社会主义的总布局之中，党的建设不仅是其不可或缺的重要组成部分，而且还居于统领的突出地位，其重要性可见一斑。历史经验表明，什么时候我们党的自身建设搞得好，那么我们党的事业就顺利前进，兴旺发达；什么时候我们党的自身建设搞得不好，那么我们党的事业就遭受挫折，甚至是失败。因此，基于自身的性质、宗旨、纲领的规定和要求，以及对历史经验教训的总结和汲取，中国共产党始终高度重视自身建设问题。党的作风建设攸关党的政治路线的制定和执行，攸关党的形象，攸关人心向背，攸关党的领导的实现，一句话，党的作风建设攸关党的生死存亡，所以在党的建设中占有十分突出的重要地位。基于此，本书的研究以党的十八大以来习近平同志为核心的党中央制定并实施的"全面从严治党"的战略布局为现实背景，力图通过对列宁党风建设思想与实践的研究，进一步夯实我们党的作风建设的理论基础，并为党的作风建设所面临的时代课题提供有益的借鉴与参考。

一、研究的目的和意义

（一）选题的目的

1. 选择党风问题开展研究的目的

第一，之所以关注并选择党风这一问题，是作风建设在党的建设中的特殊地位使然。在党的建设的总布局当中，作风建设具有重中之重的地位和作用。从其与思想建设之间的关系来看，如果没有理论联系实践的学风，那么就避免不了思想僵化和教条主义，进而导致主观与客观相分离，思想与实际不统一。从其与政治建设之间的关系来看，如果没有求真务实的思想作风，那么正确的政治纲领、路线、方针和政策就无法制定出来，即便制定出来，也只能流于政治空谈。从其与组织建设之间的关系来看，如果没有团结统一的组织作风，那么宗派主义就不可避免。由此，党组织的向心力、凝聚力和战斗力就无法生成，甚至很可能成为一盘散沙。从其与制度建设之间的关系来看，制度建设是党的作风建设的必要路径，反过来，党的作风又是制度得以维护和发挥作用的重要保证。如果没有良好的工作作风来支撑，那么各种制度也避免不了落入形式主义的窠臼。从其与反腐倡廉建设之间的关系来看，如果没有民主的领导作风，那么就无法实现对权力的有效监督，那么腐败就不可避免。从一定意义上说，民主的领导作风是抵制腐败的良药和廉洁勤政的基石。不仅如此，无论是党的先进性建设、纯洁性建设抑或是党的执政能力建设等等，也都同样离不开党的作风建设，甚至是以党的作风建设为主要前提或表征。因此，可以说，关注并选择作风建设问题，就等于抓住了党建问题的关键。

第二，之所以关注并选择党风这一问题，是党风和社会风气之间的特殊关系使然。在我们国家，中国共产党是唯一合法的执政党，中国共产党的党风对社会风气具有明显的导向、引领和示范作用。反过来，社会风气的好坏也会在一定程度上影响到党风的优劣。可以说，党风与社会风气紧密相连，时刻互动，但是在两者之间，党风无疑更具决定性意义。当前，在中国特色社会主义市场经济背景下，社会和经济体制双转型相叠加，使我国社会发生了天翻地覆的深刻变化。新的社会阶层、新的生产方式、新的就业方式、新的生活方式等不断涌现，人们的价值追求、文化生成、利益获得多元化的态势得以形成。这种多元化的发展态势，一方面大大激发了社会的活力，尤其是推动了生产力的巨大发展，增强了我国的综合国力，提高了我国的国际地位和影响力；另一方面，这种多元化态势也对党的执政能力提出了新的更高的要求，那就是如何在坚持指导思想一元化的同时，引领并充分调动激发多元的社会活力，并在党的领导下不断推动党和国家的事业健康发展。特别是当前我国社会贫富差距不断拉大的态势未能得到根本的遏制，而先富带动后富的局面尚未全面生成，再加上部分党员领导干部利用手中的权力大搞权钱交易、权色交易、权权交易，如此种种，不仅极大地损害了党在人民心目中的形象，严重影响了党和政府的公信力，而且也严重毒化了社会风气，并由此引发了人民群众的强烈不满。所以，只有坚持不懈并卓有成效地深入进行党的作风建设，不断密切党和人民群众之间的血肉联系，才能使我们党领导的中国特色社会主义事业获得更加广泛的社会认同与支持，也才能促进社会风气的不断优化。诚如邓小平所指出的那样，因为我们党是执政党,所以端正党风就成了端正社会风气的关键,只有把党风搞好了,才能实现社会风气的转变,也才能真正做到坚持四项基本原则。可以说,关注党风建设问题是势所必然。

第三,之所以关注并选择党风这一问题,是当前我们党在党风建设方面面临的严峻形势使然。当前,国际、国内以及党自身的情况都在发生新的复杂而深刻的变化,这些变化使党的自身建设面临着前所未有的新的严峻考验。总的来看,当前,我们党不仅面临着长期执政的考验、进行改革开放的考验,而且还面临着发展市场经济的考验和外部复杂环境的考验。也就是说,中国共产党必须面对并解决:在长期执政的条件下,怎样做到科学执政、民主执政、依法执政,怎样做到永远保持共产党人的政治本色而不变质。在改革开放的条件下,怎样在复杂多变的内外形势下攻坚克难、顺利推进改革开放的伟大事业,怎样在利益格局深刻调整中保持党的先进性和纯洁性。在市场经济条件下,如何充分发挥市场在资源配置当中的决定性作用,如何规避市场机制自身的弊端,如何发挥社会主义制度的优越性。在外部环境不断深刻变化的条件下,如何抓住和用好重要战略机遇期,实现快速发展,如何在国际交往中取长补短、趋利避害、维护国家安全。在这些严峻的考验面前,我们党既要看到自身具有的优势,更要看到自身存在的不足,尤其是要清醒地看到,在部分党员中间还不同程度地存在着诸如由于理想信念的缺失导致的精神懈怠的危险、由于不思进取导致的能力不足的危险、由于主从关系的倒置导致的脱离群众的危险、由于使命担当的丧失导致的消极腐败的危险。而这“四大危险”无一例外地昭示着我们党的作风建设亟待加强,如果任由党内的不正之风大行其道,那么不仅会使我们党无法从容应对各种考验、规避各种危险,而且还会因其疏离甚至割裂党与人民群众之间的血肉联系,从而使党的执政之基面临着可能垮塌的危险境地。可以说,关注并选择党风建设问题是正当其时。

2.选择列宁的党风建设思想与实践开展研究的目的

第一,这是列宁和中国共产党的历史渊源使然。马克思恩格斯创立了科学社会主义,把社会主义由空想变成了科学,为国际共产主义运动的健康发展指明了正确的前进方向。列宁根据19世纪末20世纪初国际国内形势的新变化,积极回应了时代变化和工人运动发展面临的新问题、新挑战,他一方面同第二国际后期的修正主义思潮作坚决的斗争,捍卫和坚持了马克思主义的理论尊严和权威;另一方面在革命和建设实践中丰富和发展了马克思主义,并将其从科学的理论形态变成了活生生的现实。不仅如此,作为领导国际共产主义运动的一面旗帜,列宁还创建了第三国际,承担起领导国际共产主义运动的历史重任，极大地推动了世界无产阶级革命和包括中国在内的殖民地、半殖民地被压迫民族解放事业的蓬勃发展。列宁不仅领导建立了俄国共产党，而且领导建立了世界上第一个社会主义国家，一生兼跨领导革命和建设两个时期，所以积累了丰富的党建经验。诚如邓小平所说的那样，关于党的建设，“在这一方面马克思和恩格斯讲得不多，列宁有个完备的建党学说”①。毋庸置疑，俄国革命的胜利不仅为中国革命提供了可供借鉴的鲜活样板，极大地鼓舞了中国人民的革命斗志，也为中国的先进分子最终接受马列主义创造了必要的前提。在列宁的直接关怀和帮助下，中国共产党得以建立，并成为列宁领导的共产国际的一员，使中国革命的面貌为之一新。从这个意义上可以说，列宁主义是中国共产党指导思想的直接理论基础。因此，深入研究列宁党风建设思想与实践无疑是顺理成章的。

第二，这是吸取苏联亡党亡国的惨痛教训使然。作为高举马克思主义旗帜的执政党，我们党只有保持自身的坚强有力和刚健有为，才能在不断深刻变化的国际、国内形势下领导人民攻坚克难，并不断推动中国特色社会主义事业胜利前进。为此，我们党一方面必须探索执政党建设的规律，也就是从当代各国执政党执政的经验教训中总结提炼出执政党建设应当遵循的最普遍、最一般的东西为我所用，以扬长避短；另一方面也是最为重要的一个方面就是借鉴、消化和吸收社会主义国家执政党建设的经验教训，特别是苏联共产党的经验和教训，以趋利避害。之所以这样，不仅是因为从严格意义上讲我们党是在列宁主义指导下建立起来的，而且还因为苏联共产党和我们党同属无产阶级政党，加之国情近似，所以对我们党来说，苏共的党建经验教训更具针对性和参考价值。客观来看，苏联亡党亡国的原因有多方面，而这其中最重要的原因就是作为执政党的苏联共产党本身出了问题。从某种意义上来说，恰恰是列宁的后继者纷纷背离了列宁的党建学说，才造成了苏联亡党亡国的历史惨剧。事实上，列宁其后的苏联共产党形成了高度集权的经济、政治和文化体制，虽然这种体制在一定时期发挥了巨大的作用，但是其弊端和危害也同样明显。从对苏共本身影响的角度来看，这种体制造成了党内的思想僵化和教条主义盛行，民主集中制受到破坏，个人崇拜、官僚主义、贪污腐败大行其道，特别是党内形成了既得利益集团，严重割裂了党群关系，致使苏共民心尽失，亡党亡国。前事不忘，后事之师。中国共产党必须以列宁党风建设思想与实践为指导，自觉加强和改善党的作风建设，不断培育和发扬优良传统和作风，以立于不败之地。因此，研究列宁的

① 《邓小平文选》第2卷，人民出版社1994年版，第44页。

党风思想与实践问题无疑是有必要的。

(二)选题的意义

1. 理论意义

第一,这是进一步推动马克思主义中国化的需要。马克思和恩格斯一贯主张无产阶级政党要旗帜鲜明地反对教条主义,并把科学社会主义的理论与各国具体实际结合起来。列宁也曾经指出,马克思主义没有也不可能穷尽真理,对具体情况作具体分析才是贯穿于马克思主义理论的活的灵魂。应该说,马克思主义经典作家的经典思想,为我们党自觉推动马克思主义中国化指明了方向。那就是,要推动马克思主义中国化,就必须推动马克思主义与中国实际相结合。而这首先就必须要搞清楚马克思主义是什么,否则就无法与中国实际相结合,也就无以实现中国化。虽然马克思主义是马克思和恩格斯的观点和学说的体系,但是中国人最终接受的是经由列宁推进到新阶段的马克思主义,所以,作为中国共产党指导思想第一位的是马克思列宁主义。由于列宁的党建思想是列宁主义的重要组成部分,而列宁党风建设思想又是其党建思想的有机组成部分,那么推动列宁党风建设思想中国化显然是推动马克思主义中国化的题中应有之意,是顺理成章的。

第二,这是进一步巩固马克思主义指导地位的需要。目前,世界上社会主义和资本主义两种社会制度并存。虽然伴随着改革开放和社会主义市场经济的发展,中国的综合实力和国际影响力与日俱增,但是就总体而言,社会主义的实力较之资本主义明显处于劣势。即便如此,以美国为首的西方资本主义国家出于意识形态一争高下的考虑,一刻也没有放松对社会主义国家意识形态的渗透,特别是不断加速对我国实施"和平演变"。为了配合"和平演变"战略的实施,有些西方政要和学者在共产党的指导思想上大做文章。他们有的直接否定马克思主义科学性;有的别有用心地对马克思和恩格斯的著作断章取义,造成两者的对立;有的否认列宁主义是对马克思主义的继承与发展;等等。虽然表述不同、风格各异,但是出发点只有一个,那就是动摇甚至摧毁马克思列宁主义在我们国家的指导地位,并由此颠覆中国共产党执政的思想基础,直至达到亡党亡国的险恶目的,实现其所谓的"历史终结"。尤其需要注意的是,我们党是执政党,是以马克思主义为指导思想的,所以人们极易把党的建设过程中出现的这样或那样的问题归咎于马克思主义本身,加之西方敌对势力的推波助澜,容易动摇人们对于马克思主义的信仰,以至于置疑中国共产党执政的历史和现实合法性,并弱化甚至抛弃党的领导。在这种情况下,更加要求我们党自觉加强自身建设,打造过硬的作风，以进一步增强人民群众对马克思主义的信仰，进而不断巩固马克思主义的指导地位。基于此，深入研究列宁党风建设思想与实践，是势所必然。

2.现实意义

第一，这是进一步增强党的先进性和巩固党的执政地位的需要。回顾我们党领导中国革命和建设的历史可以看出，正是因为我们党在不同时期顺应了历史发展的潮流，顺应了人民群众的期待，保持了自身的先进性，才使我们党能够正确把握历史的发展方向，也才使我们党不断巩固自身的阶级基础，不断扩大群众基础，并赢得了执政地位。但是我们也必须清醒地看到，党的先进性和执政地位不是一劳永逸的、一成不变的。依据马克思主义唯物史观的基本原理，生产力决定生产关系，经济基础决定上层建筑，生产力的发展必然要求生产关系和上层建筑不断变化并与之相适应。以此观之，党作为政治上层建筑，必然要随着生产力的发展变化而不断发展变化，因此，党的建设永远在路上。此外，马克思主义唯物史观虽然不否认英雄人物在人类历史发展进程中发挥的重要作用，但是更强调只有人民群众才是历史的创造者。由此可见，纵然无产阶级是最进步的阶级，党是无产阶级的先锋队组织，但是党如果脱离了人民群众仍然是一事无成。这就要求我们党必须把党的先进性落实到代表最广大人民的根本利益上，落实到为人民群众谋利益上，落实到回应和满足人民群众的期待上。而党的作风不仅是人民群众判断和甄别党的性质、宗旨的镜鉴，更是人民群众体察党是否具有先进性的标尺。因此，只有加强党风建设，打造和保持优良的党风，才能赢得人民群众的信赖和拥戴，才能使党的先进性进一步得到彰显，也才能使党的执政地位进一步得到巩固。

第二，这是进一步开创党的作风建设新局面的需要。党的十八大以来，以习近平同志为核心的新一届中央领导集体，根据党在新时期新阶段面临的新形势、新任务和新挑战，以对党、国家和人民利益高度负责的态度，直面自身存在的突出问题，敢于揭短，不怕亮丑，制定并实施了“全面从严治党”的基本方略，以党风廉政建设为抓手，建章立制、纠风肃纪，出重拳，下猛药，致力于加强和改善党的建设。从“八项规定”转变工作作风开始，到以“务实、为民、清廉”为主题的党的群众路线教育实践活动的开展，再到“三严三实”专题教育的实施，以及“两学一做”学习教育的进行，对党内存在的不正之风形成了高压态势，致使腐败分子无法遁形，纷纷落马。相信这些新举措必将对党风的根本好转产生重大而深远的积极影响。然而，诚如列宁指出的那样，“没有革命的理论，就不会有革命的运动”[①]。以此观之，当前我们党开展的党风廉政建设显然也不能例外，同样需要理论的指导。如果离开了理论的指导，那么党风建设的实践就必然会偏离正确的方向。我们党是马克思主义政党，所以党风建设必须遵循马克思主义的指导，通过把马克思主义党风建设思想与我们党开展党风建设的实践相结合，生成体现时代特征和中国实际的新理论，并不断以之指导新的党建工作。因此，在“全面从严治党”的现实背景下，深入挖掘列宁党风建设思想与实践，无疑将为加强党的作风建设奠定坚实的理论基础，并提供科学的行动指南，进而开创出党的作风建设的新局面。

二、选题的研究现状

（一）国内研究现状

诚然，国内学界对列宁党建思想与实践方面做了大量的研究工作，但是专门系统针对其党风建设思想与实践方面的研究成果却很少，说明这方面的研究尚须进一步的深化。截至目前，已有的研究成果主要可以划分为两大类：一类是开宗明义针对列宁党风建设思想与实践的研究；一类是针对列宁党风建设思想与实践中的某一方面的研究。

1. 开宗明义针对列宁党风建设思想与实践的研究

有的学者认为，十月革命胜利后，列宁提出了党要加强与人民群众的血肉联系、克服官僚主义、反对贪污腐败的思想，并采取了一系列的具体措施。如：周克武、徐一飞的《列宁关于党风建设的理论与实践》（《渝州大学学报（社会科学版）》2002 年第 1 期）。有的学者认为，列宁的党风建设思想应当包括：新型党必须坚持革命胆略与求实精神相结合的作风；新型党必须保持同群众的密切联系；新型党必须积极开展批评和自我批评；执政党要同骄傲自大和特殊化等现象作斗争，锻炼一个好的风格。如：黄飚的《马克思主义党风建设理论中国化研究》（世界图书出版广东有限公司 2011 年版）。有的学者把列宁的党风建设思想概括为：理论联系实际；密切联系群众；批评与自我批评；加强廉政建设。如：袁翠的《列宁关于执政党党风问题的探索》（南京师范大学硕士学位论文，2011 年）。有的学者把列宁的党风建设思想归结为：把马克思主义当成科学的、实践的理论，反对固守“本本”的教条主义；执政党最严重最可怕的危险就是脱离群众，官僚主义是共产党的大敌。

---

① 《列宁专题文集》（论无产阶级政党），人民出版社 2009 年版，第 70 页。

如:赵振娇的《经典作家关于党风建设的思想及其在中国新时期的发展》(南京师范大学硕士学位论文,2012 年)。

2. 针对列宁党风建设思想中的某一方面的研究

(1)关于反对官僚主义思想与实践的研究。学界一直十分关注列宁反对官僚主义方面的研究。已有的研究成果表明,列宁一直非常重视反对官僚主义,并揭示了官僚主义产生的原因,采取了反对官僚主义措施,取得了一定的经验。比较有代表性的研究成果有:陈显泗、黄家泉的《十月革命胜利后列宁反对官僚主义的斗争》(《郑州大学学报(哲学社会科学版)》1981 年第 1 期),周泳、徐世钦的《列宁反对官僚主义的斗争》(《暨南学报(哲学社会科学)》1985 年第 1 期),闵宝力的《列宁反对官僚主义的斗争及其历史经验》(《外国问题研究》1987 年第 4 期),李俊明的《列宁论官僚主义现象和社会主义民主的形式》(《理论探讨》1992 年第 3 期),张希的《列宁晚期的监督思想与反对官僚主义》(《西北大学学报(哲学社会科学版)》1992 年第 2 期),龚廷泰的《官僚主义的体制原因及其消解手段——重温列宁反对官僚主义的理论与实践》(《江苏社会科学》1998 年第 5 期),钟晓雄的《列宁反对官僚主义的探索》(《岭南学刊》1999 年第 3 期),田猛的《列宁对官僚主义的透视和剖析》(《西安交通大学学报(社会科学版)》2011 年第 3 期),杨海波的《官僚主义的文化探源与启示——列宁基于逻辑判断与现实选择的分析》(《湖北社会科学》2012 年第 5 期)。

(2)关于密切党群关系思想与实践的研究。有些学者通过研究列宁密切党群关系的思想与实践,揭示了其现实意义和启示。比较有代表性的研究成果有:邢广成的《列宁对社会主义的探索》(长春出版社 2009 年版),李忠杰的《列宁论党与人民群众的血肉联系》(《国际共运史研究》1990 年第 2 期),王庆海的《列宁关于密切与群众联系的理论与实践》(《东欧中亚研究》2000 年第 6 期),林燕的《列宁的执政党密切联系群众思想及时代意义》(《黑龙江社会科学》2008 年第 5 期),蒯正明的《列宁关于密切党群关系的思想与现实启示》(《社会主义研究》2013 年第 6 期),寇清杰的《列宁人民群众观及其当代价值》(《思想理论教育导刊》2013 年第 10 期),吴波的《列宁关于无产阶级政党群众路线思想及其启示》(《北京航空航天大学学报(社会科学版)》2016 年第 5 期)。

(3)关于发展党内民主思想与实践的研究。学者们从社会历史条件、思想来源、价值诉求、实现途径、重要认识、思想辨析、思想价值、演变过程及当代启示等几个方面揭示了列宁的党内民主思想。比较有代表性的成果有:高放的《列宁对党内民主建设的探索——兼评列宁晚年民主思想》(《厦门特区党校学报》2003年第5期)，司永海的《列宁党内民主思想探源》(《湖北社会科学》2011年第11期)，顾玉兰的《列宁早期党内民主思想探析》(《学术论坛》2011年第2期)，徐亦让的《列宁“无产阶级民主”思想辨析》(《马克思主义研究》2007年第1期)，刘志明的《科学认识列宁的党内民主思想》(《理论学刊》2010年第4期)，俞良早的《列宁由理想化民主向现实民主的思想转变》(《俄罗斯中亚东欧研究》2011年第5期)，王进芬的《俄共(布)十大对党内民主的争论及其走向和影响》(《当代世界和社会主义》2016年第5期)。

(4)关于党的团结统一思想与实践的研究。有学者认为，防止和反对宗派分裂活动，确保党的团结和统一，这是工人阶级执政党执政的组织基础和保障。十月革命后，列宁和他领导的布尔什维克党对党内的各种形式的反对派进行了有理、有利、有节的斗争，出色地保证了布尔什维克党在无产阶级革命原则基础上的团结和统一；不仅如此，还为预防和消除“寡头政治”带来的分裂危险设计了“集体领导”“改组工农检察院”等一系列制度方案。列宁的执政党建设理论与制度设计对各国工人阶级执政党执政能力的提高均具有非凡的历史意义和现实意义。如：赵清华、苏凤超的《论列宁工人阶级执政党保持团结统一的价值观——列宁的执政党建设理论与实践钩沉》(《中北大学学报(社会科学版)》2012年第5期)，秦义、许斗斗的《列宁党内团结思想及其当代价值》(《学校党建和思想教育》2015年第13期)。

(5)关于批评与自我批评思想与实践的研究。学者们认为，列宁把批评与自我批评看作无产阶级“一个郑重的党的标志”，并身体力行开展批评与自我批评，垂范全党。如：牟镜石的《学习列宁的批评和自我批评精神》(《唯实》1984年第4期)，柳礼泉、戴晓慧的《论列宁党内批评思想及其当代价值》(《马克思主义研究》2016年第1期)。

(6)关于反对空谈思想与实践的研究。有学者认为，列宁在领导苏维埃俄国进行社会主义建设过程中，始终注重实际，重视效果，反对一切空谈和浮夸，这种革命的求实精神是值得我们学习和借鉴的。如：刘义泉的《列宁论社会主义建设中的求实精神》(《厦门大学学报(哲学社会科学版)》1984年第2期)。也有学者认为，十月革命胜利后，俄共(布)党内存在着严重的热衷“革命空谈”的倾向。列宁不仅坚决反对，而且提出了很多有价值的思想。他指出，“革命空谈”就是不顾客观形势而一味重复革命口号。“革命空谈”不仅造成日益激烈的党内争论，影响党的团结和统一意志的形成，使党不能集中精力于党所面临的中心工作和主要任务，还会使部分党员、干部和群众对党的政策产生疑惑甚至抵触情绪。列宁强调，对执政的共产党人来说，最大的危险就是夸大革命的作用，要“少搞些政治，多搞些经济”，要面向未来和实践，不能停留于昨天和书本。如：俞敏的《列宁反对"革命空谈"的话语及思想》(《当代世界与社会主义》2008 年第 6 期)，王进芬的《列宁关于反对"革命空谈"的思想》(《学术论坛》2009 年第 12 期)。

(7)关于反腐倡廉思想与实践的研究。有些学者认为，十月革命胜利后，列宁高度重视党和国家机关的反腐倡廉建设，不仅揭示了腐败的危害，产生的根源、表现形式、特点，而且还为拒腐防变制定并采取了一系列原则和重要举措；与此同时，他倡导廉洁奉公，并率先垂范，为党和人民树立了光辉的榜样。比较有代表性的成果有：姬金铎的《列宁反腐败斗争的理论与实践》(《中国青年政治学院学报》1991 年第 2 期)，曾光梅、曹希岭的《列宁的党政监督思想论析》(《学习论坛》2015 年第 12 期)。

(二)国外研究现状

尽管国外政界和学界对列宁和列宁主义的研究一直保持着一定的热度，甚至不乏像美国哈佛大学的阿尔弗雷德·迈耶尔这样的学者认为在列宁主义的体系中"政党理论是最重要的部分"[①]，但是对列宁的党建学说方面的研究，总体上来说还是比较薄弱的，对列宁的党风建设思想与实践方面的论述更是寥寥无几。当然，这绝对不是说列宁的党风建设思想不重要，只不过是不同的人在不同的历史时代，基于不同的阶级立场，关注不同的突出问题以及各自不同的解读方式等等所产生的不同的认知结果罢了。事实上，诚如叶卫平在其《西方"列宁学"研究》一书中指出的那样，西方的学者和政要更多的是在如下几个方面关注列宁和列宁主义。如：列宁主义和马克思主义之间的关系问题；知识分子和无产阶级的关系问题；党和国家的关系问题；列宁的个性与品质问题；等等。而真正对列宁关于无产阶级政党自身建设的问题则不甚关注，所以关于这方面的论述是空白也就不足为奇了。只有苏联的部分政要和学者的部分著述涉及一些相关内容，但是即便如此，也不都是直观的表达，有的仍需对其基本意蕴进行归纳和提炼，方得其要义。

1. 苏联政要关于列宁党风建设思想的论述

(1)在涉及列宁的党风建设思想方面，最为典型的莫过于斯大林在其《论列宁主义问题》一书中指出的，列宁主义的工作作风就是"(一)俄国人的革命胆略；(二)美国人的求实精神。列宁主义的作风就是党的工作和国家工作中的这两个特点的结合"[②]。列宁主义的工作方法的要求，"就是说，要恢复那个被破坏了的理论和实践的一致，消灭理论和实践分离的状态，因为

---

① Alfred G. Meyer. *Leninism*. Harvard University Press, 1957, p. 1.

② [苏]斯大林：《论列宁主义问题》，人民出版社 1964 年版，第 85 页。

只有这样，才能创立具有革命理论武装的真正的无产阶级政党”[①]。“要无产阶级政党进行自我批评，要无产阶级政党根据自身的错误来学习和接受教育，因为只有这样，才能培养出党的真正干部和真正领袖。”[②]虽然斯大林将革命胆略、务实精神、理论联系实践和自我批评用列宁主义工作作风和工作方法呈现出来，但是结合列宁的论述来看，这些内容无疑是党风建设的题中应有之义。

(2)托洛茨基对列宁方法和力量的解读也有一定的代表性。他指出：“只有把十月革命与布列斯特和约、伟大的魄力与胆大心细的作风、果断精神与洞察力自然地和有机地结合起来，才能衡量列宁的方法和列宁的力量。”[③]虽然他并未直接指出这是列宁的党风建设思想，但是魄力、胆大心细、果敢和洞察力无疑是列宁对党内职业革命家品质的要求，而职业革命家无疑是党的中流砥柱。

(3)布哈林认为：“实践的观点是列宁的一个非常突出的观点，这个观点决不意味着忽视理论。恰恰相反，它要求十分重视理论。”[④]也就是说，列宁固然强调实践的重要性，但是他更加关注的是理论与实践相结合，而这无疑是共产党人最重要的学风。

2.苏联学者对列宁党风建设思想与实践的论述

(1)关于反对官僚主义和拖拉作风思想与实践。鉴于苏联党和国家机关内部的积弊，R.柴卢里科夫认为：“列宁同国家机关中的官僚主义和拖拉作风作斗争的实践，为我们今天克服这些消极现象提供了锐利武器。”[⑤]A.兹维列夫指出，研究列宁对官僚主义的论述，“在以下两个方面都具有重大的理论意义和实践意义。一方面，弗·伊·列宁的论点是实事求是地深入研究有关提高经济和社会文化建设的组织管理效率问题，以及克服在社会生活的各个领域的改革过程中出现的官僚主义种种表现的出发点”。“另一方面，精确而又不打折扣地理解和阐述弗·伊·列宁对这个问题的思想，已成为有力地反驳对科学共产主义奠基人思想的曲解和歪曲，特别是资产阶级对列宁有关官僚和官僚主义的错误诠释的科学研究方法的基础。”[⑥]A.奥库索夫认为，列宁反对官僚主义，并特别注意到了官僚主义产生的经济根源。不仅如此，“列宁曾建议根据兵法上的所有原则来同官僚主义作斗争，他坚

① [苏]斯大林：《论列宁主义问题》，人民出版社1964年版，第10页。

② [苏]斯大林：《论列宁主义问题》，人民出版社1964年版，第11页。

③ [苏]托洛茨基：《论列宁》，王家华等译，三联书店1980年版，第80～81页。

④ [苏]布哈林：《布哈林文选》中册，人民出版社1981年版，第71页。

⑤ [苏]R.柴卢里科夫：《列宁论反对官僚主义和拖拉作风》，《国外社会科学》1987年第12期。

⑥ [苏]A.兹维列夫：《列宁论官僚与官僚主义的实质》，《苏联问题参考资料》1988年第3期。

决要求全面地克服官僚主义这个大祸害”[①]。

(2)关于反对个人崇拜作风的思想与实践。针对有人提出在列宁掌控国家权力的时期存在个人权力体制和个人崇拜的问题，E. 维滕贝格认为，列宁时期的党和国家实行的是集体领导的原则，任何企图个人掌权的意向对列宁来说都是不能容忍的。“任何问题都经过仔细的讨论，展开热烈的争论，任何人的立场和建议，其中包括列宁本人的在内都受到过批评。”[②]此外，虽然由于列宁巨大的历史功绩和声望赢得了人民群众甚至是党和国家领导人对他的推崇，但是“列宁作为一个具有极高文化素养的人，断然反对对他的崇拜的任何做法，并且经常同这种做法作斗争”[③]。由此可见，列宁时期并不存在个人权力体制，再加上列宁本人对个人崇拜的强烈反感和抵制，因此所谓违背党和国家的民主原则也就无从谈起了。

(三)基本评价

通过对国内外研究现状的历史考察可以看出，已有的研究成果为今后的研究奠定了一定的基础，与此同时也不难发现，这方面的研究还有待进一步的深化。具体表现为：第一，开宗明义直接针对列宁党风建设思想与实践方面的研究成果少。已有的研究成果仅有 14 篇学术论文和 3 篇硕士学位论文。第二，局部研究多，整体研究少。已有的研究成果绝大多数是针对列宁党风建设思想与实践的某一时期、局部的研究。整体上的研究成果仅有 3 篇学术论文和 1 篇硕士学位论文。第三，零散研究多，系统研究体系尚须建构。已有的研究成果绝大多数是针对列宁党建思想与实践的某一问题的零散研究，系统性的研究尚处于空白阶段。

三、选题核心概念界定

(一)“党风”

“党风”这一概念是伴随着马克思主义政党的建立及其领导无产阶级革命和建设实践形成并发展起来的。在马克思主义经典作家当中，恩格斯是最早使用“文风”一词的。他曾在《共产主义者和卡尔·海因岑》中针对卡尔·海因岑对共产主义者的攻击予以反讽时指出：“这就是海因岑先生的文

① [苏]A. 奥库索夫：《官僚主义及克服的途径》，《国外社会科学》1989 年第 2 期。
② [苏]E. 维滕贝格：《论列宁反对个人崇拜》，《国外社会科学》1989 年第 11 期。
③ [苏]E. 维滕贝格：《论列宁反对个人崇拜》，《国外社会科学》1989 年第 11 期。

风。”[①]俄国十月革命胜利后，列宁多次强调要坚决反对党和国家机关中的官僚主义和拖拉作风。虽然马克思、恩格斯和列宁都没有明确提到“党风”这一名词，并予以科学的概念界定，但是他们在领导无产阶级革命和建设的过程中所秉持的实事求是、反对教条主义、具体问题具体分析、批评与自我批评以及尊重群众首创精神等等的科学态度和务实精神，无疑为无产阶级政党形成自己独特的作风奠定了坚实的理论基础和概念范畴。应该说，在国际共产主义运动史上最早提出“党风”一词并加以系统论述的是毛泽东。1941 年 9 月，毛泽东就曾在延安作《反对主观主义和宗派主义》的报告中指出：现在“党风存在宗派主义”[②]。这是他第一次使用“党风”一词。随后在作为整风重要文献的《整顿党的作风》一文中，他指出，“学风和文风也都是党的作风，都是党风”[③]。再者，在党的七大上，毛泽东在其《论联合政府》的报告中总结提炼出了中国共产党的三大优良工作作风，即理论联系实践的作风、和群众密切联系在一起的作风、自我批评的作风，并将其作为中国共产党区别于其他一切政党的重要标志。最后，在民主革命即将胜利的前夕，为了避免重蹈胜利后因骄傲而不思进取从而导致失败的历史覆辙，毛泽东在党的七届二中全会上向全党发出了保持“两个务必”的警示，即要求全党同志务必继续保持谦虚谨慎不骄不躁的作风、务必继续保持艰苦奋斗的作风，进一步丰富和发展了党的作风内涵。在继承马克思主义经典作家关于党风思想的基础上，党的十五届六中全会通过的《关于加强和改善党的作风建设的决定》第一次把党风的范畴明确规范为思想作风、学风、工作作风、领导作风和干部生活作风五个方面。这为本书研究框架的建构和内容的整合提供了有力的铺垫和支撑。

（二）国内对“党风”概念的不同定义

截至目前，国内对“党风”这一概念的定义有如下 8 种：

1. 党风是“政党的作风，党性的外在表现”[④]，而党性是“政党阶级性最高最集中的表现”[⑤]。

2. “党风是党的世界观的表现。”[⑥]

---

① 《马克思恩格斯选集》第 1 卷，人民出版社 2012 年版，第 290 页。

② 《毛泽东文集》第 2 卷，人民出版社 1993 年版，第 373 页。

③ 《毛泽东选集》第 3 卷，人民出版社 1991 年版，第 812 页。

④ 《辞海》上卷，上海辞书出版社 2010 年版，第 681 页。

⑤ 《辞海》上卷，上海辞书出版社 2010 年版，第 682 页。

⑥ 中共中央党校党建教研部编：《党的建设教学大纲》，中共中央党校出版社 1983 年版，第 32 页。

3.“党风指的是党的作风，是共产党员的作风，它包括思想、政治、工作、生活等各个方面的作风。”①

4.“党风就是党和党员的作风，是党和党员在政治上、思想上、组织上、工作上和生活上等方面的作风。”②

5.“党风是指党和党员的作风，就是党的各级组织和党员在思想、政治、工作、生活、学习等方面的一贯行为和传统。世界观决定党风，而党风是世界观在行动中的反复表现。”③

6.“党风即党的作风，它是党的组织和党员个人的无产阶级世界观在实践活动中的外在表现，是党的各级组织和党员个人在思想、政治、组织、工作、生活等方面体现党性原则的一贯的态度和行为。”④

7.“党的作风，简称党风，是党的内涵在党组织和党员活动中的一贯表现。”而“党的内涵，包括党的性质、宗旨和世界观，也包括党的整体素质、政治倾向和纪律规范，还包括党的路线、纲领和政治本色”⑤。

8.“党风，即党的作风，它是党的整体，包括党的各级组织和党员个人，在思想、政治、组织、工作、生活等各方面表现出来的一贯的态度和行为。”⑥

可以说，上述对党风的论述为我们进一步提炼党风的要义提供了十分有益的参照。但是由于主客观各种因素的制约，以上的各种解释还不同程度地存在可商榷之处。具体表现为四个方面：一是存在着对党风认知的简单化问题，仅仅把党风视为是党性或世界观的外在表现，抛开人生观和价值观对党风形成的指导作用。如第 1、2 种定义。二是存在着从作风到作风的同义解释，使人不得要领。如第 3、4 种定义。三是存在着把党风与优良作风等同化的问题，使人们对不正之风无从认知。以此观之，就无法将主观主义作风、官僚主义作风、宗派主义作风等等纳入党风的范畴之中，而这些显然是不良党风的表现形式。如果党风本身就等同于优良作风，那么党风建设也就没有必要了。而事实上恰恰是因为党风中存在着不良作风，才使党风建设成为必须。如第 5、6、7 种定义。四是根本没有涉及世界观、人生观和价值观在党风形成中的指导作用。如第 8 种定义。

---

① 中共中央党校党建教研室编：《党风问题》，中共中央党校出版社 1981 年版，第 136 页。

② 杨世钊等主编：《党的建设原理》，南开大学出版社 1986 年版，第 183 页。

③ 赵文禄等：《党风新探——党风学导论》，青岛出版社 1991 年版，第 21～22 页。

④ 黄飚等主编：《党的作风建设学》，广西民族出版社 1992 年版，第 1～2 页。

⑤ 周叶中、邓联繁：《党的作风建设的新视野——基于宪法学思维方式的一种研究》，人民出版社 2002 年版，第 39 页。

⑥ 吴美华主编：《马克思主义党的学说和党的建设》，中国人民大学出版社 2007 年版，第 204 页。

(三)本书对"党风"概念的定义

所谓党风,即党的作风,是指党的各级组织和党员在一定的世界观、人生观和价值观指导下形成的,表现在思想、学习、工作、生活等方面的可被感知的一贯态度和行为。理由如下:

首先,党风是"在一定的世界观、人生观和价值观的指导下形成的"。世界观是指人们对整个世界(包括自然和社会)的认识和根本态度。有神论认为,天体或宇宙是神;神不仅主宰自然,而且主宰人类;无神论认为天体是物,有自身的运行规律。自然的存在和发展有规律可循,社会的发展也有自身的规律,即由原始社会、奴隶社会、封建社会、资本主义社会进入社会主义社会和共产主义社会。包括人生观、价值观、历史观、发展观等。在阶级社会里,世界观具有阶级性。[①] 人生观是指人们对人生目的、意义、价值等的认识和根本态度。它是世界观的基本组成部分,影响并在一定程度上决定人们的道德行为和道德品质。由于人们在社会生活中所处的地位、所受的教育以及经历等的不同,对人生的价值、意义和目的有不同观点,因而形成不同的人生观。在人类历史上,有为国为民的人生观;同时也有享乐主义、厌世主义、禁欲主义、幸福主义等的人生观。在阶级社会中,不同阶级有不同的人生观。无产阶级人生观是从集体主义出发,倡导大公无私,全心全意为人民服务,在为人民服务中实现社会价值和个人价值的统一,并以追求和实现社会主义和共产主义为人生的最终目的。具体包括价值观、公私观、义利观、荣辱观、幸福观等。[②] 价值观是指人们对人生价值的认识和根本态度。它是人生观的组成部分,具有行为取向的功能。资产阶级的价值观是以实现个人利益为最大价值;无产阶级的价值观认为,只有在为人民服务中,才能实现人生的最大价值。[③] 通过对三者内涵的考察不难看出,三者之间的关系是十分紧密的。其中,世界观无疑具有根本性和基础性,人生观和价值观则是世界观在某一领域的深化和拓展。但是,即便如此,三者毕竟有着不同的内涵和外延,所以,在党风建设问题上仅仅关注世界观的问题显然是不够的,而是应当权衡三者来考察,以期收获对症下药、药到病除之效。鉴于此,决不能把党内不正之风统统归咎于某些党员干部的世界观出了问题。事实上,当前党内存在着的不正之风,无论是享乐之风,还是奢靡之风,抑或是贪腐之风,虽然从总的方面来说世界观难脱干系,但是如果从人生观和价值观

---

① 参见《辞海》中卷,上海辞书出版社 2010 年版,第 3579 页。

② 参见《辞海》中卷,上海辞书出版社 2010 年版,第 3256 页。

③ 参见《辞海》上卷,上海辞书出版社 2010 年版,第 1826 页。

角度入手来考察，显然更有针对性和说服力。

其次，党风的主体是“党组织和党员个人”。党风不仅包括党员个人的作风，如思想作风、学风、领导作风、工作作风、生活作风，还包括党组织的作风，如团结统一的组织作风。党的组织作风和党员个人作风两者缺一不可，党组织的作风是党员个人作风形成的基础和前提，而党员个人作风是党组织作风的表现和反映。

再次，党风是“可被感知的”。党风不是虚无缥缈的，而是可被感知的。正是因为其是可被感知的，所以才使客体对其评价成为可能，否则也就无从评判其优劣了。

最后，党风是“一贯的态度和行为”。一方面，“一贯”说明党风的形成和表现不是短期行为，而是经过长期培养和历练生成的结果；另一方面，“态度和行为”指的是党风在对待思想、学习、工作、生活等方面的反映和体现。

四、选题的研究思路

（一）研究思路

本书一共由六个部分组成：前言部分系统交代了选题研究的意义和价值、国内外研究的现状、选题核心概念的界定、选题研究的思路和方法、选题研究的创新之处。第一章从主客观两个角度深刻阐释了列宁党风建设思想形成的背景，旨在从实践方面解决“为什么”的问题。第二章通过对马克思恩格斯党风思想的解读以及列宁对其的继承与发展的阐释，揭示了列宁党风建设思想形成的理论渊源，旨在从理论方面解决“为什么”的问题。第三章通过总结提炼列宁党风建设思想的内容和基本特征，旨在解决“是什么”的问题。第四章通过研究列宁对党风建设的实践探索，旨在解决“干什么”的问题。第五章通过研究列宁党风建设思想与实践在中国的创新发展和当代价值，旨在解决“怎么干”的问题。

（二）研究方法

本书坚持以马克思主义为指导，将研究对象置于其本身发生发展的历史时空，在结合理论和实践的过程中揭示其对现实的启示和指导意义。鉴于此，本书拟采用下列研究方法：

1. 历史文献研究法。在搜集整理相关的历史文献的基础上，从材料当中解读出列宁的党建思想，为提炼出蕴含其中的党风建设思想作必要的准备和铺垫。

2. 观点分析归纳法。在列宁关于党的建设的思想观点中，分析归纳出针对党的作风建设的思想观点，并将其按照党风建设的要素要求加以整理和分类。

3. 历史逻辑统一法。把列宁的党风建设思想观点置于具体的历史的条件下来考察，并梳理出其思想发展的逻辑脉络，力求在整体性和系统性上把握其思想要旨和精华。

4. 理论实践结合法。按照马克思主义的辩证唯物主义基本原理，理论来源于实践，发展于实践，检验于实践。以此观之，列宁的党风建设思想也不例外。因此，在研究列宁党风建设思想的同时，也深入研究实践探索，并将二者有机地结合起来。

李桂树

2018 年 3 月

目 录

第一章　列宁党风建设思想形成的背景

诚如马克思所指出的那样，“一切划时代的体系的真正内容都是由于产生这些体系的那个时期的需要而形成起来的”[①]。这就告诉我们，时代的需要决定了理论体系的内容，只有了解了时代的需要，才能正确认识理论体系的内容。换句话说，任何理论体系的内容都是对这些体系本身赖以形成的时代所提出的重大课题的积极回应，并以当时的国际、国内和创造主体的时代背景为基本前提。因此，对于任何一个科学思想体系基本精神的解读也都离不开对其赖以产生的基本前提的深刻研究和理性认知。显然，对于列宁的党风建设思想体系的研究也必须遵循这样一个基本路径。它产生于19世纪末20世纪初帝国主义战争与无产阶级革命的时代，回应的是自由资本主义发展到垄断资本主义历史条件下，在经济、政治、文化极端贫困落后的俄国，无产阶级政党如何领导无产阶级革命以及革命取得胜利后“建设一个什么样的党”以及“如何建设党”这样一个重大历史课题。所以，对于列宁党风建设思想与实践的研究必须以此作为切入点。事实上，正是因为列宁就党的作风建设问题作出了符合时代发展需要的理论回应，从而形成了其独具特色的党风建设思想体系，才建立起了一个真正的马克思主义政党，并在领导俄国革命取得成功的基础上对马克思主义执政党的建设规律作出了卓有成效的积极探索。

第一节　列宁党风建设思想形成的国际背景

19世纪末20世纪初，伴随着资本主义从自由竞争阶段发展到垄断阶段，也就是帝国主义阶段，国际形势发生了深刻的变化。与此同时，作为领导国际共产主义运动的“总机关”，第二国际在后期由于改良主义和机会主

① 《马克思恩格斯全集》第3卷，人民出版社1960年版，第544页。

义的叛卖而渐次走向解体，并逐步丧失了对国际共产主义运动的领导作用。由此，时代向无产阶级提出了“建设一个什么样的党，怎样建党”的新的重大课题。列宁党风建设思想就是对这一时代课题的积极回应和解答。

一、帝国主义时代国际经济政治的新形势

列宁党风建设思想产生于19世纪末20世纪初，当时正值国际资本主义从自由竞争阶段发展过渡到垄断阶段，也就是帝国主义阶段，由此，国际经济政治形势都发生了新的深刻变化。

（一）从经济方面来看

首先，科学技术的进步推动了生产力的巨大发展。如果说以蒸汽机的发明和普遍使用为主要标志的第一次工业革命，使各主要资本主义国家纷纷建立起自己的近代化工业部门，进而使资本主义生产方式的物质基础得以加强的话，那么以内燃机和电动机的广泛使用为主要标志的第二次工业革命，则使各主要的资本主义国家实现了产业结构的进一步调整，并加速了工业化的实现进程，由此大大推动了资本主义生产力的飞速发展。在这一时期，“世界工业生产增长了两倍以上”[①]。单以石油开采为例，“全世界的石油开采量1870年才80万吨，1900年已增加到2000万吨”[②]。内燃机的广泛使用，使包括火车、轮船在内的动力系统得到进一步改进，与此同时，汽车成功发明并投入使用，这些主要交通工具的技术改造升级，无疑进一步推动了交通运输业的蓬勃发展。电气工业的兴起，电动机和远程输电技术的发明和投入使用，不仅推动了包括造船、冶金、机器制造等在内的传统工业部门的技术改造和升级换代，而且为人们的生产生活提供了更加清洁的能源供给，极大地改变了人们的生产生活面貌。尤为值得一提的是，化学工业的出现，使包括人造纤维、绝缘材料和塑料等在内的新型化学工业产品得以产生，并被广泛运用到民用工业和军事工业部门之中。总之，科学技术的进步，推动人类从传统的蒸汽时代进入到了电气时代，进而推动了生产力的长足发展与进步。

其次，资本和生产的集中导致了垄断组织的形成。在新技术革命的推动下，在经济利益的巨大诱惑下，英、法、德、美等主要资本主义国家的工业企业纷纷采取新工艺、新技术和新能源，以不断提高自身的市场竞争优势。随着企业生产规模的日益扩大，企业之间的竞争也随之愈演愈烈。在弱肉

① 刘祚昌、光仁洪等主编:《世界通史》(近代卷下)，人民出版社1996年版，第731页。
② 刘祚昌、光仁洪等主编:《世界通史》(近代卷下)，人民出版社1996年版，第731页。

强食的“丛林法则”的作用下，大量技术落后的企业被少数经济科技力量雄厚的企业所吞噬，大大加速了资本和生产的集中，进而导致了诸如托拉斯、卡特尔、辛迪加和康采恩等形式的垄断组织的形成。而伴随着各个垄断组织的不断做强做大，以至于“在经济最发达的国家中，垄断组织已经完全地、彻底地占据了左右一切的地位，把四分之三以上的独立生产部门集中到自己手中”[①]，并成为主导这些国家的经济力量。以美国为例，“经过19世纪最后几十年的飞速发展，到1905年美国总共有21.6万家以上的工业企业，其中占总数不到11%的2.4万家企业却占有全部资产的81%，集中了全国产业工人的72%和产值的79%”[②]。其他主要资本主义国家的情况也与此类似。

最后，工业垄断组织和银行垄断组织渐次合流形成了金融寡头。伴随着工业垄断组织规模的不断扩大，资本短缺逐渐成为其进一步发展的短板。在这种情况下，银行贷款对于工业发展的支撑作用变得越来越重要和不可或缺，工业垄断组织和银行垄断组织变得密不可分。可以说，是工业垄断组织的发展推动了银行垄断组织的发展，两者相互依赖、相互渗透，并渐次合流成为金融寡头。金融寡头们不仅掌控着各国的经济命脉，而且事实上成为整个资本主义世界经济的实际操控者。

（二）从政治方面来看

首先，在资本主义国家，劳资矛盾的不断升级进一步将无产阶级引向革命。由于资本主义世界主导下的科技进步和生产力发展完全服从服务于资本家个人逐利的需要，所以它不但没有给工人阶级带来他们热切盼望的任何福音，反而使他们的生存境遇每况愈下。特别是当资本主义基本矛盾导致的经济危机发生时，资本家纷纷向工人阶级转嫁危机，从而使资产阶级和无产阶级之间业已存在的矛盾更加激化，以至于在各主要资本主义国家，工人罢工的浪潮此起彼伏，接连不断。“据有关资料统计，法国在1890年到1899年的10年间，罢工人数为924000人，而在1900年到1905年的6年时间内，罢工人数就高达1107000人。德国在1895年到1899年共爆发罢工3609次，平均每年720次，而在1900年到1904年的时间内发生罢工7235次，平均每年高达1447次。”[③]经济危机的爆发，无产阶级与资产阶级之间矛盾的渐次激化，极大地刺激了无产阶级阶级意识的觉醒，由此使无产阶级革命成为直接的现实问题。

---

① ［苏］祖波克：《第二国际史》第2卷，南开大学外文系译，人民出版社1984年版，第3页。

② 宋则行、樊亢主编：《世界经济史》上卷，经济科学出版社1998年版，第267页。

③ 《国际共产主义运动史》编写组编：《国际共产主义运动史》，人民出版社1978年版，第439页。

其次，帝国主义与殖民地、半殖民地人民之间的矛盾不断激化，导致了殖民地、半殖民地人民追求民族民主运动的日益高涨，客观上为无产阶级革命准备了同盟军。伴随着资本和生产的日益集中，垄断组织规模不断扩大，垄断利润不断增长，垄断资本家积累了巨额的“过剩”资本。而资本家一手“导演”的“贫困积累”，造成了国内市场的日益狭小，根本无法为垄断组织的巨额“过剩”资本提供进一步增殖的可能。与此形成鲜明对照的却是，在落后的国家，不但人口庞大、缺少资本，而且劳动力和工业原料的价格相当低廉，因而存在着潜力巨大的消费市场和巨大的利润空间。为此，各主要资本主义国家为了追求高额的利润，纷纷积极向外进行资本输出，使资本输入国逐步形成对资本输出国的依赖，而渐次丧失独立地位，被迫沦为附庸，成为宗主国的殖民地或半殖民地。诚如列宁所说的那样，资本输出，“这就是帝国主义压迫和剥削世界上大多数民族和国家的坚实基础，这就是极少数最富国家的资本主义寄生性的现实基础”①，并进而造成了世界上压迫民族和被压迫民族之间的政治分野。由于资本输出绝不像帝国主义国家所标榜的田园牧歌式的文明传播和和风细雨式的进步启蒙，而是伴随着野蛮的杀戮、疯狂的掠夺和无耻的鲸吞，再加上栽培、鼓励和支持殖民地、半殖民地的反动势力共同对当地人民进行敲骨吸髓式的剥削和压榨，使殖民地、半殖民地人民度日艰难、苦不堪言，客观上刺激了当地人民民族意识的觉醒和民族解放运动的兴起。而此起彼伏的殖民地、半殖民地民族解放运动，不仅沉重打击了帝国主义的殖民统治，而且使之成为世界无产阶级革命的现实的合作伙伴和重要的力量支撑。

最后，帝国主义国家之间基于实力的此消彼长而造成的经济政治发展的不平衡，使他们之间的矛盾不断激化升级，特别是帝国主义战争爆发造成的实力的相对削弱，为无产阶级革命的成功提供了现实可能。事实上，在帝国主义的形成和发展过程中，各帝国主义国家并没有因为共同镇压被压迫民族反抗而消弭它们彼此之间的矛盾，而是伴随着帝国主义殖民扩张的不断深入，其矛盾不断激化和升级，直至走到通过战争来实现利益再平衡的境地。到19世纪末和20世纪初，整个世界已被瓜分完毕。以非洲为例。法国在非殖民地版图是其本土面积的20倍，英国在非殖民地面积是其本土面积的36倍，德国在非殖民地面积是其本土面积的6.6倍，比利时在非殖民地面积是其本土面积的77倍，意大利在非殖民地面积是其本土面积的7.8倍。可以说，在这一过程中，由于各帝国主义国家之间的经济政治发展的不平

① 《列宁选集》第2卷，人民出版社2012年版，第628页。

衡，英、法等老牌资本主义国家占有了殖民扩张的大部分红利；然而伴随着德、美、日等后发国家的崛起，各帝国主义国家之间的实力此消彼长，确立新的国际经济政治秩序在所难免。在这种情况下，基于各自利益的各帝国主义国家之间的矛盾无法调和，最终导致了旨在争夺势力范围和战略利益的第一次世界大战爆发。而世界大战的爆发，客观上为无产阶级打破帝国主义链条的薄弱环节，实现社会主义革命的胜利提供了现实可能。

列宁正是在科学分析帝国主义的生成和特点，准确地判断国际形势新变化的基础上指出："帝国主义是无产阶级社会革命的前夜。"①当今时代是帝国主义战争与无产阶级革命的新时代，帝国主义就意味着战争，战争必然引起革命，无产阶级革命业已成为国际共产主义运动必须直面的现实问题。然而，历史经验表明，无产阶级革命单单依靠工人阶级的自发力量是行不通的，必须有科学的理论为指导，必须有一个坚强的无产阶级政党的领导，才能保证革命的正确方向，也才能使革命取得成功。因为自发的工人运动只能产生沉湎于改善经济条件的工联主义，而旨在实现政治解放的社会主义意识，只能由真正的马克思主义者组成的无产阶级政党从外面灌输给工人阶级，进而使他们的阶级意识彻底觉醒，并真正地承载起他们的历史使命。因此，时代不仅呼唤着马克思主义政党的使命担当，而且也为无产阶级政党的建设提出了全新的课题。

二、第二国际后期修正主义思潮的滥觞

19 世纪七八十年代，在马克思、恩格斯的帮助和指导下，各国群众性工人阶级政党纷纷建立，这些政党的建立极大地推动了国际工人运动的深入发展。马克思和恩格斯一方面在行动上鼓励和支持各国工人阶级建立自己的政党，另一方面在思想上用科学的理论武装各国工人阶级政党，并毫不妥协地与各种错误倾向作斗争，基本上保证了国际工人运动的正确前进方向。马克思逝世后，恩格斯独立承担起了领导国际共产主义运动的历史重任。随着各国工人阶级政党的纷纷建立以及马克思主义在工人运动中的广泛传播，要求建立新的国际工人组织以加强国际工人阶级团结协作的呼声愈发高涨。与此形成鲜明对照的是，无政府主义者、工联主义者和法国的可能派阴谋通过建立新的国际组织，攫取国际工人运动的领导权，以削弱马克思主义在国际工人运动中的影响，阻止马克思主义的广泛传播。在这种情况下，为了维护工人阶级的团结和保持工人运动发展的正确方向，彻底粉碎无政

① 《列宁全集》第 27 卷，人民出版社 1990 年版，第 330 页。

府主义者、工联主义者和法国可能派的阴谋，恩格斯直接指导创建了第二国际，作为指导国际共产主义运动的总机关。在恩格斯的正确领导下，第二国际前期有力地促进了欧洲工人运动的发展。无论是德国工人运动促使德国政府取消《反社会党人非常法》，英国工会提出八小时工作制的要求，还是西欧工人政党有效利用资产阶级议会制度以及宣传社会主义刊物的大量发行，都标志着工人运动呈现出了新的良好发展态势。与此同时，进一步推动和扩大了马克思主义科学社会主义理论在工人运动中的影响。但是由于第二国际从成立之日起，就一直没有建立任何形式的联合各国社会主义政党的常设国际领导机构，也未建立起行之有效的约束全体成员必须共同遵守的各种制度规范，以至于内部长期以来处于松散状态，具体表现为：内部派别众多，且各派别之间的斗争此起彼伏、连绵不断，议而不决、决而不行、各行其是的现象层出不穷、屡见不鲜，在一定程度上削弱了第二国际应有领导作用的充分发挥。虽然后来建立了国际社会党执行局作为常设领导机构，但是由于它本身没有权力，所以它并不是一个领导机构，充其量不过是一个通信和统计的中心机构而已。事实表明，它在整个国际共产主义运动中的作用具有相当大的局限性。然而，即便如此，第二国际在国际共产主义运动中，无疑是起着"晴雨表"和"风向标"的巨大作用。在恩格斯的领导下，第二国际有力地推动了欧洲工人运动的发展，促进了马克思主义在工人运动中的传播。特别是第二国际中的马克思主义阵营对无政府主义派别作坚决的斗争，并取得完全的胜利，不仅极大地维护了第二国际的团结，而且进一步巩固了马克思主义在国际工人运动中的指导地位。但是，由于种种原因，第二国际中的机会主义始终未能得到彻底的清算，以至于为第二国际的分裂和最后的解体埋下了隐患。当恩格斯逝世之后，伴随着世界历史由自由资本主义时代过渡到垄断资本主义时代，由于资产阶级高额利润的收买政策，工人阶级队伍中的上层分子成为机会主义的支柱，并扩大了机会主义的阶级基础，促使了工人阶级队伍的进一步分化。与此同时，资产阶级的统治策略也发生了变化。为了消弭社会主义思想在工人阶级中的广泛影响，资产阶级实行劳工立法，特别是欧美许多国家让工人享受社会保险，对机会主义者产生了极大的诱惑。不仅如此，大量的小资产阶级在垄断资本的打压下纷纷破产并加入到无产阶级的队伍中来，为小资产阶级思想侵蚀和冲击工人阶级提供了可能，并客观上扩大了机会主义的思想基础。总之，在资产阶级和小资产阶级思想的侵蚀以及工人运动中宗派主义残余的影响下，迷恋合法斗争和议会道路的机会主义思潮大肆泛滥开来。最为典型的就是在德国党内形成了以伯恩斯坦为主要代表的修正主义派别。爱德华·伯恩斯坦于1896年在考茨基主编的《新时代》杂志上以《社会主义问题》为总题目发表了一系列文章，公开宣称马克思主义已经“过时”，要对其加以“修正”。1899年，他把自己的观点汇集成《社会主义的前提和社会民主党的任务》一书，对马克思主义进行了全面的攻击和系统的“修正”。在党的建设方面，他彻底否定党的无产阶级性质，强调要把德国社会民主党变成“改良的党”“和平的党”“民族的党”；与此同时，他完全抛弃了党的纲领，提出资本主义“和平长如社会主义”的论调，还制造了所谓“最终目的是微不足道的，运动就是一切”等等修正主义主张。德国社会民主党是马克思和恩格斯直接参与缔造的世界上独立国家内部的第一个无产阶级政党，其成立时间最早、人数最多、斗争经验最丰富、取得的成就和影响也最大。伯恩斯坦修正主义分子充分利用了德国党的这种优势，大大加强了修正主义的国际势力。虽然以列宁、卢森堡等为主要代表的马克思主义左派对修正主义派进行了坚决的斗争，但是由于修正主义派得到了国际各种机会主义分子的呼应和支持，所以第二国际内部掀起了修正主义的狂潮，并逐渐占据了领导地位，从而使修正主义思潮泛滥开来。在此过程中，考茨基为主要代表的中派，不仅帮助修正主义分子攫取了第二国际的领导权，而且与伯恩斯坦修正主义派别渐次合流，后来彻底背叛了革命，从而使第二国际内部马克思主义派和修正主义派之间力量的天平朝向有利于修正主义派倾斜，最终导致第二国际彻底堕入了修正主义的泥潭。修正主义泛滥的直接结果就是，在第一次世界大战一触即发之际，德、英、法、奥以及其他国家的社会党纷纷背离了马克思主义，以各种方式支持或赞同本国政府的战争行为，事实上成为帝国主义国家发动战争的助手和帮凶，从而使第二国际彻底偏离了马克思主义的轨道。第二国际后期修正主义思潮的泛滥形成的另一个必然结果，就是进一步促使第二国际内部马克思主义左派与之分道扬镳，并使第二国际走向解体。第二国际的分化和解体表明，机会主义所把持的各个所谓和平的党、议会的党以及改良的党，恰恰与国际工人运动中日益高涨的左的革命倾向背道而驰，因此，它们已经完全不能适应帝国主义时代无产阶级革命的迫切需要。诚如列宁所指出的那样，如果要引导无产阶级革命走向胜利，就必须建立起革命的而不是改良的、战斗的而不是和平的无产阶级政党。可以说，第二国际后期修正主义的泛滥，进而导致第二国际解体的结果，客观上向以列宁为代表的马克思主义者，提出了坚持、捍卫和发展马克思主义，建设真正无产阶级革命政党的重大历史任务。

第二节　列宁党风建设思想形成的国内背景

正如毛泽东同志在民主革命时期所指出的那样，认清国情，“乃是认清一切革命问题的基本的根据”[①]。所以，要了解列宁党风建设思想，就必须了解俄国的现实国情，因为它是立足于俄国的现实国情之上的。十月革命前，俄国在沙皇的专制统治下，政治腐朽、经济落后、社会动荡、民不聊生。然而，经历了1861年农奴制的改革，俄国的资本主义得到快速的发展。尽管如此，它的发展程度仍处在资本主义国家的后列。但是，工人阶级队伍不断壮大，从而为列宁建立无产阶级政党提供了坚实的阶级基础，也为无产阶级取得革命的胜利提供了坚强的力量支撑。十月革命胜利后的俄国，外有帝国主义国家的武装干涉，内有反动分子的集团叛乱，可以说是百废待兴、百业待举。形势的变化，不仅向新生的人民政权提出了新的挑战，也对执政党的党风建设提出了新的要求。

一、十月革命前的俄国国情

较之西欧发达的资本主义国家，沙皇俄国走上资本主义道路较晚，甚至比资产阶级革命最早的英国晚大约200年，在所有资本主义国家中排在后列。在沙皇封建专制统治下的俄国，政治腐败、经济落后、社会动荡、民生凋敝。伴随着国际国内形势的发展变化，沙皇的封建统治危机四伏，在内外压力的交互作用下，沙皇不得不进行了自上而下的农奴制改革。农奴制改革不仅促进了资本主义的加速发展，而且也加速了俄国社会的分化，从而使工人阶级的队伍不断壮大。“在一八六六——一八九〇年间，工厂数目从二千五百个到三千个增加到六千个，增加了一倍多。到一八九〇年，拥有一千个工人以上的大企业总数近百分之七。这年仅大工厂、采矿工业、铁路等工人的人数就接近一百五十万人，比一八六五年增加了一倍。”[②]然而，资本主义的发展，非但没有实质性地改善工人阶级的生存状态，反而使其在农奴制残余、本国资本主义和外国资本主义的三重压迫下变得愈发举步维艰。极端恶劣的生活境遇不断刺激着工人队伍阶级意识的觉醒，于是反抗压迫的罢工斗争和暴动此起彼伏，接连不断。1870～1875年，俄国共发生了105次罢工和54次暴动。1881～1886年，罢工更是达到了空前的348次。工人运动

---

① 《毛泽东选集》第2卷，人民出版社1991年版，第633页。

② 赵云献：《列宁建党学说概述》，北京出版社1984年版，第4页。

的发展推动了马克思主义在俄国的传播，为实现马克思主义与工人运动相结合创造了必要条件；与此同时，也为无产阶级政党的建立奠定了坚实的阶级基础。诚如列宁所指出的那样，“在俄国土壤上生根的马克思主义的社会主义和俄国的工人运动结合成为一个不可分割的整体，使俄国的革命运动同人民群众的自发行动结合起来。只有实现了这样的结合，才能在俄国建立起社会民主工党”[①]。特别是到了19世纪末20世纪初，农奴制改革并不彻底，保留了大量的封建残余，如君主制、等级制、地主土地占有制等等，尤其是沙皇专制制度作为最大的封建残余被原封不动地保存下来，使俄国帝国主义呈现出两个突出的特点：一是经济上十分落后。具体表现为俄国在资本、技术、设备等方面大大落后于西欧帝国主义国家，促使其在经济上不得不依赖于英、法等帝国主义国家。二是政治上极端反动。具体表现为封建君主与垄断资本相结合，并联合把持着国家政权。为了达到兼顾地主阶级和资产阶级利益的目的，沙皇俄国走上了对外扩张的道路，不断发动对外侵略战争。经济上的依附关系导致了政治上的从属地位，使沙皇俄国在帝国主义列强瓜分世界的争斗中扮演着英、法两国的帮凶和后备军的角色。对内的残酷压迫和对外的军事侵略扩张，使俄国的社会矛盾相互交织并不断激化升级，也使沙皇俄国成为各种矛盾的焦点。与此同时，作为革命的领导阶级，工人阶级的队伍更加壮大，仅产业工人就达到了300万人，再加上农业、铁路和土木等行业的雇佣工人，总数超过了1000万人。不仅如此，工人运动蓬勃发展，罢工斗争接连不断，“1914年8～12月，全国只有35000人进行了368次罢工，1915年共有54万人参加了1千余次罢工，1916年参加罢工的增加到了100万人，共罢工1500次”[②]。此时的工人阶级业已发展成为一支举足轻重的重要力量，完全有能力承担起推翻沙皇专制统治的历史重任。对此，列宁指出，既然历史已经提出了这样的任务，那么“实现这个任务，即摧毁这个不仅是欧洲的同时也是（我们现在可以这样说）亚洲的反动势力的最强大的堡垒，就会使俄国无产阶级成为国际革命无产阶级的先锋队”[③]。工人运动的发展不仅为俄国马克思主义政党的孕育和诞生提供了丰厚的土壤，也呼唤着这个党能够担当起领导无产阶级革命的重担，并就革命的性质、领导、动力、策略、前途等问题为无产阶级指明前进的方向，而这些问题的解答无疑是需要以党的建设为基本前提的。因此，可以说，俄国帝国主义的腐朽没落以及与此形成鲜明对照的俄国工人运动的蓬勃发展，提出

① 《列宁全集》第4卷，人民出版社1984年版，第287页。

② 王伟光主编：《社会主义发展史》第3卷，人民出版社2011年版，第364页。

③ 《列宁选集》第1卷，人民出版社2012年版，第315页。

了一个无产阶级革命将由谁来领导以及怎样来领导的重大现实问题，而这成为列宁建党和进行党风建设的重要依据。

二、十月革命后的俄国国情

十月革命胜利后，在外有帝国主义武装干涉和内有武装叛乱的复杂形势下，如何巩固新生的人民政权，在经济、文化极端落后的国情基础上如何建设社会主义，成为处在执政地位的列宁领导的布尔什维克党必须面对的重大挑战和必须解决的重大课题，而这些挑战的应对和课题的解决无疑是以党的建设为基本前提的，客观上对党的自身建设提出了新的要求。由于俄国十月革命突破了马克思、恩格斯关于无产阶级社会主义革命首先在英、法、德、美等主要发达资本主义国家一起发生并同时取得胜利，然后俄国革命才能在西方革命的推动下取得成功的设想，率先打破了帝国主义链条的薄弱环节取得成功的，而西方革命并未接踵而至并与之形成呼应之势，所以十月革命胜利之后的苏俄就像一叶扁舟一样，在帝国主义国家包围的惊涛骇浪之中奋力挣扎。虽然各帝国主义国家基于自身的战略利益的考虑引发了第一次世界大战，但是在对待新生的俄国苏维埃政权的态度上是空前一致的，那就是尽快扑灭可能引发资本主义世界统治总危机的革命烽火，于是它们纷纷开始了对苏俄的武装干涉。先是德国利用苏俄急于休战的心理，向俄国发动疯狂进攻，迫使苏俄与之签订割让大量土地的《布列斯特和约》。虽然《和约》的签订使苏俄获得了十分宝贵的时间，以巩固新生的人民政权，但是苏俄单方面退出帝国主义战争，打乱了协约国的如意算盘，因此，该《和约》不仅增加了协约国统治者对苏俄的仇恨，而且也给他们进行武装干涉提供了借口。当德国破坏《和约》，大肆抢占俄国地盘的同时，协约国各国也以抗击德国为借口，开始了对俄国的武装干涉。从 1918～1922 年，英、法、美、日等 14 个帝国主义国家先后对苏俄进行了长达近 4 年的武装干涉。与此同时，各帝国主义侵略者还积极扶植昔日的沙俄将领，如东部的高尔察克，西部的尤登尼奇，南部的邓尼金(后是弗兰克尔)等发动军事叛乱，企图里应外合征服新生的布尔什维克政权。在内外反动势力的共同打击下，苏俄近 3/4 的国土沦陷，仅有圣彼得堡、莫斯科等几个为数不多的城市及周边地区尚在苏维埃政权的掌控之下。这一时期的苏俄大地可以说是战云密布、狼烟四起。不仅如此，伴随着帝国主义武装干涉和国内军事叛乱而来的还有饥荒、瘟疫以及工业生产的普遍停顿等困难和灾难，从而使本已十分危急的局势更是雪上加霜。毫无疑问，无论是布尔什维克党本身，还是苏维埃政权，此时都面临着巨大的生存危机。在这种情况下，怎样通过加强自身建设来增强工人阶级和劳苦大众对苏维埃政权性质的认同，怎样使全国人民有力地团结在布尔什维克的旗帜之下来渡过严重的内外危机，成为以列宁为首的布尔什维克党必须解决的问题。诚然，列宁创造性地发展了马克思主义，并领导无产阶级革命在经济文化极端落后的俄国获得成功，但是与此同时，国家经济文化的极端落后也成了建设社会主义无法回避的基本前提。

在经济方面，自农奴制改革之后，虽然俄国资本主义经过了长达半个世纪的发展，但是由于其始终未能在国民经济中占主导地位，所以俄国仍然是一个小农经济占优势的农业国家。有近 80％的劳动力在从事农业生产，而从事工业生产的仅有 10％，可见俄国的资本主义程度特别是工业化水平是相当低的。人民生活水平长期没有得到实质性的提高，广大人民群众在贫困的死亡线上挣扎。“统计资料表明，1913 年时的俄国的工业总产值只及法国的 40％，英国的 21.7％，德国的 16.7％，美国的 7％；工业动力设备的总马力只有美国的 1/15，德国的 1/8；工业劳动生产率水平只有美国的 1/10。”① “在全部出口产品中，工业品的出口额仅占全部出口额的 10％，而食品和原料仍占全部出口额的 90％，其中近一半为粮食出口额。”②“1914 年，俄国人均国民收入只有 94 卢布，是美国的 13.9％，英国的 20％，法国的 25％，德国的 33.3％。”③这种状况即使是到了 20 世纪 20 年代，仍然没有得到明显的改观，以至于列宁颇有感慨地指出：“我们曾经是而且现在还是一个小农国家，因此我们向共产主义过渡比在其他任何条件下困难得多。”④

在文化方面，在沙皇统治时期，广大劳动人民被剥夺了最起码的受教育的权利，文盲、半文盲充斥着俄国的各个角落。十月革命胜利后，苏维埃政权不得不接受这样一个既可怜又可怕的“遗产”，那就是文化极端落后。在十月革命前，“俄国识字的人只占人口总数的 21％，除去（从人口总数里）9 岁以下的学龄前儿童，识字的人只占 27％”⑤。由于积弊过于深厚，所以即便是到了 20 世纪 20 年代，这种状况也未能得到令人满意的改观。从列宁曾经引用的《俄国识字状况》一书中可以看出：在 1920 年，识字人数占人口总数的 30％，其中男人识字的占 40％，而女人只占 24％。因此，列宁认为，要使俄国达到西欧一个普通文明国家的水平，还有很长的路要走。一方面是小农经济占主体，这不仅为资本主义因素的滋生提供了土壤，而且使俄国在与资本

---

① 宋则行、樊亢主编：《世界经济史》上卷，经济科学出版社 1993 年版，第 499～500 页。

② 王元璋：《列宁经济发展思想研究》，武汉大学出版社 1995 年版，第 2 页。

③ 宋则行、樊亢主编：《世界经济史》上卷，经济科学出版社 1993 年版，第 499～500 页。

④ 《列宁全集》第 40 卷，人民出版社 1986 年版，第 144 页。

⑤ 《列宁全集》第 23 卷，人民出版社 1990 年版，第 110 页。

主义国家竞争中处于劣势;另一方面是文化落后,这不仅阻碍着广大人民直接参与国家的管理,而且使俄国面临资本主义国家科技上的压力。在这种极端困难的国情条件下,怎样建设社会主义就成了列宁领导的布尔什维克党不得不面对和解决的棘手问题。而这个问题能否解决,不仅关涉到党自身和新生的苏维埃人民政权的生存,而且还事关能否使俄国革命真正成为世界无产阶级社会主义革命的号角,并示范和引领国际共产主义运动取得胜利的问题,其重要性是显而易见的。而所有这些问题的最终解决,无不需要一个强大的党的正确领导。因为只有党领导得正确,才能赢得人民群众的理解和支持,也才能保证这些问题的解决,所以必须要搞好党的作风建设。

第三节　列宁党风建设思想形成的党内背景

基于对时代特征的不同判断和对现实国情的不同认知,以及由此形成的对无产阶级革命和建设路线、方针、政策的巨大差异,俄国社会民主工党内部党派斗争此起彼伏、接连不断,严重妨害了党的团结统一,削弱了党的领导作用的发挥,而且甚至时时威胁着党自身的生存。不仅如此,十月革命胜利后,执政党内部出现了官僚主义现象和组织不纯等等诸多严重问题,致使党面临拒腐防变的严峻考验,给党的作风建设提出了新的挑战。

一、党内派别斗争严重影响着党的团结统一

自 1898 年俄国社会民主工党第一次代表大会开始,直到 1924 年列宁逝世为止,党内的派别斗争一直是接连不断、此起彼伏。因此,从某种意义上可以说,列宁的党风建设思想的形成过程,就是列宁同党内反对派进行坚决斗争并不断取得胜利的过程。在这一过程中,基于对马克思主义、时代特征、国内外形势以及无产阶级革命和建设道路等等的不同立场和认知,党内形成了不同的政治派别。这些派别的理论和行动不仅妨碍着党的团结统一,削弱了党的领导作用的发挥,而且威胁着党的生存,所以列宁不得不倾注大量的时间和精力与之进行坚决的斗争。党的第一次代表大会后,在第二国际修正主义的影响下,党内形成了以马尔丁诺夫、克里切夫斯基和普罗科波维奇为代表的经济派。他们强调工人运动的自发性,企图使工人运动放弃政治革命,止步于旨在改善劳动条件和提高工资待遇的经济斗争,事实上就是要以改良主义理论代替马克思主义阶级斗争学说,致使刚刚成立的

社会民主工党陷入政治上动摇、思想上混乱、组织上涣散的危险境地。社会民主工党第二次全国代表大会及其后，围绕在组织上建立一个什么样的党的问题，形成了以列宁为主要代表的布尔什维克派和以马尔托夫、普列汉诺夫、策列铁里和波特列索夫为代表的孟什维克派。布尔什维克派主张把党建成一个以马克思主义为指导的，以民主集中制原则为组织原则的，具有严格纪律的无产阶级先锋队组织。而孟什维克派则秉持组织上的机会主义观点，企图把党建成一般群众性的、结构松散的、不定型的革命组织。不仅如此，孟什维克派还配合第二国际修正主义分子对列宁领导的布尔什维克派发动进攻，极大地破坏了党的团结统一。1905 年革命失败后，进入了斯托雷平白色恐怖的反动时期，不仅孟什维克派彻底背离了党的原则，而且布尔什维克派内部也发生了严重的分歧。各种势力不断分化组合，在党内形成了所谓的前进派、呼声派、调和派、取消派以及召回派等反党机会主义派别，其对党的危害程度尤以取消派和召回派为最。以马尔托夫、托洛茨基和唐恩为主要代表的极端右倾机会主义取消派，企图取消党的秘密组织，公开党的活动，甚至不惜以公然抛弃党的纲领为代价，来博得斯托雷平反动政府的承认，并以此来获取党的所谓“合法身份”，致使党组织陷入巨大危险之中。如果说取消派主张是向右的方向上作巨大倒退的话，那么以波格丹诺夫、卢那察尔斯基为代表的召回派则是在极“左”的道路上越走越远。他们以杜马是沙皇政府的工具为由，主张召回在国家杜马中的工人代表，停止合法斗争方式，断绝党与群众之间的联系，反对党的聚集力量以迎接革命高潮到来的策略路线。事实表明，召回派是以“左”的面目出现的取消主义。特别是波格丹诺夫在国际修正主义的影响下，背叛了布什尔维克党，并向马克思主义哲学发动疯狂的进攻，妄图彻底颠覆马克思主义政党的理论基础，从而给党的思想建设造成了极大冲击。

为了维护党的纯洁性，在列宁的领导下，俄国社会民主工党先后将召回派和取消派分子清除出党，从而使布尔什维克党成为集中统一的无产阶级政党。然而，机会主义分子并没有就此善罢甘休，而是不失时机地进行破坏活动。在 1912 年党的六大之后，托洛茨基纠集俄国社会民主工党内部的所有机会主义派别和团体组建了反党“八月联盟”，向列宁为首的布尔什维克党发动攻势。与此同时，他们还向第二国际提起申述，以期获得广泛的国际支持。在他们的蛊惑下，不仅考茨基之流，甚至威廉·李卜克内西和罗莎·卢森堡等左翼领导人也对列宁提出了严厉的批评，从而使列宁为首的布尔什维克党面临巨大的内外压力。因列宁把认同维护党的团结统一的广大群众团结起来，组成了护党联盟，并针锋相对地与反党“八月联盟”进行斗争，才使党渡过了进一步分裂的危机。1920年，伴随着国家和平建设时期的到来，托洛茨基、布哈林以及无政府工团主义者向党的领导提出了挑战。托洛茨基反对在职工会中扩大民主，反对职工会机关选举制，主张把军事管理方法搬到职工会中。而以施略普尼柯夫为首的“工人反对派”不仅紧紧追随托洛茨基的主张，甚至走得更远，他们片面夸大工会的地位和作用，企图用工会来取代党，实际上就是反对党对国家政权的领导，是典型的无政府工团主义倾向，其危害性是不言而喻的。历史经验表明，党的团结统一不仅是马克思主义建党思想的一个重要原则，而且也是无产阶级政党赖以攻坚克难的制胜法宝。由以上可见，党内派别斗争不断，造成党的团结统一长期无法实现的困难局面，是列宁必须面对和着力解决的关键问题。

二、执政后的党面临着拒腐防变的考验

十月革命的胜利，特别是国内战争的结束，标志着和平建设时期的真正到来。党的历史方位和主要任务因此发生了实质性的变化，那就是由率领人民进行革命的党，变成了领导人民进行建设的党。伴随着这一历史性转变的到来，党内出现了官僚主义现象和组织不纯问题，从而使党面临拒腐防变的严峻考验。

首先，党内出现了官僚主义现象。虽然诚如列宁所说的那样，十月革命的胜利使“我们在反官僚主义的斗争中，做到了世界上任何一个国家都没有做到的事情。那种彻头彻尾都是官僚的和资产阶级压迫者的机构（甚至在最自由的资产阶级共和国中都仍然是这样的机构）已被我们彻底摧毁”[①]。与此同时，建立起了无产阶级专政的、人民当家做主的新政权，从而在制度层面彻底铲除了官僚主义赖以产生的基础。但是，十月革命胜利后仅仅半年的时间内，无论是苏维埃机关，还是党的机关，都出现了官僚主义现象。诚然，苏俄刚刚建立，难免会在经济、道德和精神方面带有其脱胎出来的那个旧社会的痕迹，但是官僚主义复活如此之快，对列宁来讲多少有些始料未及。对此他曾指出：“我们自上而下地摧毁旧官僚机构才过了半年，我们还没有感觉到这个祸害。”[②]“这个祸害”具体表现为：有的党员领导干部以权谋私、行贿受贿、贪赃枉法、腐化堕落；有的领导则高高在上、独断专行、因循守旧、不思进取；有的部门机构重叠、人浮于事、作风慵懒、办事拖拉；有的机关则大搞本位主义、形式主义、文山会海、公文履行。除此之外，官僚主义还表现在，有些党员和干部因为胜利而滋长了骄傲自大情绪，处处以领导者自

---

① 《列宁全集》第36卷，人民出版社1985年版，第154页。
② 《列宁全集》第41卷，人民出版社1986年版，第217页。

居，对群众发号施令，不关心群众生活，不维护群众利益，不满足群众需要，不倾听群众诉求。官僚主义现象的存在，不仅严重影响着党和政府各项工作的正常开展，而且还会严重破坏党和政府的形象，疏离党群干群关系，久而久之，必然会使党陷于失去执政之基的危险境地。为此，列宁向全党发出了这样的警示："共产党员成了官僚主义者。如果说有什么东西会把我们毁掉的话，那就是这个。"[①]

其次，党内出现了组织不纯问题。十月革命胜利后，俄共(布)成了执政党。随着党的地位的变化，党的队伍不断扩大，大量企图追求个人名利的和其他异己分子千方百计混进党内，使党内出现了组织不纯的问题。一般来讲，在革命战争时期，党处于非法状态，加入党组织就意味着流血牺牲，因此只有那些理想信念坚定、革命意志坚强的先进分子才愿意加入党的组织，所以这一时期党的纯洁性固然重要，但是绝不是突出的问题。然而，进入和平建设时期，特别是执政时期，情况就会大不一样，因为此时入党非但没有了血雨腥风的危险，相反却有了获取名利的机会。因为俄国共产党是其国内政治上唯一的合法政党，这无形之中会给工人阶级及其政党带来许多有利的条件，而这些有利条件也时时刻刻吸引着各种异己势力千方百计混进革命队伍中间来，从而使党组织本身面临着被腐蚀的危险。正像列宁所指出的那样，由于"现在俄国共产党是国内唯一合法的政党。这个情况自然给工人阶级及其政党带来了许多有利条件，但是另一方面又引起了使党的工作极端复杂的现象。一些集团和阶层为了给自己的力量寻找依附，不可避免地要竭力奔向这个唯一合法的政党队伍"[②]。所以，列宁强调，"党不能敞开大门，因为在资本主义瓦解时期，党把坏分子吸收进来是绝对难免的"[③]。恰如列宁所判断的那样，当党取得执政地位后，苏维埃政权机构中留用了大量的旧政府工作人员，他们中间的一些人为了获得必要的政治身份加入了党组织。此外，在与俄共(布)斗争中失势的孟什维克党人、社会革命党人、崩得分子以及鲍罗齐巴分子等为了寻找东山再起的机会，也摇身一变纷纷加入党组织。再者就是来自旧的剥削阶级的一些破坏分子为了伺机颠覆人民政权，也改头换面混进党的队伍中来。再加上当时党执政环境极端恶劣，外部处在帝国主义国家的威胁之下，内部处在以农民为主体的小资产阶级习惯势力的包围当中，如果任由混入党内的异己分子用他们的腐朽思想和行

---

① 《列宁全集》第 52 卷，人民出版社 1988 年版，第 300 页。

② 中共中央马克思恩格斯列宁斯大林著作编译局译：《苏联共产党代表大会、代表会议和中央全会决议汇编》第二分册，人民出版社 1964 年版，第 173 页。

③ 《列宁全集》第 37 卷，人民出版社 1986 年版，第 350 页。

为侵蚀党的肌体，破坏党的组织，那么必然会大大地削弱党组织的凝聚力、战斗力和影响力，甚至还会颠覆党的无产阶级先锋队性质。

因此，只有不断加强党的作风建设，才能不断提高党员的质量，才能不断净化并强健党的肌体，也才能真正把党打造成一块“整钢”。

第四节　列宁党风建设思想形成的主体条件

唯物辩证法认为，只有理论与实践相结合，思想和实际相结合，主观与客观相统一，人们才能实现对客观事物的正确认识，也才能揭示出客观事物发展的规律。因此，要正确认识列宁的党风建设思想，除了客观条件之外，显然离不开对创造主体列宁本身的关注。事实表明，良好的家庭成长环境培养了列宁责任担当的意志品质，笃定的理想信念则赋予了列宁百折不挠的精神力量，从而使他能够在极端困难的内外条件下，勇敢地承担起建立并不断建设无产阶级政党的历史重任。

一、良好的家庭背景培养了列宁责任担当的意志品质

1870 年 4 月 22 日，列宁出生在俄国辛比尔斯克省的一个知识分子家庭。虽然辛比尔斯克省在当时的俄国是一个经济文化都较为落后的省份，且沙皇专制统治极端黑暗，但是，列宁的家庭生活确实充满了积极向上的健康氛围。他的父亲名叫伊里亚·尼古拉耶维奇·乌里扬诺夫。他出身贫寒，在哥哥的无私帮助下，靠半工半读求学，由此受到良好的教育。从喀山大学毕业后，列宁的父亲当上了一名教师。他性格坚强，工作勤奋且成绩显著，因此从一名普通的教师被提升为省教育巡视员。在他的不懈努力下，辛比尔斯克省的办学规模和教育质量得到了大幅度的提高。为了表彰他突出的工作业绩，政府任命他担任辛比尔斯克省的国民学校总监。虽然他始终都不是一个革命者且笃信宗教，但是他对反对沙皇专制制度的人，尤其是对车尔尼雪夫斯基，却非常尊敬。特别是他的敬业精神给孩子们留下了深刻的印象，诚如列宁的妹妹，安娜·伊里尼奇娜所说的那样：“他的孩子们，在他出去视察时，常常几星期见不到他，他们很小的时候就已经领会到，事业高于一切，为事业可以牺牲一切。”[①]可以说，他的言传身教潜移默化地培养了孩子们强烈的家国观念，并激发了他们对劳动人民的同情和对黑暗社会

① 转引自[苏]普·凯尔任采夫：《列宁传》，三联书店 1975 年版，第 4 页。

现实的不满情绪。早在列宁上中学的时候，就曾在一篇以《人民生活美好的原因》为题的作文中，通过描述沙皇专制制度如何压迫劳动人民的事实，激烈地抨击了当时俄国的社会制度。虽然因此受到了校长的严厉批评，但是列宁仍然不为所动，足见这种观念影响之深。此外，父亲履职的敬业态度和执着精神无形之中也影响到了列宁，“他和父亲一样，意志坚强，精力充沛，工作认真，责任感强”[①]。母亲玛利亚·亚历山大罗夫娜·勃兰克同样出身贫寒，虽然由于经济上的原因没能接受正规的学校教育，但是她天资聪颖，在语言和音乐方面更是表现出过人的资质和禀赋，使列宁得以较早地受到母亲在英语、法语和德语方面的启蒙教育，也使他在后来从事革命工作中受益颇多。特别是在父亲去世后，由于姐姐和哥哥在圣彼得堡上大学，母亲只能独立承担起家庭的重负。“为与母亲分忧，他要用自己半孩提半成人的肩膀，帮助母亲承担家庭的不幸。”[②]这无疑更是让他深深体会到了责任的重要和担当的艰辛。不仅如此，姐姐安娜·伊里尼奇娜·乌里扬诺娃和哥哥亚历山大·伊里奇·乌里扬诺夫因涉嫌谋杀沙皇亚历山大三世而被捕，结果姐姐遭到流放，哥哥则大义凛然、慷慨赴死，使家庭再次遭到突如其来变故的打击。尤其是作为童年和少年时期偶像的哥哥的牺牲，对列宁的触动很大，无疑进一步增强了列宁对沙皇反动统治的强烈愤慨，促使他不仅成为沙皇的敌人，而且成为主张推翻沙皇专制统治的掘墓人。与此同时，也进一步增强了他忧国忧民、救民于水火的使命感，并进一步淬炼了他舍我其谁的责任担当意识。正是这种意志品质，使他在后来的革命生涯中，无论是身陷囹圄，惨遭流放，抑或是陷于危险的境地，都能始终保持着顽强的革命定力、勇毅的斗争精神，并使其能够责无旁贷地肩负起建立和建设无产阶级政党的历史重任。

二、笃定的理想信念赋予了列宁百折不挠的精神动力

列宁之所以义无反顾地走上革命道路，固然是源于他对沙皇专制统治的极度绝望和对被压迫劳动人民悲惨境遇的深切同情，与此同时，父兄的经历使他清楚地认识到，父亲终身从事的文化教育工作不能推翻剥削者和解放人民，尽管他为此付出了极大的努力；而哥哥采用的恐怖手段也不能取得胜利，而且这种方法对于组织劳动群众和提高他们的阶级觉悟毫无帮助，且破坏了革命党人同群众的联系，并给革命党人和全体人民对于反对专制制

① 转引自[德]赫尔曼·韦伯尔：《列宁》，王源译，河北教育出版社 2001 年版，第 10 页。
② 陶文昭、郭悦、邹星编著：《列宁传》，当代世界出版社 1998 年版，第 15 页。

度的任务和方法造成了极其错误的观念。因此，他开始求教于哥哥留下的马克思和恩格斯的著作，探寻劳苦大众应该怎样进行革命斗争来实现自身的解放。事实上，恰恰是洋溢着科学性和革命性的马克思主义理论为其指明了前进的正确方向。对马克思主义信仰的笃定，不仅坚定了列宁的革命意志，而且赋予了列宁百折不挠的精神动力。首先，列宁笃信马克思主义是科学。列宁认为，之所以“马克思学说具有无限力量，就是因为它正确。它完备而严密，它给人们提供了决不同任何迷信、任何反动势力、任何为资产阶级压迫所作的辩护相妥协的完整的世界观”[①]。马克思在批判地继承了人类先进思想的基础上，结合对资本主义社会经济、政治现实状况的科学考察，科学地回答了人类先进思想业已提出但未能回答的种种问题，并揭示出了资本主义制度的历史宿命和人类社会的发展规律。与此同时，马克思主义不仅科学地阐明了无产阶级在资本主义制度中的历史地位，而且还把伟大的认识工具交给了无产阶级，并为其指明了如何使其自身及一切被压迫阶级摆脱精神奴役的道路，进而实现了社会主义由空想向科学的历史性跨越。为此，列宁对马克思主义的科学性笃定不移，他坚定地认为，“我们完全以马克思的理论为依据，因为它第一次把社会主义从空想变成科学，给这个科学奠定了巩固的基础，指出了继续发展和详细研究这个科学所应遵循的道路……使社会主义社会制度成为可能和必然”[②]。其次，列宁坚信马克思主义一定能够取得胜利。诚如“几何公理要是触犯了人们的利益，那也一定会遭到反驳的”[③]，虽然马克思主义是科学，但是由于它是为现代社会的无产阶级服务的，所以必然要遭到资产阶级的强烈反对、诋毁甚至是打击。

由此可见，马克思主义的发展道路绝非一马平川的浩荡坦途，而是充满艰难险阻。无论是所谓的官方正统“科学”，抑或是流行于工人运动中的各种思潮，诸如蒲鲁东主义、拉萨尔主义、巴枯宁主义等等，都无一例外地对马克思主义发动过进攻，但是它们也都无一例外地败下阵来。与此形成鲜明对照的是，在经过一系列斗争的洗礼之后，马克思主义非但没有被消灭，反而“却愈加巩固，愈加坚强，愈加生气勃勃了”[④]。因此，列宁坚信在“即将来临的历史时期，定会使马克思主义这个无产阶级的学说获得更大

① 《列宁全集》第 23 卷，人民出版社 1990 年版，第 41 页。
② 《列宁全集》第 4 卷，人民出版社 1984 年版，第 160 页。
③ 《列宁全集》第 17 卷，人民出版社 1988 年版，第 11 页。
④ 《列宁全集》第 17 卷，人民出版社 1988 年版，第 11 页。

的胜利"[①]。正是因为笃信马克思主义是科学,并坚信马克思主义能够取得最后胜利,所以列宁从中获得了强大的精神动力。在这种精神动力的支撑下,他不但能够在极端残酷的斗争环境中建立起无产阶级政党,而且能够始终自觉以马克思主义为指导加强党的自身建设,从而确保了党的作风建设的正确方向。

① 《列宁全集》第23卷,人民出版社1990年版,第4页。

第二章　列宁党风建设思想形成的理论渊源

——马克思恩格斯的党风思想

诚如列宁所指出的那样，马克思主义绝不是马克思、恩格斯离开了人类文明大道而形成的故步自封、僵化不变的学说，而是在批判地继承前人已有思想成果，并结合对人类社会、特别是资本主义社会历史考察的基础上形成的。这一判断对列宁的党风建设思想的形成来讲同样适用。事实上，列宁党风建设思想也绝对不是列宁无视前人已有的思想成果而另起炉灶、独树一帜的结果，而是在继承和借鉴马克思、恩格斯的党风建设思想成果的基础上，结合所处时代特征、现实国情和党内形势的发展变化形成的智慧结晶。因此，考察列宁党风建设思想的形成，在研究时代特征、现实国情和党内形势的同时，必须关注其得以形成的重要理论渊源。这个重要的理论渊源集中表现为马克思、恩格斯的党风建设思想。因为马克思主义给工人阶级提供了认识世界和改造世界的强大理论武器，所以作为工人阶级的先锋队组织，无产阶级政党在党建方面必须遵循马克思主义的理论指导，否则党的事业就会遇到挫折，甚至失败。正是从这个意义上，列宁旗帜鲜明地捍卫并坚持马克思主义。他曾强调指出："没有革命的理论，就不会有革命的运动。"[①]同样，"没有革命理论，就不会有坚强的社会党，因为革命理论能使一切社会党人团结起来，他们从革命理论中能取得一切信念，他们能运用革命理论来确定斗争方法和活动方式"[②]。而马克思、恩格斯的党风思想之所以能够成为列宁党风建设思想的直接理论渊源，是因为马克思和恩格斯最初通过把正义者同盟改造成为共产主义者同盟，创立了世界上第一个以科学共产主义为指导的无产阶级政党。不仅如此，他们还先后领导创立了第一国际、第二国际作为指导国际共产主义运动的国际性组织，并指导一批欧美国家建立了独立的工人阶级政党。在这一过程中，马克思主义的建党学说得以形成并不断丰富与发展，特别是作为其重要组

---

① 《列宁全集》第 2 卷，人民出版社 1984 年版，第 443 页。

② 《列宁全集》第 4 卷，人民出版社 1984 年版，第 161 页。

成部分的党风思想所阐发的立场、观点、原则和方法，为无产阶级政党进行党风建设提供了直接的理论依据。

第一节 无产阶级政党必须反对教条主义

马克思和恩格斯之所以倾其毕生的精力创立并不断发展马克思主义，目的就是希望他们的理论能给无产阶级认识自身的历史使命并履行使命提供科学指南，真正实现无产阶级自身的解放和全人类的解放。由于马克思主义的创立是以人类的历史实践和现实实践为基础的，所以实践性不仅决定了它的革命性，而且也决定了它的科学性。也就是说，马克思主义只有不断结合变化的实践发展其自身，才能真正成为无产阶级认识世界、改造世界的强大思想武器，否则它就失去了应有的价值。基于此，马克思、恩格斯主张，无产阶级政党必须反对教条主义。

一、必须坚持理论联系实践

马克思、恩格斯之所以作出理论联系实践的判断，主要是基于以下几个方面的考量：

第一，理论来源于实践。马克思、恩格斯从来不把自己当作一朝顿悟遂透彻古今未来的先知，也没有把他们的理论当作与世隔绝的天外之音，而是突出强调他们的理论来源于实践。诚如马克思在其《〈政治经济学批判〉序言》一文中指出的那样，"是人们的社会存在决定人们的意识"①，而不是相反。由于人们的社会存在本身就是人们的现实生活过程，而人们的现实生活过程本身是实践的，所以说社会意识来源于人们的社会实践。事实上，早在马克思和恩格斯合著的《德意志意识形态》一文中，他们就曾指出："共产主义对我们来说不是应当确立的状况，不是现实应当与之相适应的理想。我们所称为共产主义的是那种消灭现存状况的现实的运动。这个运动的条件是由现有的前提产生的。"②针对德国小资产阶级民主主义者卡尔·海因岑空谈共产主义的论调，恩格斯告诫他指出："共产主义不是教义，而是运动。它不是从原则出发，而是从事实出发。共产主义者不是把某种哲学作为前提，而是把迄今为止的全部历史，特别是这一历史目前在文明各国造成

① 《马克思恩格斯选集》第2卷，人民出版社2012年版，第2页。
② 《马克思恩格斯选集》第1卷，人民出版社2012年版，第166页。

的实际结果作为前提。”[①]此后，马克思和恩格斯在《共产党宣言》中进一步强调指出，他们所阐发的共产党人的理论原理，“不过是现存的阶级斗争、我们眼前的历史运动的真实关系的一般表述”[②]而已。也就是说，因为资本主义世界客观存在的现实是共产主义原理得以产生的基本前提，如果离开了阶级斗争、离开了历史运动，那么作为两者之间关系表述的共产主义原理也就无法成立了，所以绝对不能脱离共产主义原理赖以产生的基本前提来抽象地看待并运用它。一句话，理论来源于实践，如果没有人类创造的丰富的实践，那么理论就成了无源之水，无本之木。

第二，理论正确与否要到实践中去检验。针对来自于实践的理论是否正确地反映了事物发展的客观规律问题，马克思认为，“这不是一个理论的问题，而是一个实践的问题”[③]。“人应该在实践中证明自己思维的真理性。”[④]如果离开了实践，那么人的思维的真理性就无法得到证明。所谓正确的理论必须结合具体情况并根据现存条件加以阐明和发挥，而以费尔巴哈为代表的哲学家们之所以始终徘徊于用不同的方式解释世界，而不能对改变现存世界产生些许的直接指导作用，就是因为“这些哲学家没有一个想到要提出关于德国哲学和德国现实之间的联系问题，关于他们所作的批判和他们自身的物质环境之间的联系问题”[⑤]。所以，他们只能停留在经院哲学的思辨层面而止步不前，也就不能回答历史和现实业已提出并亟待回应的时代课题。因此，对于变革时代的理解和把握，“必须从物质生活的矛盾中，从社会生产力和生产关系之间的现存冲突中去解释”[⑥]。换句话说，就是要通过挖掘它的意识得以产生的社会基础来获得发现，否则将不免陷入空谈的窠臼。由此可见，离开了理论赖以产生的具体情况和需要关注的现存条件，它的正确与否便无从判断。

第三，理论必须和实践结合起来。马克思、恩格斯认为，他们的理论绝不是需要被束之高阁、顶礼膜拜的圣经，而是指导无产阶级革命实践的理论武器。诚如恩格斯告诫那些处于迷惘状态的社会主义者时指出的那样，马克思主义是无产阶级革命策略的基本前提条件，只有把马克思主义理论“应用于本国的经济条件和政治条件”[⑦]，才能找到适合本国国情的革命策略，除

① 《马克思恩格斯选集》第1卷，人民出版社2012年版，第291页。
② 《马克思恩格斯选集》第1卷，人民出版社2012年版，第414页。
③ 《马克思恩格斯选集》第1卷，人民出版社2012年版，第134页。
④ 《马克思恩格斯选集》第1卷，人民出版社2012年版，第138页。
⑤ 《马克思恩格斯选集》第1卷，人民出版社2012年版，第145～146页。
⑥ 《马克思恩格斯选集》第2卷，人民出版社2012年版，第3页。
⑦ 《马克思恩格斯选集》第4卷，人民出版社2012年版，第574页。

此之外别无他法。也就是说，马克思主义理论是用来指导无产阶级革命实践的，如果不把马克思主义理论应用到具体实践当中，那么就不可能找到正确的革命策略。因此，必须把马克思主义理论与无产阶级革命的具体实践结合起来。

二、必须坚决反对教条主义

教条主义违背了马克思主义的实践精神，如果任由其发展，那么，久而久之，不但会使马克思主义本身丧失生命力，而且还会误导甚至于损害无产阶级革命运动的健康发展，所以马克思和恩格斯始终旗帜鲜明地反对教条主义，并对其进行了坚决的抵制和斗争。

一方面，他们坚决反对不顾历史事实来套用他们的理论。事实上，早在1843年，马克思就以严谨的科学态度明确指出，他不主张树起任何教条主义的旗帜。马克思之所以如此，就是为了极力避免他的理论可能被生吞活剥地滥用。针对米海洛夫斯基等人割裂马克思主义理论与实践基础之间的关系，把马克思认为只有在一定条件下起作用的一些原理解释成绝对的原理的做法，马克思本人表示了强烈的反感和不满。他曾经辛辣地批评指出："他(指的是米海洛夫斯基——编者加)这样做，会给我过多的荣誉，同时也会给我过多的侮辱。"[①]后来马克思甚至用了更为极端的话语表达了对这种做法的强烈不满。他曾多次指出，如果按照这样的方法对待马克思主义理论的话，那么他自己就不是马克思主义者。此后，恩格斯在回答费边社领导人的信中也表达了与马克思相同的看法。他指出："我们对未来非资本主义社会区别于现代社会的特征的看法，是从历史事实和发展过程中得出的确切结论；不结合这些事实和过程去加以阐明，就没有任何理论价值和实际价值。"[②]这就如同在德国的条件下，法国的文献失去了直接的实践意义，而只是纯粹文献的形式一样。换句话说，他们(指的是马克思和恩格斯)对于未来社会形态特征的阐发，是建立在对历史事实和眼前资本主义社会现实的研究分析基础之上的，如果离开了对历史事实和眼前资本主义社会现实这两个基本条件的关注，那么这些结论就没有任何理论价值和实际价值。为了避免别人教条地对待他们的理论，恩格斯还突出强调指出了马克思主义理论作为真理的相对性。他认为："每一个时代的理论思维，包括我们这个时代的理论思维，都是一种历史的产物，它在不同的时代具有完全不同的形

---

① 《马克思恩格斯选集》第3卷，人民出版社2012年版，第730页。

② 《马克思恩格斯选集》第4卷，人民出版社2012年版，第582页。

式，同时具有完全不同的内容。”[①]马克思主义当然也不例外，所以任何把马克思主义理论绝对化的做法都是错误的。这一点还可从恩格斯致菲·屠拉梯的信中可见一斑。他指出，杰维尔之所以犯了严重的错误，就在于“杰维尔在许多地方把马克思的个别论点绝对化了，而马克思提出这些论点时，只是把它们看作相对的，只有在一定的条件下和一定的范围内才是正确的”[②]。由此可见，如果不顾理论得以产生的历史事实去胡乱套用理论，那么理论本身也就失去科学性和现实指导意义。

另一方面，他们坚决反对把马克思主义理论视为一成不变的教条。鉴于各国工人运动中普遍存在着的、不顾现实条件的变化照抄照搬马克思主义理论的错误倾向，马克思和恩格斯多次表明了坚决反对的态度和立场。对此，马克思曾经告诫指出，在历史科学和革命实践中，专靠一些公式是办不了什么事的。而用抽象的概念来代替具体的东西，这是革命中一个最主要、最危险的错误。对此，恩格斯尖锐地指出：“一个行动纲领，如果不同人们的实际需要相结合，即使它在理论上是基本正确的，那也毫无用处。”[③]不仅如此，恩格斯还一再告诫指出：“我们的理论是发展着的理论，而不是必须背得烂熟并机械地加以重复的教条。”[④]这些理论提供的只是进一步研究的出发点和供这种研究使用的方法，而不是现成的答案。在恩格斯看来，侨居在美国的德国社会党骨干之所以在关键时刻没能把马克思主义理论与美国实践相结合，从而使他们的理论成为推动美国群众运动的杠杆，根本原因就在于“他们大部分连自己也不懂得这些理论，而用学理主义和教条主义的态度去对待它，认为只要把它背得烂熟，就足以满足一切需要。对他们来说，这是教条，而不是行动的指南”[⑤]。对此，恩格斯认为马克思大概会把海涅对自己的模仿者说的话转送给这些先生们：“我播下的是龙种，而收获的却是跳蚤。”[⑥]因此，可以这样说，实践的不断发展变化决定了立论于实践基础之上的马克思主义理论需要不断地丰富与发展。如果不顾实践的发展变化来照抄照搬马克思主义理论，那么不仅严重违背了马克思、恩格斯的本意和初衷，而且还会使马克思主义理论丧失科学性，甚至还会窒息马克思主义本身的理论生机。

由以上可见，马克思主义是用来指导无产阶级革命的理论指南，绝不是

---

① 《马克思恩格斯选集》第 3 卷，人民出版社 2012 年版，第 873 页。
② 《马克思恩格斯全集》第 39 卷，人民出版社 1974 年版，第 79～80 页。
③ 《马克思恩格斯全集》第 38 卷，人民出版社 1972 年版，第 74 页。
④ 《马克思恩格斯选集》第 4 卷，人民出版社 2012 年版，第 588 页。
⑤ 《马克思恩格斯选集》第 4 卷，人民出版社 2012 年版，第 583 页。
⑥ 《马克思恩格斯选集》第 4 卷，人民出版社 2012 年版，第 603 页。

停留在思辨层面的经院哲学。只有把马克思主义理论与无产阶级革命实践结合起来，才能发挥其指导作用，也才能不断开辟马克思主义本身的发展道路。

实践表明，正是因为列宁继承了马克思和恩格斯的这一思想，坚定地认为马克思主义不是教条，而是行动的指南，并在此基础上创造性地提出了马克思主义的"活的灵魂"是具体问题具体分析的新论断，所以他才能自觉地把马克思主义与俄国实际和时代特征结合起来，并把马克思主义推到了列宁主义阶段；不仅创立了俄国共产党，而且领导俄国十月革命取得了胜利，建立了世界上第一个社会主义国家，进而把马克思主义从科学的理论形态变成了活生生的现实。

第二节 无产阶级政党必须维护党的团结

诚然，在《共产党宣言》中马克思和恩格斯依据历史唯物主义基本原理，深刻剖析了资本主义社会的基本特征，揭示出了资本主义必然灭亡、社会主义必然胜利的规律，并鲜明地指出了无产阶级的历史使命，但是他们也深知，无论是无产阶级真正作为一个阶级来联合行动，还是资本主义的灭亡和社会主义的胜利，都绝对不会自然而然地实现。为此，马克思指出："无产阶级在反对有产阶级联合力量的斗争中，只有把自身组织成为与有产阶级建立的一切旧政党不同的、相对立的政党，才能作为一个阶级来行动。"[①]在这里，马克思主张把建立无产阶级自己的政党，作为使无产阶级摆脱自在状态并真正作为一个阶级进行联合行动的前提条件。之所以如此，是因为，一方面资产阶级决不会甘愿自动退出历史舞台，为了维护他们的既得利益，必然会联合起来并形成异常强大的反动力量；另一方面工人阶级只有联合起来才能与资产阶级的反动力量相抗衡，并推翻资产阶级的反动统治。而工人阶级只有依靠自己的政党才能实现阶级意识的觉醒，才能认识到自己的历史使命，从而加速从自在阶级向自为阶级的转变，并在党的领导下联合起来完成自己的历史使命。为此，马克思、恩格斯高度重视无产阶级政党自身的团结，并强调无产阶级政党只有以科学的理论为指导，自觉开展批评与自我批评，并坚决反对宗派主义，才能实现和维护党的团结，也才能历史地承担起领导工人阶级实现自己历史使命的神圣职责。

---

① 《马克思恩格斯选集》第3卷，人民出版社2012年版，第173页。

一、必须以科学的世界观作为理论基础

历史经验表明，一个政党以什么样的思想或主义作为自己的理论基础，不仅关系到这个政党的性质，而且关系到它的前途和命运。如果以科学的思想或主义为理论基础，那么它的事业就会无往而不胜，它的前途就会一片光明。反之，它的事业就会遭到挫折甚至是失败，它的前途就会一片暗淡。在马克思主义政党出现之前和同时代，各种各样为数众多的党派之所以后来相继淹没在历史的长河之中不见踪影，演绎出一幕幕跌宕起伏的历史活剧，从一定意义上讲，就是因为它们没有科学的世界观作为理论基础，从而不能对时代提出的重大课题予以积极的回应和解答。由此可见，理论基础对于一个政党来讲意义重大。也正是因为理论基础对于政党的极端重要性，所以马克思、恩格斯高度重视无产阶级政党的理论基础问题，并要求无产阶级政党必须以科学的世界观作为理论基础。因为无产阶级政党是马克思主义理论和工人运动相结合的产物，所以，马克思主义理论一旦离开了工人运动，就失去了实现自己使命的物质力量，而工人运动一旦离开了马克思主义理论的指导，就会迷失正确的发展方向。对此，马克思曾经深刻指出："批判的武器当然不能代替武器的批判，物质的力量只能用物质的力量来摧毁；但是理论一经掌握群众，也会变成物质力量。"①"哲学把无产阶级当做自己的物质武器，同样，无产阶级也把哲学当做自己的精神武器。"②与此同时，他还告诫指出："工人的一个成功因素就是他们的人数；但是只有当工人通过组织而联合起来并获得知识的指导时，人数才能起举足轻重的作用。"③就是说，工人阶级要想实现自己的历史使命，就必须以科学的理论作为理论基础，并在科学的理论指导下组织联合起来，否则即便是人数众多，也是一盘散沙，因此将一事无成。

可以说，在马克思主义诞生之前，世界上没有任何一种理论能够科学地揭示出资本主义社会乃至人类社会的发展动力、资本主义的历史命运以及人类社会前进的正确方向。即使是代表了当时人类认识史上最高成就的德国古典哲学、英国古典政治经济学以及英法空想社会主义，亦由于历史的局限、阶级的局限而在这些重大时代课题面前裹足不前。虽然黑格尔给出了辩证法，费尔巴哈坚持了唯物主义，但是由于他们在历史观上的唯心主义取向，把宝贵的探索湮没在所谓"绝对精神"、宗教以及抽象的人的"爱"的迷雾

① 《马克思恩格斯选集》第1卷，人民出版社2012年版，第9页。
② 《马克思恩格斯选集》第1卷，人民出版社2012年版，第16页。
③ 《马克思恩格斯选集》第3卷，人民出版社2012年版，第10页。

之中，他们无法揭示出资本主义制度的历史宿命，也无法指明人类社会的前进方向。虽然亚当·斯密和大卫·李嘉图初步论证了劳动价值论，并揭示了资本主义社会三大阶级（工人阶级、资产阶级、地主阶级）在经济利益上的对立关系，但是由于阶级的局限性，他们的所谓“公正性”的天平不可避免地发生了不利于工人阶级的倾斜，使他们没能敲响资本主义制度的“丧钟”，也没能科学地论证人类的未来。虽然以圣西门、傅立叶和欧文为主要代表的英法空想社会主义者揭露了资本主义制度的种种弊端和罪恶，并提出了诸多关于未来社会的天才规划和美好设想，但是由于找不到建立未来社会的现实途径和依靠力量，所以他们的理论不可避免地成为令人可望而不可即的空中楼阁。也就是说，尽管这些理论成果中不乏个别的真知灼见，但是由于它们无法揭示人类社会的发展动力，因此也就无法根本改变历史似乎终结于资本主义社会的残酷现实，无法指明人类社会发展的正确方向，当然也就无法根本改变工人阶级受压迫、受剥削、受奴役的悲惨境遇。可以说，在马克思主义这一科学的理论诞生之前，工人运动的发展之所以举步维艰，甚至屡遭失败，一个重要的原因就是没有科学的理论为指导。事实上，在马克思主义诞生以前，各个主要资本主义国家的工人运动组织都处在非无产阶级社会主义流派的操控之下。即使是在马克思和恩格斯创建第一国际时，工人运动虽然走向了高潮，但是“运动本身的理论性质在整个欧洲，即在群众中间，实际上还是很模糊的”①。诸如蒲鲁东主义、拉萨尔主义、工联主义、巴枯宁主义、布朗基主义和马志尼主义等思潮在工人运动中仍然有十分广大的市场，并占据统治地位，而马克思主义只是在少数先进工人中间传播。在这种情况下，马克思和恩格斯在国际活动的重点，就是使他们创立的科学社会主义成为国际工人运动的指导思想，从而“用工人阶级的真正的战斗组织来代替那些社会主义的或半社会主义的宗派”②。这在一定意义上就是马克思和恩格斯建立第一国际的初衷。然而，充斥于第一国际内部工人运动中的代表着资产阶级、小资产阶级的各种思潮决不会甘愿退出历史舞台。鉴于它们业已成为阻碍工人运动健康发展的障碍，马克思和恩格斯不得不与它们展开针锋相对的斗争。由于他们的不懈努力，各种错误思潮在工人中间的影响力不断缩小，科学社会主义逐渐突破了少数先进分子的狭小范围，开始在欧美各国的工人阶级中间广泛传播开来，并最终占据了统治地位而成为国际工人运动的指导思想。其意义是如此重大和深远，以至于马克思和恩格斯在指导欧美各国建立独立的无产阶级政党时，将是否有一个科

① 《马克思恩格斯选集》第4卷，人民出版社2012年版，第515页。

② 《马克思恩格斯选集》第4卷，人民出版社2012年版，第496页。

学的世界观作为理论基础看作共产党与其他工人阶级政党的根本区别所在。对此，恩格斯就曾对德国社会民主党人强调指出："我们党有个很大的优点，就是有一个新的科学的世界观作为理论的基础。"[①]在这里，恩格斯所强调的科学的世界观就是无产阶级的世界观，也就是马克思主义。事实上，正是因为有了马克思主义这个科学的世界观的指导，无产阶级政党才能够在认识世界和改造世界的进程中坚持正确的前进方向，才能够揭示出无产阶级革命运动的规律，科学地预见运动的进程、条件和一般结果，并通过制定正确的纲领、路线和策略，不断履行并实现自身的历史使命。

因此，可以说，马克思和恩格斯关于无产阶级政党必须以马克思主义这一科学的世界观作为理论基础的经验总结，不仅为列宁坚持、捍卫和发展马克思主义提供了科学依据，而且也为列宁推动无产阶级政党作风建设指明了前进的方向。基于此，列宁坚定地认为："只有马克思主义的世界观才正确地反映了革命无产阶级的利益、观点和文化。"[②]世界上"严格的无产阶级世界观只有一个，这就是马克思主义"[③]。"社会民主党的整个世界观是以科学社会主义即马克思主义为基础的。"[④]

二、必须开展批评与自我批评

马克思和恩格斯主张无产阶级政党要开展批评与自我批评。首先，他们认为在党内开展批评是十分必要的。马克思、恩格斯认为，作为无产阶级政党的党员，无论是在某一具体行为上有不同的认识，还是在某一理论问题上存在意见分歧甚至为此发生争论都是在所难免的，也是完全正常的。恩格斯认为批评是达到团结的重要途径，他指出："团结并不排斥相互间的批评，没有这种批评就不可能达到团结。没有批评就不能互相了解，因而也就谈不到团结。"[⑤]只有通过党员彼此之间的相互批评，才能相互了解对方的真实想法，也才能在此基础上达到团结的目的。事实上，早在第一国际时期，马克思和恩格斯就把团结确定为党的一个基本原则。马克思曾经指出："让我们回忆一下国际的一个基本原则——团结。如果我们能够在一切国家的一切工人中间牢牢地巩固这个富有生气的原则，我们就一定会达到我们所向往的伟大目标。"[⑥]需要指出的是，虽然马克思和恩格斯非常重视无产阶级

① 《马克思恩格斯选集》第 2 卷，人民出版社 2012 年版，第 10 页。
② 《列宁全集》第 39 卷，人民出版社 1986 年版，第 332 页。
③ 《列宁全集》第 10 卷，人民出版社 1987 年版，第 271 页。
④ 《列宁选集》第 2 卷，人民出版社 2012 年版，第 247 页。
⑤ 《马克思恩格斯全集》第 4 卷，人民出版社 1958 年版，第 423 页。
⑥ 《马克思恩格斯全集》第 18 卷，人民出版社 1964 年版，第 180 页。

政党的团结,但是这种团结绝对不是无原则、无条件的一团和气,这一点可以从恩格斯的论述中得到说明。恩格斯坚决反对那种不惜任何代价息事宁人、为了团结而团结的做法。他认为团结固然重要,但是不能没有原则底线,抛弃了原则底线的团结不但毫无意义,而且是有害的。这个理论原则底线就是党的团结必须是建立在认同并尊重马克思主义基础上的团结。换句话说,如果离开了对马克思主义的认同,那么党内的团结不但是难以实现的,而且也是难以保持的。为此,恩格斯认为,为了维护理论原则,只要有必要,即使发生争论和吵闹也不怕。如果对错误的思想一味地迁就纵容,那么这样的党是没有前途的。正是在这个意义上,恩格斯得出一个科学结论:"看来,一个大国的任何工人政党,只有在内部斗争中才能发展起来,这是符合一般辩证发展规律的。"[①]此外,恩格斯多次强调了在党内开展批评的正当性。他指出:"工人运动的基础是最尖锐地批评现存社会,批评是工人运动的生命要素,工人运动本身怎么能逃避批评,禁止争论呢?难道我们要求别人给自己以言论自由,仅仅是为了在我们自己队伍中又消灭言论自由吗?"[②]换句话说,如果工人阶级政党内部不能进行合理的经常性的批评的话,那么工人运动的生机也就不复存在了。恩格斯甚至认为,建立党内真正和谐的关键绝不在于否认和隐瞒党内一些真正有争论的问题。不仅如此,为了避免批评的"一边倒",恩格斯还号召广大党员群众"不要再总是过分客气地对待党内的官吏——自己的仆人,不要再总是把他们当作完美无缺的官僚,百依百顺地服从他们,而不进行批评"[③]。

其次,他们以身作则地开展自我批评。马克思、恩格斯不仅十分注意在党内开展批评,也十分注意自我批评,而且表现得十分诚恳和襟怀坦白。这在《共产党宣言》1872 年英文版《序言》中表现得尤为明显。《序言》一方面指出"不管最近 25 年来的情况发生了多大的变化,这个《宣言》中所阐述的一般原理整个说来直到现在还是完全正确的"[④],另一方面也明确指出,由于有了德国二月革命的经验尤其是有了巴黎公社的经验,"所以这个纲领现在有些地方已经过时"[⑤]。《序言》还指出,关于共产党人对待各种反对派的态度的论述,虽然在原则上今天还是正确的,"但是就其实际运用来说今天毕竟已经过时"[⑥]。恩格斯曾经高度评价马克思的自我批评精神。他指出:"马克思

① 《马克思恩格斯选集》第 4 卷,人民出版社 2012 年版,第 551 页。
② 《马克思恩格斯选集》第 4 卷,人民出版社 2012 年版,第 595 页。
③ 《马克思恩格斯全集》第 38 卷,人民出版社 1972 年版,第 33 页。
④ 《马克思恩格斯选集》第 1 卷,人民出版社 2012 年,第 376 页。
⑤ 《马克思恩格斯选集》第 1 卷,人民出版社 2012 年,第 377 页。
⑥ 《马克思恩格斯选集》第 1 卷,人民出版社 2012 年,第 377 页。

在公布他的经济学方面的伟大发现以前，是以多么无比认真的态度，以多么严格的自我批评精神，力求使这些伟大发现达到最完善的程度。”[①]再者，1890 年 9 月 21 日，恩格斯在给布洛赫的信中，不仅对德国“青年派”曲解唯物史观的错误给予了批评，而且对错误产生的原因进行了自我批评。他诚恳地指出，他们（指马克思和恩格斯——编者加）在反对自己的论敌的时候，常常不得不强调被论敌否定的主要原则，从而往往未对其他参与相互作用的因素给予应有的重视，为此，造成德国“青年们有时过分看重经济方面，这有一部分是马克思和我应当负责的”[②]。此后，在 1893 年 7 月 14 日，恩格斯给梅林的信中再次表达了类似的观点。他指出，他们“为了内容的方面而忽略了形式方面，即这些观念等等是由什么样的方式和方法产生的”。“这一点在马克思和我的著作中通常也强调得不够，在这方面我们大家都有同样的过错。”“如上所说，我也这样做过，而且我总是在事后才发现错误。”[③]作为无产阶级革命导师，马克思和恩格斯进行自我批评的精神为无产阶级树立了光辉的学习典范，可以说，他们的这种自我批评精神，非但没有掩盖其作为无产阶级革命导师和人类思想巨匠的头上的光环，反而更进一步彰显了他们对无产阶级以及人类历史命运关切的赤诚之心和极端认真严谨的科学态度。

列宁继承并丰富发展了马克思和恩格斯关于在党内开展批评与自我批评的思想，具体表现在：他不但坚定地认为，在无产阶级政党内部“进行尖锐的批评是革命者的责任”[④]，而且还将无产阶级政党能否做到自我批评作为外界“衡量这个党是否郑重，是否真正履行它对本阶级和劳动群众所负义务的一个最重要最可靠的尺度”[⑤]，从而进一步增强了广大党员在党内开展批评与自我批评的自觉性，为实现党的团结统一提供了切实可行的理论遵循。

三、必须坚决反对宗派主义

宗派主义在思想上表现为自我封闭、唯我独尊，对其他思想或学说采取一概否定和挞伐的态度，人为地割断人类思想文化发展的脉络，不自觉地陷入历史虚无主义的漩涡；在组织上表现为个人主义和小集团主义，为了局部利益甚至不惜牺牲整体利益，搞党同伐异，拉拢一方而排挤另一方，是党的

---

① 《马克思恩格斯全集》第 24 卷，人民出版社 1972 年版，第 4 页。
② 《马克思恩格斯选集》第 4 卷，人民出版社 2012 年版，第 606 页。
③ 《马克思恩格斯选集》第 4 卷，人民出版社 2012 年版，第 642～643 页。
④ 《列宁全集》第 33 卷，人民出版社 1985 年版，第 84 页。
⑤ 《列宁全集》第 39 卷，人民出版社 1986 年版，第 37 页。

团结统一的隐患和大敌。基于此，马克思和恩格斯不仅在思想上和组织上不搞宗派主义，而且也坚决反对别人在思想上或组织上搞宗派主义。

一方面，他们自身在思想上和组织上不搞宗派主义。马克思和恩格斯对人类以往的传统思想文化采取了一种辩证批判的态度，也就是说，他们并不是不加鉴别地、生吞活剥式地对待人类以往的文明，而是采取批判吸收的科学态度。他们从来不否认自己的理论成果与人类思想文化之间的必然联系。对此，恩格斯就曾公开表示："如果不是先有德国哲学，特别是黑格尔哲学，那么德国科学社会主义，即过去从来没有过的唯一科学的社会主义，就决不可能创立。"[①]马克思和恩格斯正是在批判地继承了黑格尔的辩证法和费尔巴哈的唯物主义的基础上才创立了辩证唯物主义哲学原理的；不仅如此，马克思还将辩证唯物主义引入社会历史领域并创立了唯物史观，从而为科学社会主义的创立奠定了坚实的理论基础。无独有偶，马克思和恩格斯对英法的空想社会主义者也同样给予了高度的评价。恩格斯曾经指出，德国理论上的社会主义"是站在圣西门、傅立叶和欧文这三个人的肩上的"[②]。诚然，英法空想社会主义者并没有找到实现自己政治理想的现实途径和依靠力量，但是他们的理论创造却达到了空想社会主义理论发展的最高峰，而且他们的许多天才设想为马克思和恩格斯创立的科学社会主义提供了丰富的思想材料和宝贵的思想启迪。应该说，虽然前人思想成果与马克思主义之间有着本质的不同，但是马克思和恩格斯对待前人思想成果的态度，不仅彰显了马克思主义理论基础的厚重，而且更充分体现了人类思想文化发展的历史进步性与超越性。此外，在建立无产阶级政党的过程中，马克思和恩格斯也丝毫未曾表现出宗派主义的态度。这一点在组建并保持第一国际的过程中表现得尤为明显。鉴于以往工人运动由于忽视了团结从而使分散的努力遭受共同的失败的教训，马克思深刻地指出，"只有工人阶级的国际联盟才能保证工人阶级的最终胜利"，所以"国际工人协会并不是某一个宗派或某一种理论的产物"[③]。正因如此，诚如恩格斯后来回忆第一国际盛况时指出的那样，为了实现工人阶级在国际领导下的大联合大发展，"当马克思创立国际的时候，他所草拟的总章程使当时一切工人阶级社会主义者——蒲鲁东分子、皮埃尔·勒鲁分子、甚至英国工联中比较先进的部分都可以参加国际；就是由于这种广泛性，国际才成为它当时的那个样子，即成为逐步

① 《马克思恩格斯文集》第2卷，人民出版社2009年版，第217页。

② 《马克思恩格斯文集》第2卷，人民出版社2009年版，第218页。

③ 《马克思恩格斯全集》第16卷，人民出版社1964年版，第365页。

融解和吸收除无政府主义者外的各个比较小的宗派的一种工具”[①]。也就是说，马克思在创立第一国际的时候，把除了无政府主义者以外的几乎所有的工人阶级社会主义者都吸收到了组织中，从而使其历史地成为溶解和消弭各种宗派的工具。

另一方面，他们坚决反对别人搞思想上或组织上的宗派主义。由于第一国际在成立时的包容性和广泛性，国际内部的成分变得十分复杂，虽然在当时这是出于实现工人阶级的团结并开展一致对敌斗争的迫切需要，但是各种错误思潮的影响很快就以宗派主义的形式显现出来，甚至直接威胁着组织本身和工人运动的健康发展，以至于马克思感到“社会主义的宗派主义的发展和真正工人运动的发展总是成反比”[②]。在这种情况下，马克思和恩格斯不得不花费大量的精力来开展对国际内部各种宗派主义错误倾向的斗争，来保证组织的纯洁和团结。事实上，在第一国际成立之前，各国工人运动实际上处在一盘散沙的状态，而马克思之所以倡导成立第一国际，就是“为了用工人阶级的真正的战斗组织来代替那些社会主义的或半社会主义的宗派”[③]，以实现第一国际在思想上的统一和组织上的团结，并推动国际工人运动的大发展大繁荣。可以说，在第一国际时期，马克思和恩格斯所做的大量工作都是为了达到这一目的或者与达到这一目的直接相关。马克思和恩格斯之所以对蒲鲁东主义者展开批判，是因为“他们轻视一切革命的、即产生于阶级斗争本身的行动，轻视一切集中的、社会的、因而也是可以通过政治手段(例如，从法律上缩短工作日)来实现的运动”[④]。而对德国拉萨尔派的斗争，是因为“拉萨尔的组织是一个纯粹的宗派组织，这种组织是和国际所追求的真正工人运动的组织相敌对的”[⑤]。当然，在国际中最大的宗派组织无疑是以巴枯宁为首的社会主义民主同盟。大量事实证明，这个同盟的目的不是要摧毁现存的剥削制度，而是要摧毁为了反对这种制度而进行最坚毅斗争的国际工人协会本身。为了维护国际的组织纯洁，在百般努力均不奏效的情况下，马克思和恩格斯亲自指导国际海牙大会，实现了对巴枯宁宗派主义分子的清算，并把以巴枯宁为首的宗派主义分子开除出了国际组织。这一重要举措不仅昭示了马克思、恩格斯维护党组织团结的坚定态度，也充分显示出他们坚决反对宗派主义的鲜明政治立场。鉴于第一国际

① 《马克思恩格斯选集》第 4 卷，人民出版社 2012 年版，第 588 页。
② 《马克思恩格斯选集》第 4 卷，人民出版社 2012 年版，第 496 页。
③ 《马克思恩格斯选集》第 4 卷，人民出版社 2012 年版，第 496 页。
④ 《马克思恩格斯文集》第 10 卷，人民出版社 2009 年版，第 243 页。
⑤ 《马克思恩格斯选集》第 4 卷，人民出版社 2012 年版，第 497 页。

的经验教训，许多年以后，恩格斯仍就此告诫美国的社会主义者一定要高度重视宗派主义问题，并高度警惕宗派的形成及其对社会主义运动发展可能造成的负面影响和阻碍作用。他指出："真正能够阻碍运动向前发展的唯一的东西，就是这些分歧的加剧并从而导致宗派的形成。"[①]在这里，恩格斯把宗派看成阻碍社会主义运动向前发展的唯一的东西，足见其影响之大、危害之深。

无论是建党，还是在领导无产阶级革命和建设的实践过程中，列宁都高度重视继承和发展了马克思和恩格斯关于无产阶级政党必须维护党的团结的思想。一方面，他坚决同各种派别作斗争，以维护党在马克思主义基础上的团结统一。鉴于党内派别纷争给党的事业造成的危害，列宁在党的十大上告诫全党："任何派别活动都是有害的，都是不能容许的，因为即令个别集团的代表人物满心想要保持党的统一，派别活动事实上也必然会削弱齐心协力的工作，使混进执政党内来的敌人不断加紧活动来加深党的分裂，并利用这种分裂来达到反革命的目的。"[②]另一方面，他不但高度重视党内的团结，而且也高度重视党内的思想统一和组织统一。为此，他提出了党的团结统一是建立在思想统一基础之上的组织统一、组织统一是思想统一的保障的新论断，从而进一步深化了马克思、恩格斯关于无产阶级政党必须保证组织团结的重要思想。

第三节　无产阶级政党必须反对个人崇拜

在马克思主义诞生之前，社会历史领域一直充斥着"英雄"是历史发展动力的"英雄史观"，这成为历史唯心主义者的得意之作和典型标签。他们从社会意识决定社会存在的前提出发，否认人民群众对历史发展的决定作用，宣扬少数英雄人物创造历史的唯心主义观点。在这方面比较典型的有两种：一种是黑格尔以抽象的绝对的精神为前提，把"人类的历史变成了抽象精神的历史，因而也就变成了同现实的人相脱离的人类彼岸精神的历史"[③]，从而把人民群众的伟大历史作用湮没在绝对精神的迷雾之中，也在事实上导致了其在社会历史领域踟蹰不前的历史悲剧。另一种是青年黑格尔派的代表布鲁诺等人"径直把群众称为'物质'，并把'精神'当做真理性的东

---

① 《马克思恩格斯选集》第 4 卷，人民出版社 2012 年版，第 588 页。

② 《列宁全集》第 41 卷，人民出版社 1986 年版，第 78 页。

③ 《马克思恩格斯文集》第 1 卷，人民出版社 2009 年版，第 292 页。

西同'物质'对立起来"[①],甚至把人类改造社会的事业"归结为批判的批判的大脑活动"[②],从而把人民群众创造历史的壮举排除在英雄大脑的想象之外,也在事实上表现出了他们在社会历史领域的无能为力与苍白无知。这两种理论的共同之处在于:它们都立足于社会意识决定社会存在的认识基础之上,所以不能真正揭示出人民群众在人类历史发展过程中的角色定位和巨大作用。马克思、恩格斯则从社会存在决定社会意识的前提立论。他们认为,社会存在是社会物质生活条件的总和,对社会起决定作用的当是物质资料的生产方式。以此观之,社会发展的历史首先而且最根本的表现是生产发展的历史,是生产方式推陈出新、不断进步的历史。因为劳动群众是社会生产过程中的主要力量,那么社会发展的历史就是作为生产者本身的劳动群众的历史,所以马克思和恩格斯坚定地认为,是人民群众创造历史,而不是英雄创造历史。虽然马克思和恩格斯并不否认英雄在历史发展中的巨大作用,但是即便如此,也丝毫不影响他们对人民群众历史主体地位的基本价值判断。鉴于无产阶级的革命运动是绝大多数人的、为绝大多数人谋利益的独立运动,是绝大多数人民群众利益的忠实代表,马克思和恩格斯要求无产阶级政党必须紧紧依靠人民群众,与此同时,要坚决反对任何形式的个人崇拜。

一、必须坚持人民群众是历史创造者的观点

人民群众创造历史的观点不仅是马克思主义唯物史观的核心观点,是区分和界定唯物史观与唯心史观的重要标志,而且也是无产阶级政党牢固树立群众观点的重要理论依据。

首先,人民群众是人类社会全部物质财富和精神财富的创造者。一方面,人民群众是人类社会全部物质财富的创造者。马克思主义唯物史观认为,生产力是推动社会历史发展的决定力量,而人民群众,特别是劳动群众是生产力构成的主要因素,是人类社会赖以生存和发展的物质生产资料的创造者。又鉴于物质资料的生产是人类其他一切活动的基本前提,所以以不同形式从事物质资料生产活动的人民群众,必然对社会历史的发展起着决定作用。诚如马克思和恩格斯在其《德意志意识形态》一文中所指出的那样:"我们首先应当确定一切人类生存的第一个前提,也就是一切历史的第一个前提,这个前提是:人们为了能够'创造历史',必须能够生活。但是为了生活,首先就需要吃喝住穿以及其他一些东西。因此第一个历史活动就

---

① 《马克思恩格斯文集》第1卷,人民出版社2009年版,第296页。

② 《马克思恩格斯文集》第1卷,人民出版社2009年版,第293页。

是生产满足这些需要的资料，即生产物质生活本身，而且，这是人们从几千年前直到今天单是为了维持生活就必须每日每时从事的历史活动，是一切历史的基本条件。”①“因此任何历史观的第一件事情就是必须注意上述基本事实的全部意义和全部范围，并给予应有的重视。”②由此可见，既然人们为了生存而进行的历史活动，是一切人类社会历史的基本前提，那么如果没有这个基本前提，其他诸如政治、科学、宗教、艺术等等的一切的一切也就无从谈起了。鉴于维持人类生存的物质资料的生产是人类其他一切活动的基本前提，而事实上以不同形式从事物质资料生产活动的正是人民群众，所以只有人民群众才是人类社会一切物质财富的创造者，从而也就决定了人民群众对社会历史的发展起着决定作用。另一方面，人民群众也是人类社会全部精神财富的创造者。人类的各种精神财富不但是从人民群众从事的改造世界的生产生活实践活动中产生的，而且是以人民群众改造世界的生产生活实践活动本身为主要反映对象的。人民群众本身不仅是精神财富创造者得以产生的摇篮，而且因为社会存在决定社会意识，所以人类精神产品的创作来源于且只能来源于现实生活。人民群众改造世界的生产生活实践为人们从事精神生产提供了底蕴丰厚的土壤和源源不断的材料，因此成为人类全部精神财富的源泉。鉴于资产阶级从来都是否定人民群众对精神文化发展的决定作用，马克思和恩格斯在其《神圣家族》一文中指出：“批判的批判什么都没有创造，工人才创造一切，甚至就以他们的精神创造来说，也会使得整个批判感到羞愧。”③因此，可以说，人民群众的生产生活实践发展的历史不仅是人类物质文明的进步史，而且也是人类精神文明的创造史，与此同时，也赋予了人类精神生产以不竭的生命力。

其次，人民群众是推动社会变革的决定力量。马克思主义的历史唯物主义认为，人类社会的发展根源于社会基本矛盾的运动。社会基本矛盾表现为生产力和生产关系、经济基础和上层建筑之间的矛盾。在这样一对儿矛盾当中，生产力是最活跃、最革命的因素，并起着决定作用。在一定意义上讲，人类社会的发展史就是一部先进生产力不断取代落后生产力的历史。伴随着生产力的发展，原有的生产关系渐次成为生产力发展的桎梏，那么社会革命的春天就到来了。生产力的发展必然引起生产关系的变革，推动生产方式的更替和社会制度的向前发展。在阶级社会中，生产力和生产关系之间的矛盾、经济基础和上层建筑之间的矛盾具体表现为革命阶级同反动

① 《马克思恩格斯选集》第1卷，人民出版社2012年版，第158页。
② 《马克思恩格斯选集》第1卷，人民出版社2012年版，第159页。
③ 《马克思恩格斯全集》第2卷，人民出版社1957年版，第22页。

阶级之间的阶级斗争，而人民群众作为新的生产力的代表和新的生产关系的建立者也就成了阶级斗争的主力军，在推动生产力的发展和生产关系的变革中发挥着至关重要的决定作用。人类社会历史发展的经验表明，任何社会革命如果没有人民群众的广泛参加和积极行动，都是不能成功的。正是因为有了人民群众积极参加的社会革命，才推动着人类社会不断发展进步的历程。所以马克思和恩格斯就此指出："历史活动是群众的活动，随着历史活动的深入，必将是群众队伍的扩大。"[①]正是因为有了人民群众的积极参加，社会革命才推动着人类社会不断发展进步。不仅如此，人民群众还最终决定着社会历史发展的基本走向。人民群众是历史活动的主体，历史潮流集中体现为人民群众的利益诉求，从而也就决定了历史的发展趋势必须符合人民群众的价值取向，否则人民群众不可能投身其中并发挥积极作用。诚然，人类历史的发展进程从来都不是一帆风顺的，既有高歌猛进的时期，也有不进则退的阶段，但是任何逆历史潮流而动的思想行为，也就是违背人民群众根本利益和强烈意愿的思想行为，即便是使历史在某一阶段获得了短暂的停留，终究也无法摆脱被人民群众汹涌澎湃的革命洪流所吞噬的厄运，从而使历史发展重新回到符合人民群众根本利益的正确轨道上来。当然，在承认人民群众历史主体地位的同时，马克思和恩格斯也并不否认个人在历史上的作用，特别是那些杰出人物对历史发展的影响和作用。但是他们是把两者统一于历史发展的过程中，而不是截然分开或者对立起来。比如恩格斯就此曾经指出："历史是这样创造的：最终的结果总是从许多单个的意志的相互冲突中产生出来的，而其中每一个意志，又是由于许多特殊的生活条件，才成为它所成为的那样。这样就有无数互相交错的力量，有无数个力的平行四边形，由此就产生出一个合力，即历史结果，而这个结果又可以看做一个作为整体的、不自觉地和不自主地起着作用的力量的产物。"[②]从恩格斯的论述中不难看出，最终的"合力"即"历史结果"是由无数个单个的"力"汇集而成的，是集体作用的产物。换句话说，纵然每个人的意志未必完全相同，甚至是完全不同，但是如果想达到自己的目的，那么就必须与其他人的意志形成利益交叉，从而形成"力的平行四边形"，进而实现改变历史或创造历史的目的。以此观之，个别杰出人物单单依靠自己的力量显然是无法实现自己的诉求的，只有把个人的力量和大家的力量汇集在一起的时候才能显示出其影响和作用，也只有这样才能和人民群众一道真正推动历史的发展进程。

---

① 《马克思恩格斯文集》第1卷，人民出版社2009年版，第287页。

② 《马克思恩格斯选集》第4卷，人民出版社2012年版，第605页。

最后，人民群众不能随意创造历史。虽然马克思、恩格斯承认人民群众对历史发展的决定力量，但是他们同样承认人民群众在创造历史的过程中要受到各种主客观因素的限制，因而不能随心所欲地创造历史。马克思认为："人们自己创造自己的历史，但是他们并不是随心所欲地创造，并不是在他们自己选定的条件下创造，而是在直接碰到的、既定的、从过去承继下来的条件下创造。"[①]恩格斯后来也表达了类似的看法。他指出："人们自己创造自己的历史，但是到现在为止，他们并不是按照共同的意志，根据一个共同的计划，甚至不是在一个有明确界限的既定社会内来创造自己的历史。"[②]这种历史的制约性，必然导致群众创造历史活动的局限性。但是从人类社会发展的历史长河来看，人民群众创造历史的活动过程，同时也是一代又一代人不断突破历史局限推动人类社会向前发展的过程。因此，人民群众仍然是不折不扣的历史创造者。

基于此，马克思、恩格斯认为，无产阶级政党必须充分尊重人民群众的历史主体地位，只有这样，才能赢得人民群众的拥护和支持，才能形成创造历史的"合力"，也才能取得革命的胜利。马克思和恩格斯的这一思想对列宁产生了深刻的影响，对此他曾经指出："马克思主义和其他一切社会主义理论的不同之处在于……既以完全科学的冷静态度去分析客观形势和演进的客观进程，又非常坚决地承认群众（当然，还有善于摸索到并建立起同某些阶级的联系的个人、团体、组织、政党）的革命毅力、革命创造性、革命首创精神的意义。"[③]也就是说，马克思主义不仅科学揭示了资本主义乃至人类社会的发展规律，而且充分肯定了人民群众的历史地位和巨大作用，从而为无产阶级政党牢固树立群众观点提供了科学的理论依据。所以，列宁始终坚持马克思主义的群众观点，并将其视为党的力量之源和胜利之本。

二、必须坚决反对任何形式的个人崇拜

个人崇拜是秉持"英雄史观"的必然结果和重要表现形式。鉴于人类社会历史领域除了"英雄史观"和"群众史观"这样一对儿根本对立的"史观"之外没有第三条道路，又鉴于马克思和恩格斯牢固秉持并坚守"群众史观"，所以他们坚决反对和抵制作为"英雄史观"必然结果和重要表现形式的个人崇拜。

首先，马克思和恩格斯坚决反对别人搞个人崇拜。早在帮助正义者同

① 《马克思恩格斯选集》第 1 卷，人民出版社 2012 年版，第 669 页。
② 《马克思恩格斯选集》第 4 卷，人民出版社 2012 年版，第 649 页。
③ 《列宁全集》第 16 卷，人民出版社 1988 年版，第 20 页。

盟并将其改造成为当时世界上第一个无产阶级政党——共产主义者同盟的过程中，马克思和恩格斯就敏锐地发现正义者同盟从前深受布朗基密谋主义思想的影响，不仅组织活动充满着令人窒息的神秘色彩，而且同盟领导人独裁专断的作风也十分严重。具体表现为：当时的同盟领导人为了树立和保持自己在组织里的权威，使组织成员绝对服从于自己的权力，并服服帖帖地听命于自己，不仅给自己的权力获得蒙上了一层神秘的面纱，而且也给组织活动的开展营造出一种神秘的氛围。他们自己则高高在上，甚至颐指气使。可以说，同盟领导人的这些极端做法和霸道作风引发了广大盟员的强烈不满，从而给同盟组织及成员造成极为严重的负面影响，甚至严重阻碍了组织的扩大和工人运动的健康发展。马克思和恩格斯对此可以说是深恶痛绝，并由此进一步激发了他们彻底改造同盟的强烈愿望。为此，他们把必须"摒弃章程中一切助长迷信权威的东西"[①]，作为接受邀请并加入同盟的必要前提条件。不仅如此，后来他们还在负责制定的《共产主义者同盟章程》中对所有盟员都一律平等地作出了具体的严格规定，从而进一步理顺了同盟内部的关系，极大地维护了同盟的团结，并彻底改变了同盟的面貌。无独有偶，在德国社会民主工党（爱森纳赫派）和全德工人联合会（拉萨尔派）合并的过程中，马克思和恩格斯再次表现出了对个人崇拜的高度关注。由于拉萨尔生前在联合会中实行主席独裁制，组织内部形成了独裁专断的恶劣作风。马克思曾对此指出，拉萨尔事实上是典型的具有强烈个人独裁欲望的"工人独裁者"[②]。而且"因为他在搞私人阴谋方面是毫无顾忌的"，所以他是工人运动中的一个"十分危险的人物"[③]。虽然在爱森纳赫派和拉萨尔派合并时，拉萨尔已经去世多年，但是他的思想还继续对工人运动的开展发挥着不良影响。他的继任者贝克尔、施韦泽等人就企图把这种思想带进合并后的德国党，为此两派发生了激烈的争论。为了端正党的作风，使工人运动得以健康发展，马克思和恩格斯旗帜鲜明地支持爱森纳赫派关于实行党内民主制的主张，维护党员的民主权利，坚决反对拉萨尔派的个人独裁集中制主张。为此，马克思在给施韦泽的信中告诫指出："这里的工人从小就受官僚主义的管束，相信权威，相信上级机关，所以在这里首先应当教会他们自己走路。"[④]应该说，在反对个人崇拜这个问题上，恩格斯的立场也是极其鲜明和一贯的，并且与马克思的观点高度一致。鉴于在德国工人运动中长期存

① 《马克思恩格斯文集》第10卷，人民出版社2009年版，第423页。
② 《马克思恩格斯选集》第4卷，人民出版社2012年版，第454页。
③ 《马克思恩格斯全集》第29卷，人民出版社1972年版，第29页。
④ 《马克思恩格斯选集》第4卷，人民出版社2012年版，第477页。

在着的对拉萨尔盲目崇信、百般推崇的错误倾向，恩格斯在1891年2月23日给考茨基的信中指出："掩饰拉萨尔的真实面目并把他捧上天的那种神话，决不能成为党的信条。"[①]事实上，早在第一国际时期，针对无政府主义者巴枯宁大搞个人崇拜的做法，恩格斯就曾给予过极其尖锐的批评。比如，1872年6月14日，恩格斯在给卡洛卡·菲埃罗的信中指出，教皇巴枯宁"一方面在自治、无政府主义和反权威主义的幌子下，向非亲信者鼓吹解散国际，另一方面对其亲信实行绝对的权威主义，以便用这种方法把协会的领导权抓到自己的手里"，"把工人群众看作是一群盲目追随几个亲信的领导人的绵羊，并力图在国际中起耶稣会教徒在天主教教会里所起的作用"。[②]

其次，马克思和恩格斯坚决反对别人对他们搞个人崇拜。作为马克思主义的创立者和国际无产阶级革命的伟大导师，马克思和恩格斯不仅在工人运动中享有崇高的威望，而且深受广大工人阶级和人民群众的真挚爱戴。但是他们非但从未将其视为自己可以用来炫耀的政治资本，相反，他们始终保持着谦逊平和的心态，而且时刻对由此可能引发的对他们的个人崇拜保持着高度的警惕和戒备，并对不时出现的这种倾向予以旗帜鲜明的反对和坚决的抵制。比较典型的有：早在第一国际时期，马克思就对别人给予他的正式的或私下的赞扬都毫不在意，并保持着一贯的谦逊、冷静、淡定和从容。1866年9月，国际中央委员会的英国委员马修·劳伦斯曾提议马克思为中央委员会主席，但是却遭到了马克思的断然拒绝。可以说，虽然马克思一手创立了第一国际，但是他自身却始终保持着普通一兵的本色，并用自己的实际行动证明所有成员一律平等的铮铮誓言和庄严承诺。马克思的这种崇高的精神风范，在他写给德国社会民主党人威廉·布洛斯的信中可见一斑："我们两人(指马克思和恩格斯——编者加)都把声望看得一钱不值。举一个例子就可证明：由于厌恶一切个人崇拜，在国际存在的时候，我从来都不让公布那许许多多来自各国的、使我厌烦的歌功颂德的东西；我从来也不予答复，偶尔答复，也只是加以斥责。"[③]作为马克思的亲密战友和思想知己，恩格斯也对各种形式的个人崇拜表示出极大的厌恶和强烈的反感。这一点可以从1890年11月26日恩格斯写给左尔格的信，对给予他70寿辰祝寿活动的不满中得到有力的印证。他在信中指出："我希望，所有这一切都赶快过去，我远没有祝寿的情绪，而且这完全是不必要的热闹，我无论如何不能忍

① 《马克思恩格斯文集》第10卷，人民出版社2009年版，第603页。
② 《马克思恩格斯全集》第33卷，人民出版社1972年版，第489页。
③ 《马克思恩格斯选集》第4卷，人民出版社2012年版，第524页。

受。”①他最为担心的是这种形式的纷纷效仿使多年的努力付诸东流。另外，普列汉诺夫曾经在给恩格斯的一封信中言辞表现得过于恭顺，引发了恩格斯的不满，以至于他在回信中写道：“首先请您不要称我为‘导师’。我的名字就叫恩格斯。”②足见其对个人崇拜是何等的敏感和厌恶。如此种种的鲜活事例，不仅充分表现了马克思、恩格斯对于人民群众创造历史这一唯物史观核心观点的执着坚守，对于个人崇拜的强烈反感和坚决抵制的鲜明立场，而且也充分表现出他们崇高的精神境界和令人仰止的襟怀坦白。

总之，马克思和恩格斯反对和抵制任何形式的个人崇拜的思想，对列宁产生了深刻的影响。他不仅牢固坚持人民群众创造历史的历史唯物主义观点，号召全党同志尊重群众的历史主体性和首创精神，而且还身体力行反对他人对自己的个人崇拜。对此列宁曾指出，“革命的唯一‘希望’就是‘群众’”③，而苏维埃政权“依靠的是人民群众”④。更为难能可贵的是，他还首次鲜明提出了无产阶级政党要密切联系群众的思想，并就加强党与人民群众之间的紧密联系进行了卓有成效的探索。

第四节　无产阶级政党必须反腐倡廉

人类社会进入阶级社会以后，无论是奴隶社会、封建社会，抑或是资本主义社会，可以说，直到社会主义社会出现之前的所有社会形态都是实行少数人对多数人的统治，都是建立在生产资料私有制的基础之上的，所以这种政治统治无一例外地是以实现统治阶级利益的最大化为旨归；与此同时，追逐名利也成为其根本价值取向。因此，各种形式的腐败便顺势滋生，并始终与它们不离不弃、如影随形。腐败不仅是它们政治生活的常态，而且也是最终葬送它们的重要推手，最终在人民群众急风暴雨般反抗风潮的冲击下，演绎出一幕幕“其兴也勃焉，其亡也忽焉”的历史活剧。特别是到了资本主义时代，资产阶级“用公开的、无耻的、直接的、露骨的剥削代替了由宗教幻想和政治幻想掩盖着的剥削”⑤，从而极大地暴露出其在反封建的资产阶级革命中所倡导的“自由、平等、博爱”价值观的虚伪性和欺骗性，而充斥于资产

① 《马克思恩格斯全集》第37卷，人民出版社1971年版，第498页。
② 《马克思恩格斯全集》第39卷，人民出版社1974年版，第238页。
③ 《列宁全集》第6卷，人民出版社1986年版，第370～371页。
④ 《列宁全集》第39卷，人民出版社1986年版，第378页。
⑤ 《马克思恩格斯选集》第1卷，人民出版社2012年版，第403页。

阶级政治统治的腐败现象既与民主政治相背离，又与公平正义相冲突，客观上成为激发无产阶级反抗资产阶级政治统治的导火索。基于此，在总结历史经验教训的基础上，马克思、恩格斯不仅告诫各国的无产阶级政党决不能利用旧的国家机器来达到自己的目的，而且还旗帜鲜明地倡导廉洁行政，坚决反对各种形式的腐败。

一、必须坚持廉洁行政

马克思和恩格斯认为无产阶级要实现自己的历史使命需要分两个步骤来进行：第一步就是用暴力推翻资产阶级的政治统治，然后在剥夺剥夺者的基础上，使自己上升为统治阶级，建立无产阶级专政；第二步则是通过大力发展经济、政治和文化事业，使社会的物质财富和精神财富极大丰富，人们的精神境界不断提高，并在此基础上渐次消灭阶级，直至实现无产阶级和全人类的最终解放的目的。鉴于"过去的一切运动都是少数人的，为少数人谋利益的运动。无产阶级的运动是绝大多数人的，为绝大多数人谋利益的独立的运动"①，这就决定了作为工人阶级先锋队的共产党没有任何同无产阶级不同的特殊利益，而是无产阶级利益的忠实代表；与此同时，它代表着绝大多数人的利益。因此，由共产党领导的无产阶级政权只能是为包括无产阶级在内的绝大多数人利益服务的。事实上，无产阶级只有解放全人类才能使自身获得解放的道路决定了它必须这样且只能这样，而这恰恰是它与资产阶级政权的最为本质的区别所在，并由此决定了这一政权的一切公职都应当是社会的"公仆"而非"主人"。既然是"公仆"，那么廉洁行政将是无产阶级的必然选择，否则就意味着甚至最终导致旧的、陈腐的东西的死灰复燃。"过去一切阶级在争得统治之后，总是使整个社会服从于它们发财致富的条件，企图以此来巩固它们已经获得的生活地位。"②可以说，自从人类进入阶级社会以后概莫如此，无一例外。巴黎公社作为无产阶级夺取政权并建立政权的第一次伟大尝试，虽然在反动势力的围攻之下失败了，但是公社所提倡的原则和采取的措施无疑开了无产阶级廉洁行政的先河，并由此与以往的所有的剥削阶级政权形成了鲜明对比。因此，马克思在其《法兰西内战》一文中高度赞扬了巴黎公社的业绩，认为公社的一大壮举就是，它把国家权力从过去统治社会、压迫社会的力量，变成了使社会本身充满生气的力量。普选产生的人民"勤务员"代替了过去骑在人民头上作威作福的老爷们，"以真正的责任制来代替虚伪的责任制，因为这些勤务员总是在公众监

① 《马克思恩格斯选集》第1卷，人民出版社2012年版，第411页。

② 《马克思恩格斯选集》第1卷，人民出版社2012年版，第411页。

督之下进行工作的”[①]。恩格斯在为马克思的《法兰西内战》一文所作的序言中，也由衷地赞赏公社为实现廉洁行政所采取的两项措施：一是经由普选产生国家的一切公职人员，而且规定选举者可以随时撤换被选举者；二是国家所有公职人员，不论职位高低，都只付给他们跟其他工人同样的工资。这样一方面可以使公职人员敬畏权力，尽心履职；另一方面也能防止公职人员利用自己的职权去追求个人升官发财，从而保证廉洁行政。而在公社以前和历史同期，其他国家和国家机关是由社会公仆变为社会主人——“这种现象在至今所有的国家中都是不可避免的”[②]。

因此，可以说，马克思、恩格斯不仅为无产阶级政党夺取政权后的廉洁行政提供了正确的理论指导，而且也通过对巴黎公社廉洁行政尝试的高度评价，为全世界无产阶级政党的廉政建设提供了切实可行的现实参照。在这种理念的指导下，俄国十月革命胜利后，列宁坚决主张实行工人民主制，即由工人直接参与国家和社会事业的管理，认为只有这样才能有效克服党和国家机关公职人员的官僚主义作风，从而达到廉洁行政的目的。

二、必须坚决反对腐败

马克思、恩格斯认为，腐败既是民主政治的毒瘤，也是社会公平正义的死敌，更是资本主义社会的典型特征，其最为深层次的根源就在于资本主义社会制度自身无法摆脱的基本矛盾，即生产的社会化和生产资料资本家私人占有之间的矛盾，而这一基本矛盾决定了资本主义制度本身就是腐败得以滋生并不断蔓延的制度保障，从而使腐败与资本主义制度之间始终保持着与生俱来、如影相随、不离不弃的亲密关系。对此，马克思和恩格斯早在《共产党宣言》中就指出，资本主义“使人和人之间除了赤裸裸的利害关系，除了冷酷无情的‘现金交易’，就再也没有任何别的联系了。它把宗教虔诚、骑士热忱、小市民伤感这些情感的神圣发作，淹没在利己主义打算的冰水之中”[③]。这种利己主义无形之中就成为腐败得以产生的助推器和催化剂；而腐败一经产生并蔓延，则必然进一步使民主失色，使公平正义的天平失衡，从而成为资本主义制度本身的一个极具讽刺意味的标签和无法摆脱的噩梦。资本家为了追求自身利益的最大化，必然千方百计地利用一切机会来染指甚至操控国家权力，并使其服从服务于自己的需要。这种强烈的渴望在西方资本主义发展的上升时期表现得尤为显著。也就是说，资产阶级之

① 《马克思恩格斯选集》第 3 卷，人民出版社 2012 年版，第 141 页。
② 《马克思恩格斯选集》第 3 卷，人民出版社 2012 年版，第 55 页。
③ 《马克思恩格斯选集》第 1 卷，人民出版社 2012 年版，第 403 页。

所以带领无产阶级发动反封建的资产阶级革命，绝对不是为了给无产阶级带来福音，而是为实现自身利益的最大化扫清道路并提供制度保障。当资产阶级取得政权后，伴随着统治地位的不断巩固，“表面上高高凌驾于社会之上的国家政权，实际上正是这个社会最丑恶的东西，正是这个社会一切腐败事物的温床”①。这一点从《法兰西内战》一文中马克思对梯也尔的辛辣讽刺中可见一斑。马克思指出：“梯也尔这个侏儒怪物，将近半个世纪以来一直受法国资产阶级的倾心崇拜，因为他是这个资产阶级的阶级腐败的最完备的思想代表。”②在梯也尔第一次出任首相的时候，穷得和约伯一样，然而到离职时他已经成了百万富翁。最具讽刺意味的莫过于，他为了避免法国将要到来的财政崩溃而采取的第一个措施，就是给自己规定了300万法郎的年俸。当然梯也尔的例子绝非个案，可以说，世界上的所有资本主义国家在腐败这个问题上都是如出一辙，甚至就连后起的、被誉为资本主义国家民主典范的美国也未能脱俗并深陷腐败的泥淖而不能自拔，从而给资本主义制度的腐败特质提供了一份更具说服力的证明。由此可见，腐败对于资本主义国家来说绝对不是什么个别现象，而是相当普遍的大量存在。对资本主义世界呈现出的这种“病态”，马克思和恩格斯不仅深恶痛绝，而且百般警惕，并将其视为可能导致国家、政权和政党变质的主要诱因。因此，马克思、恩格斯提出无产阶级政党要坚持不懈地同党内的腐败现象作斗争。最为典型的就是在第一国际时期，当一部分英国工人领袖由于资本家的收买而堕落成为工人贵族时，恩格斯敏锐地发现并在1858年10月7日给马克思的信中指出：“英国无产阶级实际上日益资产阶级化了。”③事实上，无产阶级革命运动的蓬勃发展给资产阶级的政治统治造成了前所未有的巨大压力，所以他们千方百计地试图分化并瓦解无产阶级革命队伍，消弭无产阶级的革命斗志，从而使其他各国无产阶级继英国之后也都面临着来自本国资产阶级的拉拢、腐蚀和收买。面对这种严峻的形势，恩格斯在1873年6月20日致奥古斯特·倍倍尔的信中再一次告诫各国无产阶级：“无产阶级的运动必然要经过各种发展阶段；在每一个阶段上都有一部分人停留下来”④，无产阶级政党对此必须保持高度的警惕。基于此，无产阶级政党必须不断加强自身的作风建设，并旗帜鲜明地反对各种形式的腐败现象。只有这样，才能不断提高广大党员和干部的政治觉悟和精神境界，从而自觉抵制资产阶级腐朽

① 《马克思恩格斯选集》第3卷，人民出版社2012年版，第98页。
② 《马克思恩格斯选集》第3卷，人民出版社2012年版，第79页。
③ 《马克思恩格斯文集》第10卷，人民出版社2009年版，第165页。
④ 《马克思恩格斯文集》第10卷，人民出版社2009年版，第393页。

思想对革命队伍的侵蚀，进而使无产阶级政党自身在领导无产阶级革命和建设的伟大征程中始终立于不败之地。

列宁在领导俄国革命，特别是领导苏俄社会主义建设过程中，不仅直接贯彻了马克思和恩格斯的这一思想，而且开了将思想和制度相结合进行反腐倡廉的先河。列宁把贪污腐化视为苏维埃政权的三大敌人之一，并采取了一系列的措施坚决惩治贪污腐败分子，极大地纯洁了党的组织，维护了党的形象与政府的威信，并进一步巩固了党执政的阶级基础和群众基础。

第三章　列宁党风建设思想的内容和基本特征

在创建无产阶级政党、领导俄国革命和建设以及指导殖民地半殖民地国家实现民族独立和人民解放的历史进程中，列宁始终高度重视革命理论的指导作用。为此，他不仅继承了马克思、恩格斯的党风思想，而且还将马克思主义的党建学说与俄国实际和时代特征相结合，并在此基础上形成了自己特色鲜明的党风建设思想。主要包括：一是党不能把马克思主义当作不可移易的教条，而要当成行动的指南；应用马克思主义原理时，要结合各国具体的特点；要杜绝革命空谈，必须求真务实。二是党必须同人民群众保持密切联系，要充分尊重人民群众的历史主体地位，必须坚决反对官僚主义。三是党的团结统一是无产阶级取得胜利的必要条件，没有党的团结统一也就没有无产阶级的团结统一，党的团结统一要建立在马克思主义的原则基础之上，要发展党内民主，开展批评与自我批评，禁止党内派别活动。与此同时，作为理论与实践相结合的产物，列宁的党风建设思想还呈现出突出的政治性、鲜明的阶级性、广泛的群众性、生动的实践性、严密的组织性、坚定的革命性六大基本特征。

第一节　马克思主义是行动的指南

列宁非常重视马克思主义革命理论对无产阶级政党的指导作用，为此，他坚决捍卫和坚持马克思主义，并与各种否定、歪曲、背叛马克思主义的错误思潮作坚决的不妥协的斗争。与此同时，列宁还投入极大的精力研究并深刻阐明了无产阶级政党应当以什么样的态度对待马克思主义的问题。列宁认为，一方面没有革命的理论就不会有坚强的无产阶级政党，另一方面也是最为重要的一方面，那就是无产阶级政党在任何时候都绝对不能把马克思主义当作教条，而是应当将其当作行动的指南。不仅如此，列宁还告诫全党，任何空谈都是有害的，无产阶级政党要大兴求真务实之风，坚决反对和杜绝任何形式的革命空谈，用紧密联系实际的马克思主义理论来解决各种现实问题。

一、没有革命的理论就不会有坚强的无产阶级政党

历史经验表明，一个政党以什么样的世界观作为自己的理论基础，决定着这个党的进退荣辱和兴衰成败。世界上很多的政党要么裹足不前、原地踏步，要么举步维艰、进退维谷，要么昙花一现、转瞬即逝，要么一盘散沙、形同虚设，要么离心离德、分崩离析，原因固然有很多种，但是最为根本的原因就在于没有或没有牢固坚持以科学的世界观作为指导思想的理论基础。基于此，列宁高度重视党的指导思想问题，并提出了没有革命的科学理论的指导，就不可能有真正的无产阶级政党的科学论断。

首先，马克思主义给无产阶级政党提供了科学的世界观。世界观是一个政党的灵魂，它规定了政党的性质、宗旨、由来、存在价值和基本目标走向。在林林总总的世界观当中，只有马克思主义把伟大的认识工具给了人类，特别是给了无产阶级，所以无产阶级政党选择了马克思主义的辩证唯物主义和历史唯物主义的世界观，并在这一世界观的指导下履行自己的历史使命。由此可见，无产阶级政党的建立和发展壮大需要以科学的理论作为指导思想，如果没有科学的理论作为指导思想，那么无产阶级政党不仅找不到存在的意义，而且也会迷失前进的正确方向。

诚然，在马克思主义诞生以前和历史同期，世界上有着为数众多的各种各样的世界观，但是由于历史的局限、阶级的局限导致的认识上的局限，它们都无一例外地无法对时代提出的重大课题作出积极的正面回应和解答。在这种情况下，马克思主义应运而生。它立足于无产阶级的政治立场，关注于人类社会的前途命运，在批判地继承前人优秀思想成果的基础上，揭示了人类社会发展规律，从而实现了人类思想史上的巨大飞跃。具体表现为，它的哲学思想为无产阶级指明了摆脱精神奴役的道路，它的经济学思想揭示了资本家剥削工人的秘密，从而阐明了无产阶级在资本主义制度中的地位；在此基础上，它的科学社会主义理论揭示了资本主义必然灭亡、共产主义必然胜利的历史发展规律，从而指出了无产阶级承担的伟大历史使命以及实现自身解放的正确方向。可以说，马克思主义作为集科学性和革命性于一身的人类思想精华，不仅为无产阶级提供了科学的世界观和方法论，科学指明了无产阶级实现自身并由此实现全人类解放的正确方向，而且也为在漫漫长夜中上下求索的无产阶级实现自身的解放注入了披荆斩棘、勇往直前

的强劲精神动力。因此，列宁深刻地指出："严格的无产阶级世界观只有一个，这就是马克思主义。"①所以，"我们的党纲完全是建立在科学的而且是唯物主义的世界观上的"②。而之所以"我们完全以马克思的理论为依据，因为它第一次把社会主义从空想变成科学，给这个科学奠定了巩固的基础，指出了继续发展和详细研究这个科学所应遵循的道路"③。这既是对马克思主义的鲜明阶级立场的深刻领会，也是对马克思主义严谨科学性的高度认同。事实上，正是因为有了马克思主义这一革命的科学理论的指导，所以才有了真正意义上的用马克思主义理论武装起来的无产阶级政党的诞生。正是因为有了马克思主义这一革命的科学理论的指导，所以才使无产阶级政党能够始终胸怀远大的理想和坚定的信念，并在革命的征程上百折不挠、奋勇前进。正是因为有了马克思主义这一革命的科学理论的指导，所以才使广大无产阶级能够认识到自己的历史地位和肩负的历史使命，从而大大加速了无产阶级从自在阶级向自为阶级的转变，并在党的领导下不断开创革命事业的新局面。也正是因为有了马克思主义这一科学的世界观为无产阶级指明了取得胜利所必须依据的前提条件，所以它才对全世界的无产阶级产生了无法遏抑的强大吸引力，并把他们汇集到了自己政党的旗帜之下，成为荡涤资产阶级旧世界的强劲革命洪流。

其次，没有革命的理论就不会有坚强的无产阶级政党。鉴于马克思主义这一革命理论对无产阶级政党发挥出的巨大指导作用，列宁深刻指出："没有革命理论，就不会有坚强的社会党，因为革命理论能使一切社会党人团结起来，他们从革命理论中能取得一切信念，他们能运用革命理论来确定斗争方法和活动方式。"④从理论层面来看，按照马克思的主张，如果没有自己的政党，那么工人阶级就无法摆脱一盘散沙的状态，也就不能作为联合起来的阶级来行动。而如果工人阶级自己的政党没有科学的理论为指导，那么就不能实现工人阶级的彻底解放。由此可见，如果没有马克思主义的指导，也就不可能有真正意义上的工人阶级政党，与此同时，也无法实现工人阶级自己的彻底解放。从实践层面来看，因为马克思主义这一革命的科学理论给广大无产阶级提供了斗争的目标和前进的方向，所以他们能够围绕前进的目标和方向团结起来，并形成合力。因为马克思主义这一革命理论揭示了人类社会，特别是资本主义必然灭亡、而社会主义必然胜利的客观规

---

① 《列宁全集》第10卷，人民出版社1987年版，第271页。
② 《列宁全集》第12卷，人民出版社1987年版，第134页。
③ 《列宁全集》第4卷，人民出版社1984年版，第160页。
④ 《列宁全集》第4卷，人民出版社1984年版，第161页。

律，并在指导无产阶级革命实践中显示出真理性，所以能够使广大无产阶级对未来充满坚定的信心和必胜的信念。因为马克思主义这一革命的理论指出了无产阶级革命运动发展的进程、条件、一般结果，并规定了一系列的策略原则，所以广大社会主义者可以依据主客观条件的变化来确定自己的斗争方法和活动方式。如果说列宁之于马克思主义重要性的结论是基于普遍或者一般意义而言的话，那么列宁领导党的建设实践无疑为这一结论的科学性提供了坚实的材料支撑。诚如列宁所说的那样，俄国革命者在经历了长达半个世纪的艰难求索之后，才最终找到了马克思主义，并在与工人运动相结合的基础上建立了无产阶级政党。可以说，马克思主义就是无产阶级政党的政治灵魂。正是因为有了这个"政治灵魂"为指导，所以列宁为首的党才能在与各种"左"和右的错误思潮的斗争中始终保持顽强的政治定力和坚持正确的前进方向，也才能使无产阶级革命运动取得胜利。所以，俄国十月革命胜利之后，列宁在总结革命经验时深刻地指出，之所以有了今天真正意义上的伟大的无产阶级革命运动，是因为有了用马克思主义科学理论武装起来的无产阶级政党，否则是绝对不可能的。

最后，必须坚定捍卫马克思主义的理论尊严。正是因为马克思主义打开了内含资本主义制度历史宿命的"潘多拉盒子"，指明了无产阶级的历史地位和历史使命，促进了无产阶级阶级意识的觉醒，并激发了无产阶级反抗资产阶级的革命斗志，推动了无产阶级革命运动的蓬勃发展，所以它必然要遭到来自资产阶级敌对势力的攻击，从而使它的生命旅程充满或公开或隐蔽的激烈斗争。就像列宁所指出的那样："马克思的学说直接为教育和组织现代社会的先进阶级服务，指出这一阶级的任务，并且证明现代制度由于经济的发展必然要被新的制度所代替，因此这一学说在其生命的途程中每走一步都得经过战斗。"①为此，列宁强调，无产阶级政党必须保持高度的政治警惕性，自觉同一切反马克思主义的思潮作坚决的斗争，以捍卫马克思主义的理论尊严。从一定意义上说，列宁领导建党、建国和建设的过程既是马克思主义披荆斩棘不断开拓前进的过程，也是列宁领导的无产阶级政党不断捍卫马克思主义理论尊严的过程。比如，对民粹主义思潮的批判，为实现马克思主义与俄国工人运动相结合，从而为建立无产阶级政党扫清了思想障碍；与第二国际后期以伯恩斯坦为代表的修正主义的坚决斗争，维护了马克思主义在国际工人运动中的正统地位；对鼓吹主观社会学和英雄史观的米海洛夫斯基等人的痛击以及对波格丹诺夫等人鼓吹的马赫哲学的批判，巩

① 《列宁专题文集》(论马克思主义)，人民出版社 2009 年版，第 148 页。

固了马克思主义的理论基础；与所谓“合法马克思主义者”的斗争，捍卫了马克思主义精神实质的纯洁性；等等。鉴于无产阶级革命形势的极端复杂性，特别是资产阶级的疯狂进攻以及以司徒卢威为典型代表的各种所谓“同路人”对马克思主义别有用心的歪曲，列宁告诫全党，要“时刻不忘我们的最终目的，随时进行宣传，保卫无产阶级的思想体系——科学社会主义学说，也就是马克思主义——不被歪曲，并使之继续发展”[①]，以确保无产阶级革命运动前进的正确方向。事实上，正是因为列宁高度重视坚持马克思主义的理论指导地位，并率领全党旗帜鲜明地与各种反马克思主义思潮作坚决的斗争，所以才使马克思主义指导地位得以不断巩固，才使其科学性、真理性在无产阶级革命实践中得到有力证明和充分展示。

二、马克思主义原理要与各国具体的特点相结合

马克思主义基本原理是放之四海而皆准的真理，它给无产阶级政党提供了科学的世界观和方法论，揭示了人类社会的发展规律和无产阶级的历史使命，所以对各国的无产阶级来说，马克思主义无疑具有普遍的指导意义。实际上，列宁之所以旗帜鲜明地坚决捍卫马克思主义的理论尊严，并维护马克思主义在党内的指导地位，也是基于如此的考虑。与此同时，列宁也十分关注无产阶级政党以什么样的态度对待马克思主义的问题，并对此提出了一系列十分有价值的重要思想。

首先，列宁主张要根据各国具体的特点来应用马克思主义原理。事实上，马克思和恩格斯在领导无产阶级革命事业的过程中就曾经一再强调，他们的理论是发展的理论，是行动的指南。只有把这一理论与各国的具体实际结合起来，才能发挥巨大的指导作用。列宁深刻领悟了马克思和恩格斯的这一思想精髓。一方面，他坚决捍卫马克思主义在党内的指导地位。面对第二国际后期，伯恩斯坦、考茨基等人为代表的修正主义思潮对马克思主义的背叛，以及俄国国内接连出现的把马克思主义表面化、绝对化和庸俗化的错误倾向，列宁向全党告诫指出：“沿着马克思的理论的道路前进，我们将愈来愈接近客观真理（但决不会穷尽它）；而沿着任何其他的道路前进，除了混乱和谬误之外，我们什么也得不到。”[②]因此，他要求党必须牢固坚持马克思主义理论的指导地位不动摇，无论什么时候都必须把它应用到俄国革命的一切经济和政治问题中去，否则就会迷失前进的正确方向，并最终导致失败。另一方面，也是更为重要的一方面，那就是列宁坚决反对不加分析地照

① 《列宁全集》第 6 卷，人民出版社 1986 年版，第 251 页。
② 《列宁全集》第 18 卷，人民出版社 1988 版，第 145 页。

抄照搬马克思主义原理，并坚决主张要根据各国的特点来应用马克思主义原理。对此，他曾经强调指出，对马克思主义原理的具体运用，“在英国不同于法国，在法国不同于德国，在德国又不同于俄国”[①]，因为它所提供的只是带有普遍性和一般性的原理，而不是解决所有问题的现成答案。为此，无产阶级政党必须根据本国各阶级和各政党相互关系的特点来运用共产主义普遍的和基本的原则，而这种特点在每个国家都是各不相同的。具体来说，每个国家的历史沿革不同、文化传统不同、风俗习惯不同、民族构成不同、宗教信仰不同、社会结构不同、阶级力量对比不同、经济发达程度不同……那么表现在各阶级和各政党的相互关系上也就自然会有很大的不同。进一步地来看，未来“一切民族都将走向社会主义，这是不可避免的，但是一切民族的走法却不会完全一样，在民主的这种或那种形式上，在无产阶级专政的这种或那种形态上，在社会生活各方面的社会主义改造的速度上，每个民族都会有自己的特点”[②]。这就要求无产阶级政党在运用马克思主义指导革命实践的时候，必须对本国的国情作出正确的判断和评估，那种希图从马克思主义基本原理的一般逻辑中找到具体问题答案的做法无疑是对马克思主义的曲解和背叛，在实践中也必然会遭到失败。基于此，列宁指出：“我们并不苛求马克思或马克思主义者知道走向社会主义的道路上的一切具体情况。这是痴想。”[③]也就是说，马克思主义绝对不是包治百病的灵丹妙药，不可能预见到一切疾患，并做到药到病除，它只是给出了医治各种疾患的一般方法。那么，怎样来处理马克思主义与无产阶级革命实践二者之间的关系呢？对此，列宁认为，马克思主义基本原理“只有同真正群众性的和真正革命的运动的实践密切地联系起来”[④]，革命的条件才能最终形成。不仅如此，无产阶级政党在运用马克思主义原理的时候，“只有具体分析各种阶级的地位和利益，才能确定这个真理应用于某一问题上的确切意义”[⑤]。从这个意义上来说，马克思主义理论对无产阶级政党来说固然重要，但无产阶级革命实践同样重要，甚至更为重要。因为无产阶级革命实践不仅使马克思主义理论真理性得以显现和检验，而且也使马克思主义理论本身在指导无产阶级革命实践的过程中得以不断丰富和发展。由此可见，如果离开马克思主义的指导，那么无产阶级革命事业必然因失去方向而失败；而如果离开无产阶级革命

① 《列宁全集》第 4 卷，人民出版社 1984 年版，第 161 页。
② 《列宁全集》第 28 卷，人民出版社 1990 年版，第 163 页。
③ 《列宁全集》第 32 卷，人民出版社 1985 年版，第 111 页。
④ 《列宁全集》第 39 卷，人民出版社 1986 年版，第 5 页。
⑤ 《列宁全集》第 3 卷，人民出版社 1984 年版，第 12 页。

的实践，那么马克思主义就变成了经院哲学式的空谈，也就失去了其存在的意义、价值以及生命力。所以，无产阶级政党真正科学的态度就是将二者有机地结合起来，以科学的理论指导群众的实践，在实践中不断丰富和发展科学的理论。

其次，绝对不能把马克思主义理论当作僵死的教条。历史经验表明，教条主义是主观主义的一种表现形式，主要特点就是对待客观事物采取固定的、孤立的、片面的方式来处理。在理论和实践之间的关系上，表现为照抄照搬、机械复制，把理论当作万古不易的真理来生搬硬套丰富多彩、发展变化了的实践，结果就会造成理论和实践相脱节，主观和客观相分离，思想与实际不统一，从而给革命和建设事业的发展带来难以估量的损失。马克思和恩格斯曾经旗帜鲜明地反对把他们的理论当作僵死的教条，坚决主张对他们的理论的实际运用要以时间和地点的变化为转移。列宁继承了马克思和恩格斯的这一思想。他认为如果把马克思的理论变成僵死的教条，就会抽掉马克思主义的“活的灵魂”，就会破坏它得以产生的理论基础即辩证法，而强调万事万物的不断运动变化恰恰是辩证法的“合理内核”。由此可见，马克思主义并没有也不可能穷尽真理，它只不过是给无产阶级提供了基本的立场和方法，并在实践上为无产阶级开辟了认识真理的道路而已。为此，列宁在给《工人报》写的一篇文章中深刻指出：“我们决不把马克思的理论看作某种一成不变的和神圣不可侵犯的东西；恰恰相反，我们深信：它只是给一种科学奠定了基础，社会党人如果不愿落后于实际生活，就应当在各方面把这门科学推向前进。”[①]无独有偶。列宁还在其《俄国资本主义的发展》一文中指出：“只有不可救药的书呆子，才会单靠引证马克思关于另一历史时代的某一论述，来解决当前发生的独特而复杂的问题。”[②]可以说，正是因为列宁没有把马克思主义理论当作僵死的教条，而是把马克思主义基本原理与俄国实际和时代特征相结合，所以他才能够提出社会主义革命一国或数国胜利理论，并在这一理论的指导下实现了俄国无产阶级革命的胜利，从而解决了“能不能革命”和“如何革命”的问题。十月革命胜利后，特别是国内战争结束后，在经济文化极端贫困落后的情况下，俄国“能不能”和“如何建成社会主义”的问题被提上了日程，并逐渐成为全党关注且不断引发激烈争论的焦点。由于马克思主义经典作家没有预见到社会主义革命首先在落后国家取得胜利，也就不可能对这样的国家如何建设社会主义提出切实可行的应对之策。如果照搬马克思主义的“本本”，显然就会脱离俄国的实际。

① 《列宁全集》第 4 卷，人民出版社 1984 年版，第 161 页。

② 《列宁专题文集》(论马克思主义)，人民出版社 2009 年版，第 299 页。

不仅如此，如果这一问题得不到解决，那么不但不能实现全党的统一认识，也可能导致党的事业停滞不前，甚至还有可能出现历史的倒退。面对教条主义者的质疑和反对派的攻讦，列宁强烈呼吁俄国的马克思主义者必须考虑生动的现实生活，考虑现实的确切事实，而不应当抱着昨天的理论不放。为此，他还给出了一个经典的判断，那就是理论是灰色的，而生活之树常青。那种单单靠书本讨论社会主义纲领的时代已经一去不复返了，必须依靠现实的经验来研究社会主义，毕竟如何建设社会主义是前无古人的事业，没有任何现成的经验可循，只能靠自己不断进行探索。"假使我们把复杂的、迫切的、迅速发展着的实际革命任务放在狭隘理解的'理论'的普罗克鲁斯提斯床上，而不把理论看作首先是、主要是行动的指南，那就大错特错了。"①这样的做法不但严重违背了马克思主义创始人的本意和初衷，从而亵渎了马克思主义的科学精神，而且也不可能完成任何实际的革命任务。实际上，孟什维克之所以错误的一个重要方面，"就在于它用教条主义态度把马克思主义的字句简单化、庸俗化和加以歪曲，背叛马克思主义的精神（工人事业派和司徒卢威主义也曾是如此）"②。在此基础上，列宁首次提炼出了马克思主义的"活的灵魂"，即具体问题具体分析。他指出："马克思主义的全部精神，它的整个体系，要求人们对每一个原理只是（α）历史地，（β）只是同其他原理联系起来，（γ）只是同具体的历史经验联系起来加以考察。"③这一判断的提出，不仅充分表现出列宁对待马克思主义的科学态度和一贯立场，而且也为无产阶级政党理解和运用马克思主义理论提供了全新的视角，指明了正确的方向。

总之，列宁提出的"马克思主义的精髓，马克思主义的活的灵魂：对具体情况作具体分析"④的新的科学论断，要求各国无产阶级政党必须结合本国的特点来运用马克思主义原理，而任何抛开具体的和历史的条件来理解和运用马克思主义原理的做法，都是缺乏唯物辩证法最起码常识的表现。

三、必须求真务实，空谈在任何时候都是有害的

列宁认为，无产阶级政党领导无产阶级革命运动，一定要坚持求真务实，这既是做好一切工作的基本态度，也是辩证唯物主义的起码要求。正是因为列宁坚持求真务实，所以他才能够制定出适合俄国特点的革命战略和

---

① 《列宁全集》第 29 卷，人民出版社 1985 年版，第 43 页。
② 《列宁全集》第 45 卷，人民出版社 1990 年版，第 296 页。
③ 《列宁全集》第 47 卷，人民出版社 1990 年版，第 464 页。
④ 《列宁全集》第 39 卷，人民出版社 1986 年版，第 128 页。

策略，从而领导革命取得成功。由于列宁一直牢固秉持求真务实的工作态度，所以斯大林后来把列宁的工作作风归结为俄国人的革命胆略和美国人的务实精神的完美结合。十月革命胜利后，新生的苏维埃俄国可以说是内外交困，危机四伏，处在风雨飘摇之中。具体表现在，外有多达 14 个帝国主义国家的武装干涉，内有大量白卫分子的武装叛乱，再加上物质严重匮乏，民不聊生，社会动荡。在这种严峻的形势下，更加需要全党上下扎实工作，以不断创造条件化解危机。然而党内却出现了政治空谈现象，致使苏俄面临更加险恶的境地。为此，列宁旗帜鲜明地倡导求真务实，坚决反对政治空谈。

首先，列宁积极倡导求真务实的作风。马克思主义的辩证唯物主义认为，是人们的存在决定人们的意识，而不是相反，从而划清了与各种唯心主义思想的理论边界。这里的"存在"就是指人们的现实生活过程。因为人们的现实生活过程本身是客观的事实，所以这一"客观事实"就成了人们一切意识得以产生的基本前提。作为一名马克思主义者，列宁积极倡导求真务实的作风。在列宁看来，只有树立求真务实的作风，才能正确分析纷繁复杂的国际国内、党内党外的客观事实，揭示出俄国革命和建设的规律，从而把握规律并取得革命和建设事业的胜利。为此，列宁号召党员干部应当从客观实际情况出发来谈论问题，并把这一方法视为"在政治上永远是最好的和唯一正确的办法"①。鉴于党的各级代表大会之多，且会风浮夸，效率低下，形式主义严重，不能有针对性地解决不断涌现的大量实际问题，列宁批评指出："大多数代表大会离务实很远。"②列宁甚至把是否具有求真务实的作风上升到是否忠于马克思主义的思想高度，这一点可以从他给尼·达·基克纳泽的信中得到非常具体的体现："马克思主义是以事实，而不是以可能性为依据的"③，换句话说，"马克思主义者在分析形势时，不应当从可能出发，而应当从现实出发"④。如果凡事从可能性出发，而不是从客观存在的事实出发，毫无根据地把应然当作实然的话，那就会不自觉地掉进唯心主义的泥潭，而这无疑就意味着对马克思主义的背叛。那么怎样才能做到求真务实呢？列宁给出的答案就是必须深入实际，做认真细致的调查研究。列宁认为，深入实际调查研究是无产阶级政党制定正确的路线、方针、政策的根本路径，也是指导无产阶级及其政党正确地开展活动的基本条件。所谓调查

---

① 《列宁全集》第 25 卷，人民出版社 1988 年版，第 138 页。
② 《列宁全集》第 42 卷，人民出版社 1986 年版，第 191 页。
③ 《列宁全集》第 47 卷，人民出版社 1990 年版，第 477 页。
④ 《列宁全集》第 29 卷，人民出版社 1985 年版，第 140 页。

研究，就是对客观事物进行周密的考察，在周密考察的基础上，尽可能地详细占有与客观事物相关联的全部资料，然后对材料进行整理、比较、分析和研究，以便从整体上、从事物之间的联系中把握事物的特点，找出一般性的规律来。这样才能找到问题的症结所在，也才能找到解决问题的正确方法。如果不是从整体上、从事物之间的联系中把握事物的特点，而是从局部和孤立的条件中把握事物的特点，这样得出来的所谓“事实”，“只能是一种儿戏，或者连儿戏也不如”[①]。这样的“事实”不但对党的事业丝毫无益，甚至还会给党的事业造成极其有害的后果。一句话，无产阶级政党只有牢固树立求真务实的思想作风，并通过作大量的、艰苦的、深入细致的调查研究，才能揭示出客观事物发展的规律，才能取得革命和建设事业的胜利。

其次是反对政治空谈。历史经验表明，夸夸其谈、唱政治高调的恶劣作风，都会无一例外地脱离实际的主观主义，从而给无产阶级革命事业造成巨大的危害。无论是孟什维克派、取消派、召回派、工人反对派，还是普列汉诺夫、托洛茨基等等，他们的一个主要缺点，或者说是最主要的一个缺点，就是主观主义。具体表现为：拿自己的意志代替无产阶级的意志，拿自己的臆想当作无产阶级的愿望，拿自己的主观估计来衡量客观实际，从而给党和人民的事业造成了严重的危害。事实上，早在十月革命之前，列宁就针对党内存在的迷信于资产阶级临时政府夸夸其谈唱高调的现象指出：“马克思主义者可能犯的最大的最致命的错误就是把空谈当作事实，把虚假的表面现象当作实质或某种重要的东西。”[②]特别是在革命的紧要关头和革命的重要转折时刻，尤其要重视这一问题。如果把政治空谈当作客观事实并以此作为党组织决策的依据的话，那么必然会因主客观相脱离、思想和实际不统一而遭到失败。十月革命胜利后，政治空谈的现象又在党内沉渣泛起。最为典型的是由于托洛茨基、布哈林、拉狄克、皮达科夫等人的政治空谈，苏俄失去了和德国签订《布列斯特条约》的最佳时机，从而使新生的人民政权面临灭亡的危险。无独有偶，以施略普尼柯夫为代表的“工人反对派”枉顾工人阶级的实际状况，空谈工人阶级的最高组织形式是工会，并妄图以工会组织来取代党的领导，直接威胁到了党的执政地位。对此，列宁不仅给予了坚决的痛击，而且还揭示了其产生的思想根源，为从源头上整治这种作风指明了方向。列宁指出：“空话连篇，夸夸其谈，这是没有固定阶级特性的小资产阶级知识分子的特性。”[③]列宁认为对这种人最低限度的惩罚是嘲笑并撤销其所

① 《列宁全集》第28卷，人民出版社1990年版，第364页。
② 《列宁全集》第32卷，人民出版社1985年版，第45页。
③ 《列宁全集》第34卷，人民出版社1985年版，第270页。

担任的一切职务。与此同时，列宁强调应当把讲求实际和求实精神作为当前的主要口号来加以提倡。因为在列宁看来，即便事实是多么的令人不快，多么的令人痛心，也不要以任何空谈和高调来掩饰，因为这样做，无论是对无产阶级的革命事业，还是对群众的事业来说，都是极端可怕和有害的。更何况，无论是革命也好，建设也罢，群众真正关注的是党员干部的实实在在的行动，是行动之后产生的实实在在的结果，而不是什么空谈。所以，列宁呼吁"少来一些政治空谈"①，"少唱些政治高调"②，"少说些漂亮话"③，多关注些现实生活，多做些平凡而又不可或缺的日常工作。只有广大党员本着求真务实的工作态度脚踏实地地开展工作，才能不断改善国家的经济、政治和文化状况，才能不断赢得人民群众的理解、支持和拥护，从而使党领导的社会主义事业建构在坚实的基础之上。而任何形式的政治空谈，不仅会消弭广大党员的革命意志和工作热情，直接影响党的事业的发展，而且还会损害党的形象，疏离党与人民群众之间的关系，进而削弱党的执政之基。基于此，无产阶级政党必须旗帜鲜明地反对各种形式的政治空谈。

第二节 党必须同人民群众保持密切联系

无产阶级政党和人民群众之间的关系问题，不仅是区别无产阶级政党与资产阶级政党的标志问题，而且也是衡量无产阶级政党是否真正坚持马克思主义的标准问题，所以也是一个带有根本性的原则问题。实践表明，它不仅事关党的性质和宗旨，事关党的事业的兴衰成败，而且事关党的生死存亡。因此，列宁在领导无产阶级革命和建设的历史进程中，始终高度重视党和人民群众之间的关系问题。他反复告诫全党，必须充分认识和尊重人民群众的历史主体地位；必须同人民群众保持密切联系；必须坚决反对并克服官僚主义。只有这样，才能不断巩固立党之本和执政之基，从而使党始终立于不败之地。

一、必须充分认识和尊重人民群众的历史主体地位

列宁不仅坚定地秉持马克思主义的唯物史观关于人民群众是历史创造者的基本观点，而且他还认为，马克思主义是非常坚决地承认人民群众的革

① 《列宁全集》第 35 卷，人民出版社 1985 年版，第 93 页。
② 《列宁全集》第 37 卷，人民出版社 1986 年版，第 11 页。
③ 《列宁全集》第 37 卷，人民出版社 1986 年版，第 20 页。

命毅力、革命创造性和革命首创精神的。所以,无产阶级政党无论是在领导无产阶级革命还是在领导社会主义建设事业中,都必须充分认识和尊重人民群众的历史作用和首创精神,并通过积极推动革命的群众运动来获得人民群众的理解和支持。

首先,必须尊重人民群众的历史作用和首创精神。列宁认为,历史不是由个别人创造的,而是由千百万人民群众创造的。"随着人们历史创造活动的扩大和深入,作为自觉的历史活动家的人民群众在数量上也必定增多起来"①,并日益显现出其巨大的历史作用。正是人民群众的革命运动不断推动社会向前发展,并不断实现自身的解放。历史经验表明,"在世界上,不论哪个地方哪个时候,群众要摆脱压迫和专横获得真正解放,无不是这些群众自己进行独立、英勇、自觉斗争的结果"②。也就是说,群众的解放事业是群众自己的事业,群众只有靠自己的努力才能实现。而如果没有群众积极主动的创造历史的活动,"那没收地主土地也好,建立共和国也好,实行普遍、直接、平等和无记名的选举权也好,都是没有希望实现的'空想主义'"③。基于此,对于那些否定群众历史作用的思想和行为,列宁无不用辛辣的嘲讽予以坚决的回击。比如,他在《我们拒绝什么遗产?》一文中尖锐地批评民粹分子仅仅把人民群众当作某种被动的"对象"或"材料",而没有把他们当作在既定道路上的独立地进行历史创造活动的历史活动家的重要角色。此外,在俄国第一次资产阶级革命时期,针对立宪民主党人污蔑人民群众是"群氓",担心杜马会成为这些"群氓"的玩物的时候,列宁再次强调了人民群众的巨大历史作用。他指出:"俄国现在仅存的一点自由正是由这些'群氓',由人民争取来的,他们奋不顾身地走上街头,在斗争中付出了无数的牺牲,用自己的行动支持了'不自由,毋宁死'这个伟大的口号。人民的所有这些行动正是'群氓'的行动。俄国的整个新纪元正是靠人民的热情赢得并且支持下来的。"④换句话说,如果不是人民群众在反抗沙皇专制统治的斗争中所表现出来的坚强的意志和巨大力量,造成了沙皇的统治危机,那么反动势力就根本不可能作出哪怕是一点点的让步妥协,也就根本不会有立宪民主党人针对杜马问题纠结的机会和可能。后来的十月革命的胜利更是再次有力地证明了人民群众的巨大历史作用。对此列宁指出,如果没有党的领导,特别是如果没有包括工人、农民和士兵为主体的广大人民群众的积极响应和

① 《列宁全集》第2卷,人民出版社1984年版,第414页。
② 《列宁全集》第20卷,人民出版社1989年版,第143页。
③ 《列宁全集》第17卷,人民出版社1988年版,第152页。
④ 《列宁全集》第13卷,人民出版社1987年版,第81页。

支持，那么推翻资产阶级临时政府的社会主义革命是不可能取得胜利的。再进一步地讲，如果没有人民群众的拥护，在革命胜利初期内外交困的极端险恶的环境下，苏维埃俄国就不可能战胜国内外反动势力的进攻，就不可能维持并巩固新生的人民政权，从而拉开人类历史新的篇章。可以说，正是蕴藏于人民群众之中的伟大力量的充分发挥，充分证实了列宁的主张，那就是无产阶级政党单枪匹马一事无成，而人民群众的千军万马则无所不能。在充分尊重人民群众伟大历史作用的同时，列宁还对人民群众的首创精神给予了高度的评价。在全俄工兵代表苏维埃第二次代表大会上，列宁强调指出："我们应当跟随着实际生活前进，我们应当让人民群众享有发挥创造精神的充分自由。"[①]因为"社会主义不是按上面的命令创立的。它和官场中的官僚机械主义根本不能相容；生气勃勃的创造性的社会主义是由人民群众自己创立的"[②]。"千百万创造者的智慧却会创造出一种比最伟大的天才预见还要高明得多的东西。"[③]所以，无产阶级政党领导的社会主义建设事业，"只有在人口的大多数首先是劳动群众的大多数进行独立的历史创造活动的条件下，才能顺利实现"[④]。也就是说，不但革命需要发挥群众的历史作用，而且社会主义建设事业同样离不开千百万人民群众的首创精神。因此，列宁指出："现在最主要的任务之一，也许就是最主要的任务，是尽量广泛地发扬工人以及一切被剥削劳动者在创造性的组织工作中所表现的这种独创精神。"[⑤]在国内战争极端困难的条件下，为了积极支援前线反对高尔察克、邓尼金的军事斗争，喀山铁路工人自发创造了共产主义星期六义务劳动的形式。这种形式的出现及其普遍推广，极大地激发了广大军民的革命热情，充分显示了广大人民群众在党的领导下勠力同心、共克时艰的坚强决心和意志。为此，列宁发表了题为《伟大的创举》的文章予以盛赞，并将其上升到了推动世界历史从资本主义向社会主义转变的开端的高度。列宁认为，之所以说这是一个重要的开端，是"因为这是战胜自身的保守、涣散和小资产阶级利己主义，战胜万恶的资本主义留给工农的这些习惯"[⑥]。只有当这种开端走向胜利并不断得到巩固的情况下，新的社会纪律——社会主义纪律才能建立起来，共产主义才能真正变得不可战胜。从这个意义上来看，"'共产主义星期六义务劳动'所以具有巨大的历史意义，是因为它向我们表明了

① 《列宁全集》第 33 卷，人民出版社 1985 年版，第 20 页。
② 《列宁全集》第 33 卷，人民出版社 1985 年版，第 53 页。
③ 《列宁全集》第 33 卷，人民出版社 1985 年版，第 281 页。
④ 《列宁全集》第 34 卷，人民出版社 1985 年版，第 154 页。
⑤ 《列宁全集》第 33 卷，人民出版社 1985 年版，第 205 页。
⑥ 《列宁全集》第 37 卷，人民出版社 1986 年版，第 1 页。

工人自觉自愿提高劳动生产率、过渡到新的劳动纪律、创造社会主义的经济条件和生活条件的首创精神”[①]。而人民群众的这种首创精神无疑为无产阶级政党集中民智、顺应民愿、引领社会的发展奠定了坚实的民意基础，并为无产阶级政党在新的实践基础上根除资产阶级旧社会的影响，推动社会变革，从而建立新的社会秩序和形成新的社会风尚提供了强劲的动力支持。

其次，必须通过支持革命的群众运动和满足群众利益来赢得群众拥护。列宁认为，在总体上敌强我弱的情况下进行革命，作为先锋队的无产阶级政党如果不能赢得绝大多数人民群众的同情和支持，那么在形势发生各种转变的时候，就连维持生存都是一个极大的难题，其他就更是无从谈起。毫无疑问，人民群众在革命战争时期绝对是无产阶级的力量之源，如果没有广大人民群众参加和支援战争，那么就不可能取得战争的胜利；即便取得了胜利，也不可能维持并巩固胜利的成果。可以说，这一点在俄国革命的实践经验中得到了充分的证明。为此，列宁在《共产主义运动中的“左派”幼稚病》中告诫指出：“单靠先锋队是不能胜利的。当整个阶级，当广大群众还没有采取直接支持先锋队的立场，或者还没有对先锋队采取至少是善意的中立并且完全不会去支持先锋队的敌人时，叫先锋队独自去进行决战，那就不仅是愚蠢，而且是犯罪。”[②]反过来看，“如果在斗争期间，大多数劳动者，不仅大多数工人，而且大多数被剥削和被压迫的人，都站在我们方面，那么，我们就能真正取得胜利”[③]。那么，无产阶级政党怎样才能获得人民群众的同情、理解和支持呢？列宁认为必须首先支持革命的群众运动。为此，他还给革命的群众运动作了基本的界定。所谓革命的群众运动，是指那些能够向所有人展示无产阶级政治觉悟和革命积极性的运动。只有这样的运动才能在人民群众中间起到真正重大的激励人心的启发、示范和教育作用，才能激励更多的人认清革命形势，并积极踊跃地投身于革命斗争中，最终战胜强大的敌人，取得最后的胜利。无产阶级政党只有参加并领导群众的革命运动，才能无愧于革命政党的称号。诚如马克思所指出的那样，革命是被压迫阶级和被剥削阶级的盛大节日。在这个盛大的节日里，人民群众将表现出从未有过的积极性和创造性。为了保证革命运动沿着正确的方向前进，无产阶级政党必须投身其中，坚持走在运动的前列，并事实上成为革命群众运动的指路明灯。列宁认为，革命的群众运动的威力是巨大的，“我国革命之所以是

① 《列宁全集》第 37 卷，人民出版社 1986 年版，第 15 页。

② 《列宁全集》第 39 卷，人民出版社 1986 年版，第 72 页。

③ 《列宁全集》第 42 卷，人民出版社 1987 年版，第 36～37 页。

伟大的俄国革命，正是因为它发动了极广大的人民群众投身于历史的创造”[①]。“具体地说，共产党和整个先进的无产阶级尤其必须从各方面全力支持广泛的和自发的群众罢工运动，因为在资本的压迫下，只有这种运动才能真正唤醒、推动、启发和组织群众，才能教育群众充分信任革命无产阶级的领导作用。”[②]为此，无产阶级政党要相信群众运动的伟大力量和不可战胜的精神，应当始终同人民群众站在一起，积极支持群众的创造性和主动性。其次，列宁认为无产阶级政党必须参与到运动中来，了解群众的利益诉求，以便更好地把握运动的发展方向。这样一方面可以拉近党和人民群众之间的距离，让人民群众切实感受到党是他们利益的忠实代表，逐渐使人民群众团结在党的周围，使党获得人民群众的理解和支持。另一方面，也是最为重要的一方面，就是党的纲领、路线、方针和政策必须符合实际、符合人民群众的意愿，只有这样，才能为党的纲领、路线、方针和政策的贯彻落实提供坚实的民意基础。最为典型的就是，列宁在十月革命前提出的《和平法令》和《土地法令》之所以在社会上产生了如此巨大的良好反响，就是因为它反映了广大士兵厌恶帝国主义战争的消极情绪，积极回应了广大农民对土地的强烈期待，从而获得了包括士兵在内的广大劳动群众的支持。从这个意义上来看，列宁领导下的布尔什维克党能够战胜内外强大的敌人，并取得了革命胜利的原因就在于此。如果说战争时期是如此的话，那么和平建设时期也同样如此。用列宁的话说，就是“只有我们正确地表达人民的想法，我们才能管理。否则共产党就不能率领无产阶级，而无产阶级就不能率领群众，整个机器就要散架”[③]。

二、必须同人民群众保持密切联系

首先，密切联系群众是由无产阶级政党的性质和宗旨决定的。马克思主义认为，政党不是从来就有的，而是人类社会发展到一定历史阶段的产物。它以最大化地实现其所代表的阶级、阶层和集团的利益诉求为旨归，反过来，一定的阶级、阶层和集团也就成了党的依靠力量。这就打开了资产阶级政党所谓“全民党”的虚假面具，深刻揭示了政党的阶级本质。从党的性质来看，无产阶级政党也不无例外地具有政党的这一一般性特征，即，它是无产阶级利益的忠实代表，无产阶级则是其力量之源。对此，列宁指出：“党

① 《列宁全集》第13卷，人民出版社1987年版，第196页。
② 《列宁全集》第39卷，人民出版社1986年版，第188页。
③ 《列宁全集》第43卷，人民出版社1987年版，第109页。

的任务就是维护工人的利益，代表整个工人运动的利益。”[①]但是，由于无产阶级是人类历史上最为先进的阶级，承担着解放全人类的崇高历史使命，所以它事实上代表着绝大多数人的利益。这也就决定了，无产阶级政党的力量之源不仅仅是无产阶级，而且还包括无产阶级在内的最广大的人民群众。也就是说，一方面，无产阶级政党要有自己的阶级基础，否则就不能坚强有力。诚如列宁指出的那样，“只有以一定的阶级为依靠的政党才是强有力的，才能在形势发生各种各样的转变的时期安然无恙。公开的政治斗争迫使政党更紧密地联系群众，因为没有这种联系，政党就没有什么用处”[②]。所以，无产阶级政党必须通过密切联系工人阶级以不断巩固自己的阶级基础，从而获得工人阶级的有力支持。另一方面，无产阶级还要拥有并不断扩大自己的群众基础。因为无产阶级的革命运动是多数人参加的运动，是为大多数人谋利益的独立运动，所以无产阶级政党在不断巩固自己阶级基础的同时，必须通过密切联系群众来不断扩大自己的群众基础，以获得最广大人民群众的普遍拥护和广泛支持。基于此，在反抗沙皇专制制度的斗争中，列宁就告诫全党：如果在革命斗争中，仅有工人阶级的大多数是远远不够的，只有大多数被剥削和被压迫的劳动人民都站在我们这方面，那么，我们就一定能够取得胜利。可以说，“谁的群众基础厚，谁更能持久，谁就能在战争中取得胜利”[③]。从党的宗旨来看，无产阶级只有解放全人类，才能完成自身的历史使命；这决定了作为其先锋队的无产阶级政党，除了工人阶级和最广大人民群众的利益以外，没有也不会有自己特殊的利益。列宁认为，无产阶级政党区别于一切旧政党的显著标志，就在于无产阶级政党的宗旨是为无产阶级和最广大人民群众谋利益，而不是为少数人谋利益。而要切实履行自己的宗旨，就必须密切联系群众。反过来，只有密切联系群众，才能了解人民群众的诉求，才能解除人民群众的困惑，才能满足人民群众的期待，也才能获得人民群众的认可和支持。再者，因为无产阶级政党是工人阶级的先锋队，在实践方面它是始终推动无产阶级革命运动向前发展的力量，在理论方面它的优越性体现在其了解无产阶级革命运动的条件、进程和一般结果；为了带领无产阶级和最广大人民群众一道前进，就必须不断深入群众、宣传群众、启发群众、组织群众，不断提高群众的政治觉悟、激励群众的革命意志、激发群众的斗争热情，从而使人民群众紧密团结在自己的周围，形成巨大的革命力量，进而取得无产阶级革命的胜利。所以，无产阶级政党一定要

① 《列宁全集》第 2 卷，人民出版社 1984 年版，第 85 页。

② 《列宁全集》第 17 卷，人民出版社 1988 年版，第 325 页。

③ 《列宁全集》第 37 卷，人民出版社 1986 年版，第 231 页。

密切联系群众。基于此，列宁认为："一个能够通过联系群众而得到巩固以进行坚持不懈的工作的党，一个能够组织本阶级先锋队的先进阶级的党，一个努力以社会民主党的精神去影响无产阶级每一个现实表现的先进阶级的党，是一定会取得胜利的。"[①]而无产阶级政党作为无产阶级的先锋队必须懂得，先锋队只有不脱离自己领导的群众并真正引导全体群众前进时，才能完成其先锋队的任务。

其次，密切联系群众是党夺取政权并巩固执政地位的需要。历史经验表明，面对国内外的强大敌对势力，无产阶级政党仅仅依靠自身的力量是无法取得胜利的。十月革命前，俄国国内农民阶级占人口绝大多数，工人阶级占人口的少数，列宁领导的党只有24万党员，更是少数中的少数。而反动势力因其掌控着国家机器，力量异常强大，那么仅仅依靠党本身，或者仅仅依靠无产阶级本身，显然是无法战胜强大敌人的。因此，党只有争取到包括无产阶级在内的大多数人民群众的支持，才能取得革命的胜利。那么无产阶级政党怎样才能把大多数群众争取过来呢？列宁认为，一是通过暴力手段推翻资产阶级统治，把国家政权夺取到无产阶级自己的手里；二是彻底打碎旧的资产阶级国家机构，建立属于人民的苏维埃政权；三是用革命的手段剥夺剥夺者来尽可能地满足非无产阶级劳动群众的经济需要，以改善他们的生活，这样就能彻底铲除资产阶级和小资产阶级在非无产阶级劳动群众中的统治、威信以及影响，并树立起党的威信和影响。那么，怎么才能实现以上各种条件呢？列宁认为，"第一，是靠无产阶级先锋队的觉悟和它对革命的忠诚，是靠它的坚韧不拔、自我牺牲和英雄气概。第二，是靠它善于同最广大的劳动群众，首先是同无产阶级劳动群众，但同样也同非无产阶级劳动群众联系、接近，甚至可以说在某种程度上同他们打成一片。第三，是靠这个先锋队所实行的政治领导正确，靠它的政治战略和策略正确，而最广大的群众根据切身经验也确信其正确"[②]。由此可见，密切联系群众是无产阶级政党赢得广大人民群众支持并实现其领导权的基本前提，而十月革命的胜利则用活生生的事实给列宁的判断提供了无懈可击的有力支撑。如果说夺取政权依靠的是无产阶级政党密切联系群众并获得人民群众广泛支持的话，那么巩固政权是否仍需要无产阶级政党密切联系群众呢？对此，列宁给出了肯定的回答。列宁指出："无产阶级为争取大多数劳动者的同情、为争取他们的支持而进行的阶级斗争，并不以无产阶级夺得政权而告结束。"[③]特

① 《列宁全集》第17卷，人民出版社1988年版，第339页。

② 《列宁全集》第39卷，人民出版社1986年版，第5页。

③ 《列宁全集》第37卷，人民出版社1986年版，第211页。

别是苏俄在帝国主义国家的包围之下，在内外反动势力的联合进攻之中，既没有西方先进国家无产阶级革命的呼应，又没有本国强劲的经济文化实力作支撑，更需要党密切联系群众以获得最广泛的支持。列宁认为，在革命取得胜利后，“在大多数工农群众已被革命唤醒的人民革命时期，只有毫不犹豫地无条件地依靠大多数居民的政权，才能成为稳固的政权”①。“如果布尔什维克不能把大多数非无产阶级劳动群众吸引过来，不能把他们从社会革命党和其他小资产阶级党派那里争取过来，那么这些条件就只能提供一种极短暂的和极不巩固的胜利。”②为此，“我们不仅应当把工人阶级的大多数争取到我们这边来，而且应当把农村居民中被剥削劳动群众的大多数争取到我们这边来”③。此外，因为列宁深知，“新政权是大多数人的专政，它完全是靠广大群众的信任，完全是靠不加任何限制、最广泛、最有力地吸引全体群众参加政权来维持的”④，所以在无产阶级取得革命胜利的新的历史条件下，为了巩固新生的苏维埃人民政权，党就必须与人民群众之间建立正确的“相互关系”。这种正确的“相互关系”就是“无产阶级群众和非无产阶级群众之间、他们的社会利益和阶级利益之间的新的相互关系”⑤。为了处理好这种相互关系，列宁认为，一方面必须毫不动摇地坚持党的领导。如果离开了党的领导，就等于解除了无产阶级的武装而有利于资产阶级，与此同时也不能战胜旧社会的势力和传统。一句话，“不通过共产党就不可能实现无产阶级专政”⑥。另一方面，党必须相信、依靠包括无产阶级在内的广大人民群众。列宁认为，党只有相信群众、深入群众，才能获得巩固政权的力量。他指出：“只有相信人民的人，只有投入生气勃勃的人民创造力泉源中去的人，才能获得胜利并保持政权。”⑦可以说，正是因为以列宁为首的党正确地处理了与人民群众之间的相互关系，并赢得了人民群众的广泛支持，所以才使新生的苏维埃政权在内外危机的险恶环境中得以生存下来并不断获得巩固。因此，列宁深有体会地说：“劳动群众拥护我们。我们的力量就在这里。”⑧与此同时，他还推而广之强调，“全世界共产主义运动不可战胜的根源就在这

① 《列宁全集》第 32 卷，人民出版社 1985 年版，第 159 页。
② 《列宁全集》第 38 卷，人民出版社 1986 年版，第 11 页。
③ 《列宁全集》第 42 卷，人民出版社 1987 年版，第 36 页。
④ 《列宁全集》第 39 卷，人民出版社 1986 年版，第 378 页。
⑤ 《列宁全集》第 38 卷，人民出版社 1986 年版，第 340 页。
⑥ 《列宁全集》第 41 卷，人民出版社 1986 年版，第 35 页。
⑦ 《列宁全集》第 33 卷，人民出版社 1985 年版，第 57 页。
⑧ 《列宁全集》第 37 卷，人民出版社 1986 年版，第 217 页。

里"[①]。

最后,密切联系群众是建设社会主义的需要。国内战争结束后,列宁为首的俄国共产党再一次将工作重心转移到社会主义建设事业上来。由于苏俄并未经历资本主义高度发达的发展阶段,经济文化极端贫困落后,党又处在农民和小资产阶级汪洋大海的包围之中,极易受到非无产阶级思想的侵蚀,再加上连年战争的摧残,可以说是全国上下百废待兴、百端待举、困难重重。因此列宁深深地感到,较之西方发达资本主义国家,"俄国人开始伟大的无产阶级革命是比较容易的,但是把它继续到获得最终胜利,即完全组织起社会主义社会,就比较困难了"[②]。虽然马克思也和俄国的社会主义者探讨过俄国跨越资本主义"卡夫丁峡谷"的问题,但是他从未放弃"同时胜利论"的基本判断。这就要求列宁从俄国实际和时代特征出发,探索适合本国国情的社会主义建设道路。特别是俄国处在帝国主义国家的包围之中,更加需要党和人民群众保持密切联系,以获得人民群众的认可和支持,否则社会主义建设事业就无法顺利进行。为此,早在1918年3月的俄共(布)七大上,列宁就告诫全党:"社会主义不是少数人,不是一个党所能实施的。只有千百万人学会亲自做这件事的时候,他们才能实施社会主义。"[③]从这个意义上来看,列宁认为"劳动群众是苏维埃共和国的根本和基础"[④]。离开了这个"根本和基础",社会主义建设事业也就无从谈起。为了赢得群众的信任和支持,防止脱离群众的现象发生,进而影响到党领导的社会主义事业的顺利开展,列宁把联系群众作为工会一切工作的基本条件。他告诫指出:"对于一个人数不多的共产党来说,对于一个作为工人阶级先锋队来领导一个大国在暂时没有得到较先进国家的直接援助的情况下向社会主义过渡的共产党来说,最严重最可怕的危险之一,就是脱离群众,就是先锋队往前跑得太远,没有'保持排面整齐',没有同全体劳动大军即同大多数工农群众保持牢固的关系。"[⑤]而"先锋队只有当它不脱离自己领导的群众并真正引导全体群众前进时,才能完成其先锋队的任务"[⑥]。也就是说,党作为工人阶级的先锋队,如果脱离了群众,那么它就会陷入孤军奋战的危险境地,它所担负的领导作用也就无从发挥了。这就要求党员干部要深入群众之中,了解群众的需要、愿望和想法,提高他们的觉悟程度,并关心满足群众的要求,以此来赢

① 《列宁全集》第37卷,人民出版社1986年版,第217页。
② 《列宁选集》第3卷,人民出版社2012年版,第793~794页。
③ 《列宁全集》第34卷,人民出版社1985年版,第49页。
④ 《列宁全集》第37卷,人民出版社1986年版,第166页。
⑤ 《列宁全集》第42卷,人民出版社1987年版,第372页。
⑥ 《列宁全集》第43卷,人民出版社1987年版,第23页。

得群众的无限信任。只有这样,群众才能心悦诚服地体认到党是其利益的代表,并心甘情愿地沿着党指引的方向前进。针对个别党员干部表现出的骄傲自大问题,列宁认为这往往是失败和衰落的前奏,希望大家警醒。因为骄傲自大必然导致唯我独尊,唯我独尊必然导致脱离群众,而脱离群众必然导致失败。为此,在党的第十一次全国代表大会上,列宁提醒全党同志,那种认为"只靠共产党员的双手来建立共产主义社会,这是幼稚的、十分幼稚的想法"①,因为"在人民群众中,我们毕竟是沧海一粟"②。也就是说,共产党虽然是执政党,但是也不能高估自己的力量和本领,要时刻认识到,如果离开了人民群众,那么将一事无成。只有有了广大人民群众的积极参与,国家机器才能正常运转,否则社会主义建设事业就会陷入停顿甚至失败。事实上,正是因为列宁为首的布尔什维克党始终高度重视与人民群众保持密切的联系,所以才使苏俄渡过了重重险阻,完成了向社会主义的过渡,并为后来的发展进步创造了必要的制度前提和物质基础。

三、党在一切工作中最大的毛病就是官僚主义

俄国十月革命后建立起来的苏维埃政权是共产党领导下的新型政权。凭借区别于任何剥削阶级政权的人民民主性质,它的建立具有了划时代的重大历史意义。但由于历史、政治、经济、文化等因素的交互作用,伴随着和平建设时期的到来,党和国家机关内部不同程度地出现了官僚主义现象,从而使党陷入巨大的危险之中,所以列宁旗帜鲜明地反对各种形式的官僚主义,并揭示了官僚主义的巨大危害性,借以警示全党必须时刻注意密切联系群众。

首先,官僚主义的滋长和蔓延必将严重损害党的权威和公信力。布尔什维克党是凭借暴力革命的手段取得执政地位的,但是列宁深知,无产阶级政党可以凭借暴力手段获得政权,却不能凭借或者仅仅凭借暴力来维持政权。虽然说由于国内外反动势力的存在,暴力绝对不能取消,但是这个新政权所依靠的和力图依靠的,绝不是诸如军队、警察、监狱、金钱等等以往任何旧政权赖以维系其统治的力量,而是完全依靠广大人民群众的信任。事实上,正是因为党赢得了广大人民群众的信任,所以才能够获得人民群众的大力支持,才使党能够在极端困难的条件下渡过国内叛乱和外部帝国主义武装干涉的巨大政治危机;反过来,正是因为党密切联系群众并领导人民克服了严重的内外危机,才使党在人民群众中间树立起了强大的权威和公信力,并进一步赢得了人民群众的普遍拥护,巩固了新生的人民政权。据此,列宁

---

① 《列宁全集》第43卷,人民出版社1987年版,第96页。
② 《列宁全集》第43卷,人民出版社1987年版,第109页。

指出，因为“政权属于我们的党，属于依靠广大人民群众信任的党”[1]，“苏维埃政权能得到绝大多数群众的同情，受到他们最热烈、最衷心的拥护，因而苏维埃政权是不可战胜的”[2]。可以说，是人民群众的信任和支持成就了党的权威和公信力，而离开了人民群众的信任和支持，党的权威和公信力也就无从谈起了。为此，列宁对伴随着政权的巩固而不断出现的官僚主义现象高度警惕。因为党和国家机关中的官僚主义必然导致党与群众之间关系的疏离，必然导致党和政府在人民群众中间的权威和公信力下降，那么党也就会失去人民群众的支持和拥护，所以，列宁把变成官僚主义者的党员视为党内最可恶的敌人。他告诫全党：“共产党员成了官僚主义者。如果说有什么东西会把我们毁掉的话，那就是这个。”[3]为了维护党的权威和公信力，列宁除了号召全党之外，还呼吁非党员群众投入到反对官僚主义的斗争中，“所有非党的工农群众都会跟着共产党的先进队伍去反对这种敌人”[4]，从而在党内外造成强大的声势，以彻底铲除官僚主义的恶劣影响，并在此基础上进一步密切党群关系。

其次，官僚主义的滋长和蔓延必然会压抑人民群众建设社会主义的积极性、主动性和创造性。党领导下的苏维埃政权之所以是新型的国家政权，是因为它是人民当家做主的政权，是代表绝大多数人民利益的政权，广大人民群众是国家政权的主人。党是人民群众利益的代表，它代表人民掌握政权并利用政权来维护人民群众的利益。以此观之，党领导的社会主义建设事业就是人民群众的事业，代表着人民群众的长远利益和根本利益，所以社会主义事业本身要求人民群众投身其中并发挥无可替代的积极作用。用列宁的话讲：群众生气勃勃的创造力正是新的社会生活的基本因素。如果离开了人民群众的积极参与，那么社会主义就成了空想的图景。鉴于苏俄国内经济文化极端贫困落后，且处在帝国主义国家的包围之中，得不到西方发达国家无产阶级革命的有效支援，因而更加需要全国上下同心同德，团结奋斗。然而党和国家机关内部出现的官僚主义无疑使这种窘迫的形势更加艰难。具体表现为：第一，以党代政、党政不分。党的领导变成了党包办一切，不分巨细，就连从法国进口罐头这样琐碎具体的事务都要提交到中央政治局会议上来讨论。为此，列宁多次强调党对国家政权的全部政治经济工作的领导是“总的领导”，必须把党政分开，把党从琐碎的繁杂事务中解放出

---

① 《列宁全集》第 33 卷，人民出版社 1985 年版，第 54 页。
② 《列宁全集》第 33 卷，人民出版社 1985 年版，第 263 页。
③ 《列宁全集》第 52 卷，人民出版社 1988 年版，第 300 页。
④ 《列宁全集》第 43 卷，人民出版社 1987 年版，第 14 页。

来，将其精力转到事关党和国家前途命运的全局性、战略性的问题上来。第二，机构臃肿、人浮于事。仅中央和莫斯科市两级国家机关在1922年10月的工作人员就比1918年8月增加了12000人。用列宁的话说，苏维埃机关里真正干工作的只有几十人，而游手好闲的却有几百人。在党的十一大会议上，列宁坦承："在党组织的周围就经常出现为党组织服务的庞大机构。这种机构逐渐扩大，连它本身也蒙上了一层官僚主义的灰尘，而且占用了过多的人力。"[①]第三，办事拖拉、效率低下。无论是来自上级的工作计划，还是来自下级的项目申请，统统表现为不能及时落实到位，进而错过了解决问题的最佳时机。第四，文山会海、公文旅行。党和国家机关工作人员天天忙于开会，忙于讨论，忙于制订计划，忙于分发传递文件；至于具体工作的开展，则较少有人负责，甚至无人问津。为此，列宁尖锐地批评指出："可恶的官僚主义积习使我们陷入滥发文件、讨论法令、乱下指示的境地，生动活泼的工作就淹没在这浩如烟海的公文之中。"[②]有些党员干部甚至以妄自尊大的姿态凌驾于党和人民的事业之上，以傲慢冷淡的官僚主义态度对待人民群众。他们整天足不出户，却习惯于在屋子里发号施令。这些人既不了解人民群众的生产实际，也不了解人民群众的生活实际，所以就不能有针对性地为群众解决实际问题。可以说，无论是党还是国家机关内部，到处弥漫着官僚主义作风，不仅极大地伤害了人民群众的感情，而且也压抑了人民群众建设社会主义的积极性、主动性和创造性。

最后，官僚主义的滋长和蔓延必将危害甚至改变党和国家政权的性质。早在十月革命的准备阶段，列宁就在《国家与革命》一书中描绘了新型无产阶级专政国家的蓝图。一方面，他借鉴了马克思、恩格斯关于巴黎公社无产阶级政权建设的经验教训，另一方面，他考察了俄国封建专制制度的黑暗现实，在此基础上，提出了一系列有效避免党和国家变质的具体措施，从而发展了马克思主义的国家学说。列宁认为，无产阶级夺取政权后，必须彻底摧毁旧的官僚机构，用工人和职员组成的新的机构取而代之。为了有效防止新的机构重蹈旧的官僚机构的覆辙，必须采取如下措施："(1)不但选举产生，而且随时可以撤换；(2)薪金不得高于工人的工资；(3)立刻转到使所有的人都来执行监督和监察的职能，使所有的人暂时都

---

① 中共中央马克思恩格斯列宁斯大林著作编译局译：《苏联共产党代表大会、代表会议和中央全会决议汇编》第二分册，人民出版社1964年版，第175页。

② 《列宁全集》第42卷，人民出版社1987年版，第387页。

变成'官僚',因而使任何人都不能成为'官僚'。"[①]遵循着这样思想逻辑,十月革命胜利后,列宁主张实行"工人民主制",把工会作为最高权力机关,由工人阶级直接来领导国家政权。然而,"由于文化水平这样低,苏维埃虽然按党纲规定是通过劳动者来实行管理的机关,而实际上却是通过无产阶级先进阶层来为劳动者实行管理而不是通过劳动群众来实行管理的机关"[②]。也就是说,由于工人阶级的文化水平极低,不能直接胜任国家和社会事务的管理工作,加之政权建立后随即而来的国内叛乱和帝国主义国家的武装干涉,国家处在极度危险之中。在这种情况下,无产阶级专政就只能体现为党代表整个无产阶级对政治的领导,而党的领导主要是靠政治局和组织局的几个中央委员。"这样一来,就成为最地道的'寡头政治'了。"[③]工会成了党联系工人阶级和群众的桥梁。"党就是通过这个机构同本阶级和群众保持密切联系的;阶级专政就是通过这个机构在党的领导下实现的。"[④]不仅如此,为了保证国家机器的正常运转,苏维埃政府还不得不留用多达几十万的旧职员。事实表明,由于管理人才奇缺,没有这样一批人是不行的,一切管理部门都需要这样一批人。也就是说,虽然革命胜利了,"官僚已被打倒。剥削者已被铲除。但是文化水平还没有提高,因此官僚们还占据原有的位置"[⑤]。这些旧职员必然会把官僚主义恶习带到机关工作中来,事实上成为官僚主义得以滋生和蔓延的重要推手。那么,苏维埃国家机关里有官僚主义问题,党的组织会不会幸免呢?列宁认为:"在苏维埃机关中复活了的官僚主义也不会不在党的组织中产生有害的影响,因为党的上层领导就是苏维埃机构的上层领导,这是一回事。"[⑥]甚至就连"工会里的官僚主义也并不少些"[⑦]。这就是说,官僚主义已经渗透到了党和国家政治生活的各个领域、各个方面,形势是十分严峻的。如果不能遏制官僚主义滋长和蔓延的势头,那么就会出现特权阶层,就会严重损害党群关系、干群关系,长此以往就一定会危及党和国家政权的性质,甚至危及党的执政地位。为此,列宁告诫全党:"我们内部最可恶的敌人就是官僚主义者。"[⑧]如果不进行有步骤的和顽强的斗争来改善党和国家机关,彻底铲

---

① 《列宁全集》第31卷,人民出版社1985年版,第105页。
② 《列宁全集》第36卷,人民出版社1985年版,第155页。
③ 《列宁全集》第39卷,人民出版社1986年版,第27页。
④ 《列宁全集》第39卷,人民出版社1986年版,第28页。
⑤ 《列宁全集》第36卷,人民出版社1985年版,第155页。
⑥ 《列宁全集》第40卷,人民出版社1985年版,第33页。
⑦ 《列宁全集》第49卷,人民出版社1988年版,第222页。
⑧ 《列宁全集》第43卷,人民出版社1987年版,第14页。

除官僚主义的危害，“那么我们一定会在社会主义的基础还没有建成以前灭亡”①。

第三节 党的团结统一是无产阶级取得胜利的必要条件

团结统一是无产阶级政党的生存依托、力量所在和胜利凭借。历史经验表明，无产阶级政党只有做到团结统一，它才能够生存，才有力量，它领导的事业才能够取得胜利；反之，无产阶级政党若做不到团结统一，那么它就不能生存，就没有力量，它领导的事业也就无法取得胜利。也就是说，无产阶级政党作为与资产阶级政党相对立的政党，以推翻资产阶级、建立无产阶级政治统治乃至实现自身和全人类的解放为旨归，又处在强大的资本主义世界的包围之中，更需要做到团结统一，否则便无法生存，战胜资产阶级更无从谈起。特别是，俄国社会民主工党成立伊始就形成了两派对立的态势，即便是俄共(布)改称共产党以后，长期以来也没有摆脱党内派别纷争的局面。这种状况的存在不仅严重削弱了党的领导和执政能力的提高，而且时刻危及党自身的生存。基于此，列宁在领导俄国革命和建设的历程中始终高度重视党的团结统一，并把党的团结统一作为无产阶级取得胜利的必要条件。不仅如此，为了实现党的团结统一，列宁积极倡导开展党内的批评与自我批评，坚决反对党内的派别活动。

一、党的团结统一是无产阶级实现团结统一的基本前提

列宁认为，作为无产阶级的先锋队，党应当以工人阶级为自己的阶级基础。早在《共产党宣言》中，马克思和恩格斯就曾明确指出，作为大工业的产物，工人阶级是最先进的阶级，而其他阶级都将伴随着大工业的发展走向没落和消亡。这就是说，工人阶级是资本主义社会中唯一真正革命的阶级。而其他阶级只是在某些方面，或者是在一定的条件下才可能成为和实际成为革命的阶级。不仅如此，资产阶级的剥削和大工业的发展造就了工人阶级彻底的革命意志、团结精神、组织性以及纪律性等优良品质，决定了只有工人阶级这一特殊阶级才能推翻资产阶级的统治，实现自己的历史使命。但工人阶级在资本主义社会中处于被剥削、被压迫的社会地位，也没有接受

① 《列宁全集》第41卷，人民出版社1986年版，第376页。

良好教育的机会，所以工人阶级本身不可能产生社会主义意识，只能产生工联主义意识，纠结于同资产阶级进行旨在改善自身生产生活条件的经济斗争，而认识不到彻底改变自身命运的历史革命。也就是说，工人阶级自己不可能认识到革命的前进方向和自己承载的历史使命。无产阶级的伟大历史作用只有在其先锋队组织——无产阶级政党的正确领导下才能表现出来。只有党的领导才能促使工人阶级从自在阶级向自为阶级的转变，进而在党的领导下汇集成气势磅礴的革命大军，推翻资产阶级的统治，完成自己的历史使命。基于此，列宁第一次科学论证了无产阶级政党的团结统一与无产阶级团结统一之间的关系。他指出，一方面，没有工人阶级的统一，就不可能有工人阶级斗争的胜利。工人阶级的力量在于团结统一，如果连工人阶级自己都不统一，那么也就不可能取得革命的胜利。正所谓“一盘散沙的工人一事无成，联合起来的工人无所不能”[①]。另一方面，党只有实现了自身的团结统一，才能把广大的工人阶级团结在自己的周围，同时也能为团结其他劳动群众打下基础。对此，列宁深刻地指出：“社会民主主义无产阶级的统一是这个阶级取得胜利的必要条件。社会民主主义无产阶级的党——俄国社会民主工党不统一，这个无产阶级也就不可能统一。”[②]也就是说，党的团结统一是工人阶级团结统一的前提；如果党自身做不到团结统一，那么就不可能实现工人阶级的团结统一，也不可能把其他劳动群众团结起来。由此可见，党的团结统一对于工人阶级的团结统一，对于通过工人阶级建立与广大人民群众的团结统一，乃至整个国家和民族的团结统一都是至关重要的。尤其是十月革命胜利后的苏维埃俄国，对外处在帝国主义国家的包围之中，对内处在农民和小资产阶级的汪洋大海之中，经济文化极端贫困落后，无产阶级人数很少，加之前所未有的复杂而又繁重的社会主义建设任务，客观上更加需要党的团结统一。如果党内或者工人阶级内部以及党和工人阶级之间出现哪怕是一丝一毫的分裂，都可能给内外敌人造成可乘之机，从而使自己处于极端危险的境地，甚至还可能葬送业已取得的胜利成果。为此，列宁指出：“我们不仅需要形式上的团结，而且需要非常坚固的团结。”[③]事实上，正是因为列宁高度重视党的团结统一，并坚持不懈地为实现党的团结统一付出巨大的努力，所以才在实现党的团结统一的前提下实现了工人阶级的团结统一，进而取得了革命和建设的伟大胜利。

---

① 《列宁全集》第 24 卷，人民出版社 1990 年版，第 202 页。

② 《列宁全集》第 22 卷，人民出版社 1980 年版，第 274 页。

③ 《列宁全集》第 41 卷，人民出版社 1986 年版，第 92 页。

二、党的团结统一必须要建立在马克思主义的原则基础之上

历史经验表明，党的团结统一是无产阶级取得胜利的必要条件。只有党团结统一为一块“整钢”，才能实现无产阶级的团结统一，并将其他劳动群众团结在自己的周围，进而取得革命的最终胜利。但是党的团结统一是有原则规定性的，绝不是为了团结而团结，为了统一而统一。那么党要实现什么样的团结统一呢？列宁认为，党要团结统一，就必须有共同的思想基础，“没有共同的思想基础，根本谈不上统一的问题”①。而这个全党共同的思想基础就是马克思主义。如果没有或者离开了马克思主义这个思想基础，那么党真正的团结统一是无法实现的，至多也只停留在表面上或者是形式上，而这种表面上的团结和形式上的统一对无产阶级政党来讲不但没有任何意义，而且是有害的，甚至是危险的。一个没有共同思想基础的党是没有灵魂的党，它既不会有一致的前进方向和奋斗目标，也不会有共同的纲领和策略，更不会有同舟共济的精神和百折不挠的意志品质，所以注定会走向失败。从这个意义上，列宁指出，必须坚持马克思主义基础上的思想统一，“没有思想上的统一，组织上的统一是没有意义的”②。事实上，早在德国的两个工人阶级派别爱森纳赫派与拉萨尔派合并的问题上，马克思就曾批评指出，团结固然重要，但是不应当以在“科学社会主义原则”上的让步为代价。恩格斯也曾强调，无产阶级的团结绝对不能以牺牲马克思主义原则为代价。列宁继承了马克思和恩格斯的这一思想。他指出：“我们非常珍视党的团结。但是我们更珍视革命社会民主党的原则的纯洁性。”③意思就是说，党的团结统一必须坚持以马克思主义原则不动摇为前提，党需要的团结统一是建立在马克思主义原则认同基础上的团结统一。反过来，无产阶级政党之所以能够实现团结统一，就是因为党坚持以马克思主义为指导思想，从而将马克思主义者聚集在了共产主义的旗帜之下。那么，怎样才能体现出对马克思主义原则的认同呢？列宁认为，光口头上讲团结统一是远远不够的，还必须认同依据马克思主义的基本原则制定出的党的政治纲领。实践经验表明，如果没有对作为思想统一最主要表现形式的党的政治纲领认识上的统一，那么党的团结统一是不可能实现的。事实上，党的政治纲领不仅是供外界判断党的性质的界碑，而且也是全党赖以开展活动的基本理论遵循。党的政治纲领集中体现了党的政治路线和共产主义的远大目标，反映了无产

① 《列宁全集》第5卷，人民出版社1986年版，第248页。

② 《列宁全集》第5卷，人民出版社1986年版，第247页。

③ 《列宁全集》第15卷，人民出版社1988年版，第43页。

阶级的统一意志和根本利益，指明了党员前进的基本方向，所以党员对待党的政治纲领的态度不仅是衡量党员个人党性强弱的重要标志，也是衡量一个党是否真正团结统一的试金石。也就是说，党的政治纲领是全党团结统一的共同政治基础，如果失去了对这个政治基础的认同，就失去了实现党的真正团结统一的现实可能。用列宁的话讲，党是自愿的联盟，只有当党员在思想上、自己的倾向上愿意执行党的政治纲领规定的政治路线的时候，党的团结统一才是可能的和有益的。因此，无条件拥护和践行党的政治纲领是对一个党员最起码的政治要求，也是实现并维护党的团结统一的政治起点和底线。如果党员不拥护党的政治纲领，那么所谓信仰马克思主义就成了空谈。事实上，一个党是否团结统一，归根结底表现在对党的政治纲领所持的态度上。可以说，对待党的政治纲领的态度问题是一个事关党的团结统一的根本性的原则问题。也正是基于此，列宁才呼吁全党同志与非马克思主义者划清界限，并告诫全党，"工人事业所需要的是马克思主义者的统一，而不是马克思主义者同反对和歪曲马克思主义的人的统一"①。这样才能保持党组织的纯洁性、先进性，才能保证党的真正的团结统一。

三、党不仅要有思想上的统一，而且要有组织上的统一

党的思想统一是实现党的团结统一的前提和基础，诚如列宁所说的那样，没有思想上的统一，那么组织上的统一就没有任何意义。那么是不是说，党只要实现了思想上的统一，组织上的统一就可有可无了呢？列宁认为绝对不是。对此，他曾经在《进一步，退两步》一文中指出："无产阶级……所以能够成为而且必然会成为不可战胜的力量，就是因为它根据马克思主义原则形成的思想一致是用组织的物质统一来巩固的。"②由此可见，党不仅要有思想上的统一，而且要有组织上的统一，党的思想统一是由党的组织统一来保障和巩固的。换句话说，党的团结统一不仅要求全党拥有共同的思想基础，而且"必须有共同的组织基础"③。只有既保持全党的思想统一，又保持全党的组织统一，才能达到真正的团结统一。对党的团结统一来讲，思想统一和组织统一两者缺一不可。与此同时，列宁认为，实现全党的团结统一绝对不是作个决议或者发个命令那么简单，必须扎扎实实地做好以下几个方面的工作：

一是必须掌握批评与自我批评的武器。马克思主义认识论告诉我们，

① 《列宁全集》第25卷，人民出版社1988年版，第81页。
② 《列宁全集》第8卷，人民出版社1986年版，第415页。
③ 《列宁全集》第11卷，人民出版社1987年版，第168页。

人们对客观事物规律性的认识和把握不是也不可能是一次完成的。客观事物本身的复杂性和人的认识的局限性决定了人们对客观事物规律性的认识和把握必然要经历多次的反复。用列宁的话讲，人的认识不是直线的。因此，人们在认识和把握客观事物规律性的时候，犯这样或那样的错误是在所难免的，从这个意义上来看，不犯错误的人是不存在的。对于一个党来讲亦是如此。特别是由于个体认知能力方面的差异，人们对客观事物规律性的认识有先后、快慢、高下的不同，客观上对党的团结统一有消极影响。为此，列宁呼吁全党要掌握和运用批评和自我批评的武器，在党内同志们之间“进行尖锐的批评是革命者的责任”[①]，而“自我批评对于任何一个富有活力、朝气蓬勃的政党来说都是绝对必要的”[②]。也就是说，不仅要对别人的缺点错误敢于和善于提出中肯的批评，而且要敢于和善于对自身存在的缺点错误进行自我批评，进而达到认识上的一致和思想上的统一。

二是必须坚持民主集中制的组织原则。民主集中制是无产阶级政党能够成为有组织的部队的关键。列宁在领导俄国革命的历史进程中第一次明确提出了“民主集中制”的科学概念，并将其作为党的根本组织原则。鉴于党内长期存在着组织上涣散、思想上混乱、政治上动摇的问题，列宁认为，只有坚持民主集中制，才能真正把党锻造成为一块“整钢”。民主集中制坚持民主和集中的辩证统一，其中集中是建立在民主基础上的集中，而民主则是集中指导下的民主，这样就厘清了民主集中制与官僚主义集中制以及无政府主义民主制的政治边界，从而使党的组织建立在了科学的组织原则基础之上。特别是民主集中制原则规定了党员和组织、下级组织和上级组织、少数党员和多数党员之间的关系，不仅从根本上改变了党内的小组习气和分散状态，而且使全党达到了组织上的统一，进而为实现党内统一意志、统一步调和统一行动创造了必要的制度前提。

三是必须严肃党内纪律。如前所述，民主集中制的确立，为实现党的团结统一创造了必要的制度前提，但是事实表明，仅仅依靠民主集中制来实现党的团结统一是远远不够的，还必须附之以严格的纪律约束。对此，列宁在总结革命经验时深刻指出，无产阶级实现无条件的集中和极严格的纪律，是战胜资产阶级的基本条件之一。如果说无产阶级政党的思想统一是由党的组织统一为支撑的话，那么无产阶级政党的组织统一则是依靠严格的纪律为保障的。列宁认为，如果否定党的纪律，就等于解除了无产阶级的武装而有利于资产阶级。而党组织出现的一系列的问题在很大程度上“也恰恰就

① 《列宁全集》第33卷，人民出版社1985年版，第84页。
② 《列宁全集》第10卷，人民出版社1987年版，第334页。

是小资产阶级的散漫、动摇、不能坚持、不能团结、不能步调一致”[①]造成的，“而这些一旦得到纵容，就必然断送无产阶级的任何革命运动”[②]。事实表明，十月革命之所以能够取得胜利，苏维埃政权之所以能够在极端险恶的条件下战胜内外敌人并不断得到巩固，最为关键的因素就是党组织有极其严格的真正的铁的纪律。可以说，正是因为有了极其严格的铁的纪律，才使全党实现了统一意志和统一行动，进而形成了强大的战斗力、影响力和号召力，并战胜敌人，取得胜利。

四是必须坚决反对党内的派别活动。所谓“派别活动”，是指名义上承认统一，实际上各自为政。鉴于国际国内复杂因素的交互作用，俄国党内出现了一系列的机会主义派别，如经济派、孟什维克派、取消派、工人反对派等等。这些派别有组织、有纲领，极大地威胁着党的团结统一，进而给社会民主党造成严重的生存危机。为此，列宁在分析党面临的严峻形势时强调指出：“任何派别活动都是有害的，都是不能容许的，因为即令个别集团的代表人物满心想要保持党的统一，派别活动事实上也必然会削弱齐心协力的工作，使混进执政党内来的敌人不断加紧活动来加深党的分裂，并利用这种分裂来达到反革命的目的。”[③]可以说，如果没有团结统一，那么党的存在就形同虚设。特别是党尚处在帝国主义国家和国内农民及小资产阶级包围之中，党内的派别活动只能不断加重党内的分裂，从而客观上成为反动势力的助手和帮凶。所以，为了确保党的生存与发展，就必须实现并维护党的团结统一，必须旗帜鲜明地反对党内的派别活动。

第四节　列宁党风建设思想的基本特征

列宁党风建设思想是马克思主义与俄国现实国情和时代特征相结合的产物。马克思主义规定了列宁进行党风建设的基本立场、基本观点、基本方法；俄国现实国情决定了列宁进行党风建设的经济基础、文化土壤、阶级构成；时代特征决定了列宁进行党风建设的时代主题、自身定位、发展方向。可以说，马克思主义、俄国现实国情和时代特征这三个要素相结合决定了列宁党风建设思想的基本特征，即突出的政治性、鲜明的阶级性、广泛的群众性、生动的实践性、严密的组织性和坚定的革命性。这六大基本特征既内蕴

① 《列宁全集》第 39 卷，人民出版社 1986 年版，第 24 页。
② 《列宁全集》第 39 卷，人民出版社 1986 年版，第 24 页。
③ 《列宁全集》第 41 卷，人民出版社 1986 年版，第 78 页。

其中，又发乎其外，成为我们系统认知和掌握列宁党风建设思想的关键。

一、突出的政治性

事实上，马克思主义创立的目的就是把工人阶级从单纯进行经济斗争的狭隘环境中解放出来，使其专注于实现自身乃至全人类解放这一伟大的政治目标。为此，早在1848年，马克思和恩格斯在为共产主义者同盟起草的《共产党宣言》中就明确指出了共产党的政治目标。这个政治目标分为两个层次。第一个层次是“使无产阶级形成为阶级，推翻资产阶级的统治，由无产阶级夺取政权”①。第二个层次，即共产党人的最终目的，是建立起一个“每个人的自由发展是一切人的自由发展的条件”②的联合体。此后，在总结1848年革命失败的经验教训的基础上，在建立并领导第一国际时期，马克思在《国际工人协会章程》中提出了建立无产阶级政党的必要性。他指出，无产阶级“只有把自身组织成为与有产阶级建立的一切旧政党不同的、相对立的政党，才能作为一个阶级来行动”③。就是说，无产阶级只有建立自己的政党，才能加速无产阶级的政治觉醒，不断推动无产阶级从自在阶级变成自为阶级，并在党的正确领导下凝聚成一股巨大的政治力量。由此可见，政治性是共产党的基本属性，正是这种政治性使其自身与其他一切党派区别开来。列宁继承了马克思主义的红色血统和政治基因，使他能够在建党以及领导革命与建设的各个时期都紧紧围绕实现无产阶级的最后解放这一政治目标来开展工作。在1905年发表的《社会民主工党在民主革命中的两种策略》一文中，列宁就明确指出，无产阶级政党只有推翻现政权，建立革命政府，才能领导革命取得胜利。正是因为无产阶级有了鲜明的政治目标和正确的前进方向，所以俄国十月革命才在列宁的领导下取得了胜利，建立了世界上第一个无产阶级专政的人民政权，并开辟了人类历史的新纪元。尽管列宁所处的时代与马克思、恩格斯所处的时代有很大的不同，但是无产阶级与资产阶级之间的对立关系并没有发生根本改变，社会主义与资本主义两种社会制度之间交锋的实质没有变，人类社会面临着的两条道路、两种前途相抉择的历史命运没有变，这就决定了共产党人为之奋斗的政治目标没有变，决定了列宁党风建设思想必须服从服务于实现无产阶级这一政治目标的基本取向，进而也使其呈现出政治性特征。

---

① 《马克思恩格斯选集》第1卷，人民出版社2012年版，第413页。

② 《马克思恩格斯选集》第1卷，人民出版社2012年版，第422页。

③ 《马克思恩格斯选集》第3卷，人民出版社2012年版，第173页。

二、鲜明的阶级性

与资产阶级政党掩盖其固有的阶级性，迷惑大众强调其代表的普遍性不同，马克思主义认为，政党是代表一定的阶级、阶层或集团利益的政治组织，以取得政权并实现和维护本阶级、阶层或集团利益为其存在意义和价值。以此观之，任何所谓的"全民党"事实上在阶级社会都是不存在的。伴随着社会生产力的不断发展，阶级也必将走向消亡，而政党成为"全民党"之际，就是其退出历史舞台之时。由此可见，承认也好，不承认也好，阶级性无疑是政党的本质属性，也是区别和划分政党的最为根本的标志。政党的阶级性问题说到底是一个党的立场问题，因此也是一个根本问题和原则问题。如果随意改变，就会使党本身失去原有的阶级基础而走向灭亡。这一点对共产党来说当然也不能例外。如果说有什么例外的地方，那就是共产党人从不隐瞒自己的阶级立场，它始终代表无产阶级的利益并致力于"废除资产阶级的所有制"①。事实上，共产党不是从来就有的，它产生于无产阶级革命运动之中，代表着无产阶级的利益，并由无产阶级的先进分子组成。应该说，共产党本身就是为了启发、动员和组织广大无产阶级推翻资本主义制度，并彻底实现无产阶级自身解放的阶级工具。不仅无产阶级的革命彻底性决定了共产党的革命彻底性，而且无产阶级的先进性也决定了共产党的先进性。可以说，俄国社会民主工党在成立之初就把自己确定为马克思主义政党，并以工人阶级为自己的阶级基础，以实现无产阶级和全人类的解放为己任。列宁还第一次明晰了无产阶级和共产党之间的关系。他指出："无产阶级是现代社会中唯一彻底革命的阶级，因此它在一切革命中都是先进的阶级。"②而"党是阶级的先进觉悟阶层，是阶级的先锋队"③，换句话说，因为共产党以无产阶级为自己的阶级基础，而无产阶级以共产党为自己的利益代表，所以无产阶级性质就成了共产党当然的本质属性。既然共产党是无产阶级的先锋队，列宁党风建设思想又是围绕党的建设展开的，因此其必然带有鲜明的阶级性特征。

三、广泛的群众性

从马克思主义经典作家的论述中可以看出，无产阶级是现代社会中唯一具有最为彻底的革命性的先进阶级。无产阶级本身就是大工业的产物，

---

① 《马克思恩格斯选集》第 1 卷，人民出版社 2012 年版，第 414 页。

② 《列宁全集》第 12 卷，人民出版社 1987 年版，第 284 页。

③ 《列宁全集》第 24 卷，人民出版社 1990 年版，第 38 页。

必然随着大工业的发展而不断壮大。但是，与此同时也应当看到，相对于其他阶级，无产阶级在数量上处在少数的地位已是不争的事实，如果没有其他阶级民众的广泛支持的话，是不可能撼动资产阶级的统治地位的，也是不可能达到自己的最终目的的。这一点无论是从马克思的“国际主义论”还是列宁的“工农联盟思想”都可以得到很好的说明。按照马克思的说法，无产阶级只有解放全人类才能使自身获得彻底的解放，也就是说，全人类的解放是无产阶级实现自身解放的基本前提，没有全人类的解放，也就没有无产阶级的解放。这表明，作为无产阶级先锋队组织的共产党若要实现自己的历史使命，就必须坚持阶级性和群众性相结合，不但要巩固自己的阶级基础，而且还必须扩大自己的群众基础。只有这样，才能使党的政治主张获得包括无产阶级在内的广大人民群众的认同和拥护，才能把党的主张变成人民群众的自觉行动，也才能达到自己的政治目标。也正是在这个意义上，列宁呼吁全党要密切联系群众，并告诫指出：“先锋队只有当它不脱离自己领导的群众并真正引导全体群众前进时，才能完成其先锋队的任务。”[①]由此可见，无产阶级政党的阶级性和群众性不但不相矛盾，而且是相互促进的、辩证统一的。如果失去了群众性的依托，那么党的阶级性就会失去赖以发挥作用的基础；反之，如果失去了阶级性的引领，那么党的群众性也就失去了前进的正确方向。因此，列宁党风建设思想不仅满足了党的阶级性需要，而且也兼顾了党的群众性需求，进而显现出其广泛群众性的特征。

四、生动的实践性

诚然，列宁党风建设思想是以马克思、恩格斯的党风思想为其理论渊源，但是列宁在领会其真谛的基础上坚持认为，马克思主义并没有穷尽真理，它不过是为人们开辟了认识真理的道路，所以绝对不能把马克思主义当作僵死的教条，而是要在实践中不断检验真理和发展真理。一方面，列宁坚持认为，“马克思主义的这一原理是颠扑不破的。无论什么时候都不能忘记这一原理”[②]；另一方面，列宁强调“马克思主义者必须考虑生动的实际生活，必须考虑现实的确切事实”[③]。可以说，列宁党风建设思想绝对不是对马克思、恩格斯党风思想的照抄照搬，而是自觉以其为指导，并在领导建党、革命和建设的实践中逐步形成的。特别需要强调指出的是，马克思和恩格斯并

---

① 《列宁专题文集》（论辩证唯物主义和历史唯物主义），人民出版社 2009 年版，第 322～323 页。

② 《列宁全集》第 3 卷，人民出版社 1984 年版，第 12 页。

③ 《列宁全集》第 29 卷，人民出版社 1985 年版，第 139 页。

没有经历社会主义国家执政党的建设实践，无产阶级执政党建设历程无疑是由列宁开启的。在这种情况下，执政党建设的实践就成为列宁党风建设思想的有力支撑。比如，革命胜利后，如何避免骄傲自大和不思进取；如何克服官僚主义和腐败作风；如何密切联系群众以夯实执政之基；如何在发扬民主的同时实现有效的集中；如何在保证党员民主权利的同时实现党的团结统一；如何克服个人崇拜和权力的集中；如何加强党内外对权力的有效监督；如何保持党的先进性和纯洁性；如何实现党对国家机关的领导，处理好党政关系……这些都是在执政的过程之中不断出现的新问题、新矛盾和新挑战。如果处理不好，不但会损害党的执政绩效，而且还会引发人民群众对党执政能力的质疑和不满，以至于危及党的执政地位。所以说，列宁党风建设思想是在马克思主义的指导下，在领导党建、革命和建设的实践中逐步形成的，由此也使其具有了生动的实践性特征。

五、严密的组织性

列宁认为，党不仅是工人阶级的先进部队，而且还应当是工人阶级的有组织的部队。对此，他曾经指出："无产阶级在争取政权的斗争中，除了组织，没有别的武器。"[①]列宁之所以得出这样的结论，主要是源于三个方面的原因：一是因为第二国际后期修正主义严重泛滥，改良主义大行其道，严重忽视党的组织建设的重要性，特别是缺乏必要的集中，导致党内派系林立，四分五裂，以至于各国党纷纷抛弃马克思主义，变成醉心于和平议会斗争的"议会党""改良党"，就连马克思、恩格斯生前曾经悉心指导的德国社会民主党亦未能幸免，从而使第二国际事实上丧失了指导世界各国无产阶级革命的能力。二是因为受第二国际大气候的影响，俄国社会民主工党内部也陷入了严重的派系之争，特别是孟什维克的马尔托夫等人与国际上各国的机会主义政党相呼应，更进一步加重了党内业已存在的思想上的混乱、组织上的涣散和政治上的动摇。三是因为在帝国主义时代，无产阶级革命已经从长期的准备阶段进入到了直接行动阶段的关键节点。特别是俄国逐渐成为各种矛盾的焦点，形成了无产阶级革命的直接形势。在这种情况下，列宁高度重视组织问题，认为"党应当是组织的总和（并且不是什么简单的算术式的总和，而是一个整体）"[②]。只有把党建设成为一个有组织的整体，党才能形成统一意志，才能形成强大的行动一致的物质力量，也才能真正领导无产阶级和广大劳动人民群众取得革命的最后胜利。而要把党建设成为有组织

① 《列宁全集》第 8 卷，人民出版社 1986 年版，第 415 页。
② 《列宁全集》第 8 卷，人民出版社 1986 年版，第 252 页。

的整体，就必须使党本身具有严密的组织性、严格的纪律性和优良的作风，否则就不能成为团结和领导包括无产阶级在内的广大革命群众的核心，就不能战胜强大的资产阶级，也就不能实现无产阶级的历史使命。因此，列宁高度重视党组织的作风建设问题，大力倡导求真务实的作风、团结统一的作风、密切联系群众的作风，并把党建设成了一个具有严密组织性、严格纪律性和优良作风的党，从而在人民群众中间树立起了良好的形象，培养了人民群众对党组织的坚定信仰；与此同时，也使党与各种奉行机会主义的改良党划清了政治界限，并历史地承担起了领导无产阶级革命运动的重任，进而通过十月革命的胜利为世界各国无产阶级取得革命胜利以及殖民地半殖民地人民实现民族独立解放指明了前进的正确方向。可以说，在这个过程中，一方面党的组织为党的作风建设提供了必要的平台，另一方面党的作风为党的组织建设提供了重要的动力支撑。因此，我们说，列宁党风建设思想具有严密的组织性的特征。

六、坚定的革命性

按照马克思主义唯物史观的基本观点，人类社会的发展规律集中表现为生产力决定生产关系，经济基础决定上层建筑。在这样一对矛盾之中，生产力是最积极、最活跃、最革命的因素，生产力的发展要求生产关系和上层建筑不断变化以适应其发展要求，从而推动了人类社会的不断发展进步。这样一对矛盾反映在阶级关系上，就表现为代表先进生产力的阶级与代表落后生产关系的阶级之间的矛盾。基于此，马克思和恩格斯指出，原始公有制解体以来，一切社会的历史都是阶级斗争的历史，而革命是阶级斗争的最高表现形式，所以他们作出了“革命是历史的火车头”①的重要判断，并据此规定了无产阶级通过暴力革命夺取政权，实行无产阶级专政的历史任务；与此同时，指出了无产阶级的胜利和资产阶级的失败是不可避免的光明前景。列宁在领导俄国革命的伟大实践中坚定地捍卫了马克思主义的这一重要原理。首先，列宁准确判断了当时的时代特征。他根据资本主义在19世纪末20世纪初的发展特点，指出世界历史已经发展到了帝国主义和无产阶级革命的新时代，帝国主义就意味着战争，而战争必然引起革命，从而揭示出了战争与革命的时代特征。其次，列宁准确判断了俄国的现实国情。他根据俄国资本主义发展的现实，以西方发达资本主义国家为参照，不仅得出了俄国是军事封建帝国主义的结论，而且作出了俄国正处在帝国主义链条最薄

① 《马克思恩格斯选集》第1卷，人民出版社2012年版，第527页。

弱环节的正确判断。在此基础上，列宁揭示了无产阶级革命的直接形势，为领导俄国革命提供了充足的理论依据。然而，要进行革命就要有革命的党，如果没有革命的党的正确领导，那么革命是不可能取得成功的。鉴于第二国际后期西欧各国的无产阶级政党纷纷陷入了改良主义的泥潭，列宁鲜明地指出："欧洲最大的不幸和危险在于它没有革命的政党。"[①]也就是说，由于原来的无产阶级政党纷纷抛弃了马克思主义的指导，变成了叛徒的党、奴才的党和改良的党，所以其显然已经无法适应领导无产阶级革命的新形势。基于此，列宁力主建立一个不同于第二国际各国党的革命政党。他强调，这个政党必须坚持以马克思主义为指导，坚决反对各种形式的机会主义，坚决主张把合法斗争和"非法"斗争结合起来，而不做单纯的"议会迷"。不仅如此，这个党还必须有自己的政治纲领，要有坚定的政治目标，要以夺取政权、建立无产阶级专政类型的国家为目的。与此同时，为了与各种改良主义政党划清政治边界，列宁还把是否承认阶级斗争、是否承认无产阶级专政作为区别无产阶级政党与其他一切旧政党的根本标志，从而把党建设成了一个由马克思主义理论武装的、由无产阶级先进分子组成的、有组织的先进部队。实践证明，正是因为有了这样一个无产阶级革命政党的坚强领导，所以才使俄国十月革命取得了胜利。坚定的革命性显然是列宁党风建设思想的突出特征。

① 《列宁全集》第35卷，人民出版社1985年版，第110页。

第四章　列宁对党风建设的实践探索

按照马克思主义的认识论，认识来源于实践。而实践又分为直接实践和间接实践，人们对客观事物规律性的认识是建立在直接实践和间接实践的基础之上的。这就是说，人们获得对客观事物规律性的认识有两个来源，一个是直接经验，另外一个就是间接经验。以此观之，列宁党风建设思想一方面来自于对马克思、恩格斯党风思想的继承，另一方面则来源于列宁领导俄国革命和建设的直接实践探索。历史经验表明，无论是领导革命，还是领导建设，都离不开党的正确领导，而党的正确领导不是自然而然实现的，它是以党的建设为基本前提的。尤其是，在帝国主义和无产阶级革命的时代，在俄国特殊的国情条件下，党如何领导革命和建设是一个全新的历史课题。列宁的党风建设实践探索就是紧紧围绕这个历史课题展开的，并取得了突出的历史性成就。然而，由于主客观方方面面因素的交互作用，列宁在党风建设实践探索中遇到许多棘手的问题。

第一节　对党内形成理论联系实践作风路径的探索

无产阶级革命和建设的历史经验表明，无产阶级政党在任何情况下都必须坚持理论联系实践。否则，无论是革命还是建设，都必然会遭受到挫折、甚至是失败。这就要求无产阶级政党在领导无产阶级革命和社会主义建设实践过程中，一方面必须掌握科学的理论，另一方面必须洞悉革命和建设的现实情况，否则就无法领导并推动革命和建设事业的健康发展。基于此，列宁高度重视这一问题，并采取切实有效的措施积极推动党内理论联系实践作风的形成。

一、积极开展对“左”和右的两种错误倾向的斗争

实践经验表明，无产阶级政党的产生、发展、成熟、壮大是伴随着与“左”

的和右的两种错误倾向的斗争实现的。从这个意义来看，不断开展与“两种错误倾向”的斗争将伴随着无产阶级政党的始终。无产阶级政党只有自觉地开展与“两种错误倾向”的斗争，才能不断捍卫马克思主义的指导地位，巩固党的思想基础，否则，就会失去自身生存和发展的根本依据，由此而来的领导无产阶级革命和社会主义建设也就无从谈起。我们所说的理论联系实践，就是把马克思主义理论与无产阶级革命和社会主义建设实践相结合。基于此，无产阶级政党首要的政治任务就是必须牢固坚持马克思主义的指导地位，也正是基于此，列宁才旗帜鲜明地开展同“两种错误倾向”的斗争，不断捍卫马克思主义的理论权威，进而为实现理论与实践的结合创造了必要的基本前提。

（一）积极开展了同右的错误倾向的斗争

首先，在建党之前，为了加速马克思主义的传播，推动马克思主义和俄国工人运动相结合的历史进程，列宁就与民粹主义和合法马克思主义两种错误思潮进行了坚决的斗争。民粹主义是一种小资产阶级社会主义思潮，它无视资本主义在俄国发展的现实，否认工人阶级的历史进步性，认为农民是革命的主力军，企图通过共同占有土地基础上的农民公社过渡到社会主义，客观上否定了在俄国传播马克思主义的必要性以及进行无产阶级革命的可能性。因此，列宁在对俄国农村和工业发展进行科学考察的基础上，在1894年写成了《什么是“人民之友”以及他们如何进攻社会民主党人？》一书，不仅指明了无产阶级政党应当帮助工人阶级了解科学社会主义以及自己历史使命的任务，而且对民粹主义思潮予以痛击，并使其一蹶不振。合法马克思主义是在俄国知识分子当中流行的一种资产阶级改良主义思潮。鉴于马克思主义在俄国的发展态势，他们便披上马克思主义的外衣，在沙皇政府允许出版的刊物上发表自己的政治见解。他们从维护资产阶级利益的政治立场出发，剽窃和歪曲马克思主义，反对无产阶级革命和无产阶级专政，极力美化资本主义，从而在一定程度上造成了工人运动中的思想混乱。为此，列宁在1895年发表了《民粹主义的经济内容及其在司徒卢威先生的书中受到的批评》一文，深刻揭批了合法马克思主义的假马克思主义本质，起到了以正视听的效果。可以说，列宁对民粹主义和合法马克思主义思潮的批判，为实现马克思主义与工人运动相结合扫清了理论上的障碍，从而加速了马克思主义在俄国的传播。

其次，在建党初期，列宁又开展了针对“经济派”的斗争。“经济派”是第二国际伯恩斯坦修正主义思潮在俄国的变种。它崇拜工人运动的自发性，贬低革命理论的作用;轻视和贬低马克思主义理论对工人运动的指导作用,企图用资产阶级改良主义取代马克思主义;主张致力于经济斗争,否认政治斗争的必要性,甚至否认建党的必要性。针对这种错误思潮的冲击,列宁先后发表了《俄国社会民主党人抗议书》《我们的纲领》《我们运动的迫切任务》《同经济主义的拥护者商榷》《从何着手》以及《怎么办》等一大批作品予以批驳,不仅充分论证了建立无产阶级政党的必要性,而且充分论证了马克思主义理论对工人运动的巨大指导意义。特别是《怎么办》一书,不仅从思想上彻底粉碎了经济派,而且还奠定了党的思想基础,进而捍卫和巩固了马克思主义理论在党内的指导地位。

再次,在1905年革命失败后,针对取消派极端右倾机会主义展开了斗争。取消派面对反革命势力的猖狂进攻,对革命的前途悲观失望,怀疑革命高潮的重新出现,反对恢复党的秘密组织和进行秘密斗争,甚至企图以放弃党的纲领、路线和策略作为换取合法存在的条件,实际上就是要取消革命、取消党。取消派的出现极大地破坏了党的团结统一,甚至使党面临着分裂的巨大危险,因此,列宁对其进行了坚决痛击,并在党的第六次代表会议上把取消派清除出党。这一举措不仅进一步纯洁了党的组织,而且使党本身与第二国际修正主义党派彻底划清了政治界限。

最后,第一次世界大战后,对考茨基为代表的所谓"中派"展开了斗争。第二国际解体后,考茨基为代表的所谓的"中派"改变了所谓的中立立场向右转,并对马克思主义进行了全面的歪曲。在哲学方面,他们用唯心主义取代唯物主义,用折中主义和庸俗进化论代替唯物辩证法;在政治经济学方面,他们提出了所谓的"超帝国主义阶段";在科学社会主义方面,他们主张超阶级的国家观,坚决反对暴力革命和无产阶级专政,鼓吹可以通过和平的议会道路过渡到社会主义。为了坚持并捍卫马克思主义的理论权威,巩固马克思主义在无产阶级政党中的指导地位,列宁先后发表了《马克思主义学说的历史命运》《马克思主义的三个来源和三个组成部分》《卡尔·马克思》这三篇重要著作。这些著作的发表不仅进一步澄清了流行于国际共产主义运动中的混乱认识,恢复了马克思主义的本来面目,进一步巩固了党的理论基础,而且也为世界各国新型无产阶级政党建立在马克思主义基础之上创造了基本前提。

(二)积极开展了同"左"的错误倾向的斗争

首先是列宁对召回派"左"倾机会主义的斗争。1905年革命失败后,召回派从唯心主义的立场出发,对革命形势和阶级势力作了错误的估量,否认革命已经陷入低潮的事实，认为革命形势正在迎来高潮。因此，面对反革命势力的疯狂进攻，他们提出召回国家杜马中的党代表，召回工会及其他群众团体中的党员。而此举不仅会使党丧失合法斗争的形式，而且还会使党割裂与工人及广大人民群众之间的联系，并走向孤立。更为严重的是，召回派甚至在后来与取消派走向合流，并彻底放弃了马克思主义。鉴于他们企图用马赫主义来代替辩证唯物主义，用唯心主义来代替党的无产阶级世界观，列宁在1908年发表了《唯物主义和经验批判主义》一书予以批驳；不仅如此，列宁还相继发表了《政治家的时评》《论调和派或好心人的新政派》等文章，彻底揭批并粉碎了他们的理论基础，用辩证唯物主义和历史唯物主义武装了布尔什维克党，捍卫了党的马克思主义理论基础。

其次是对"左派共产主义者"的斗争。面对十月革命胜利后国内外的复杂形势，为了争取和平的发展环境，巩固新生的人民政权，并最大限度地医治战争创伤，开展社会主义建设，列宁审时度势地提出了与德国单方面签订《布列斯特和约》的建议，以退出帝国主义战争。但是以布哈林为首的"左派共产主义者"从错误的社会主义革命理论以及主观主义、教条主义的立场出发，不顾敌我力量对比的悬殊，无视苏维埃政权面临的来自国内外的巨大危机，一味空谈革命，强调与敌人作针锋相对的斗争，坚决反对列宁的建议，拒绝与德国签订割地赔款的条约，从而使党和国家陷入巨大的危险之中。列宁坚持一切从实际出发，理论联系实际，对"左派共产主义者"进行了坚决的斗争，最终促成《和约》的签订，为党和国家赢得了难得的喘息机会，也为全党上了理论联系实际的生动一课。

最后是对国际共产主义运动中的"左"的思想倾向的斗争。共产国际的成立，客观上标志着第二国际的终结，使共产主义运动中的右倾机会主义思潮遭到沉重打击。与此同时，国际共产主义运动中的"左"的错误倾向也不断出现，尤其是在德国党和英国党内部表现最为突出。"左派"共产党人不能科学地分析判断革命形势，否认革命道路的曲折性、复杂性，认为单纯依靠无产阶级政党作为先锋队的觉悟就可以夺取政权，并进入共产主义；认为革命很快就能取得胜利，因此拒绝参加合法斗争，以争取群众，积蓄革命力量；否认党的民主集中制原则、党性和党的纪律；把领袖、政党、阶级、群众对立起来；否认党的领导作用，并企图用所谓的"工人总联合会"来代替党。虽然这种"左"倾思潮是作为第二国际右倾机会主义对立面出现的，但是客观上妨碍了对右倾机会主义的彻底揭露，使党面临着脱离群众、无法充分发挥先锋作用并陷于孤立的危险。可以说，这种思潮无论是对共产党的自身建设，还是对共产主义运动的健康发展，都具有十分巨大的危害性。为了对这种错误倾向予以坚决的批判和斗争，列宁在1920年发表了《共产主义运动中的"左"派幼稚病》一书，不仅科学分析了"左派"共产党人在政治上、思想上、组织上和策略上的错误表现，而且从思想方法上着重阐明了把马克思主义基本原理同各国革命具体实践相结合的基本思想。

总之，对共产主义运动中的"左"的错误倾向的斗争，不仅巩固和加强了党的领导，维护了马克思主义的革命路线，而且进一步夯实了国际共产主义运动中理论联系实践的思想基础。

二、着力提升广大党员的文化素质和理论水平

十月革命胜利后，伴随着和平建设时期的到来，沙皇专制腐朽的统治造成的俄国文化落后的弊端日益显露出来，这不仅成为制约和阻碍社会主义建设的巨大障碍，而且也成为制约广大党员贯彻落实党的路线方针政策，理论联系实际地开展工作的巨大障碍。为此，列宁积极采取各种措施，着力提升广大党员的文化素质和理论水平。

（一）积极发挥各级党校的引领作用

列宁是国际共产主义运动史上主张建立党校以培养党的工作者，提高广大党员、干部文化素质和理论水平的首倡者。早在1909年，鉴于当时党的工作者的严重匮乏，列宁就提出了要建立党校培养干部的设想。对此，他曾经指出："由于目前缺少有经验的党的工作者，如果办好一所真正的党校，哪怕是办在国外，也会在一定程度上有助于地方组织从工人中培养合格的党的工作者。"①但是，由于当时客观条件的限制，列宁建立党校的设想未能如愿实现。十月革命胜利后，为了加强党的领导，推动党的路线、方针、政策的制定和贯彻落实，进而推进党和国家各方面建设事业的顺利开展，列宁审时度势地再次将建立党校的问题提上了议事日程，并采取切实有效的措施予以组织实施。1919年3月，列宁主持召开了党的第八次代表大会，这次会议以《决议》的形式对办好党校作出了规定，为后来党校的健康发展提供了政策依据。《决议》"责成党中央委员会：(1)建立中央委员会直属高级党校；(2)制定地方党校的统一教学大纲和教学计划；(3)派有关的讲课人帮助地方党校。"②根据这次会议的精神，各级党校从无到有，从此拉开了党通过建立党校培养党员干部的序幕。不仅如此，这次会议以后，由列宁主持召开的

① 《列宁全集》第19卷，人民出版社1989年版，第39页。

② 中共中央马克思恩格斯列宁斯大林著作编译局译：《苏联共产党代表大会、代表会议和中央全会决议汇编》第一分册，人民出版社1964年版，第568页。

党的历次代表大会，都无一例外地把如何办好党校作为一个重要议题加以讨论研究，并根据形势的需要作出相应的决议，以指导党校工作的顺利开展。比如，1920 年 3 月，列宁主持召开的党的第九次全国代表大会，根据国家经济建设对各级各类经济管理干部的需要，在通过的决议中提出要“特别注意进一步发展各种党校（高级党校、初级党校、指导员党校），以培养经济行政干部”，并认为“中央委员会应当为这些学校制定教学计划和示范教学大纲”①。这次会议作出的决议，不仅进一步增强了党校人才培养工作的针对性，而且也使党校的教育教学活动的开展走上了规范化的轨道。又如，1921 年 3 月，列宁主持召开了党的第十次全国代表大会。大会根据实施新经济政策的需要作出决议，要求全国各地必须大力创办各级各类党校，以承担起对广大党员、干部的教育和培训工作。决议还明确提出了党校建设方面的具体任务，即，“除了建立一个二年制的党大学、四个高级的党大学和高于省级的区域苏维埃和党务干部学校外，要使每一个省城都有一个办得很好的、每年有 2～3 班学员毕业的苏维埃和党务干部学校，并且在共和国的至少半数县份内，根据缩减的计划建立县级苏维埃和党务干部学校”②。不仅如此，这次大会还建议“中央委员会指派中央委员会、共产主义大学、政治教育总局和社会主义学院的代表组成一个委员会，负责在社会主义学院之下设立一个系统地研究马克思主义理论、历史和实践的研究班，并动员必要数量的年轻党员参加研究班”③，使广大党员、干部提高对新经济政策的认知和理解，进而把思想和行动统一到党中央的精神上来。最后，1922 年 3 月列宁直接领导了党的十一次全国代表大会。这次会议根据清党暴露出来的问题，要求把提高党员群众的马克思主义理论水平作为一项重要的政治任务。为此，大会通过的决议提出了“必须大力增加党校，并为它们配备专任的讲师，改善它们教学用的图书馆，力求最完全最实际地完成规定的教学计划”，“减少那些对工人阶级没有直接教育意义的学校（如戏剧学校、造型艺术学校等），以扩大党校网”。④

正是因为列宁高度重视党校的建设，所以党校从无到有、从小到大、从

① 中共中央马克思恩格斯列宁斯大林著作编译局译：《苏联共产党代表大会、代表会议和中央全会决议汇编》第二分册，人民出版社 1964 年版，第 28 页。

② 中共中央马克思恩格斯列宁斯大林著作编译局译：《苏联共产党代表大会、代表会议和中央全会决议汇编》第二分册，人民出版社 1964 年版，第 92～93 页。

③ 中共中央马克思恩格斯列宁斯大林著作编译局译：《苏联共产党代表大会、代表会议和中央全会决议汇编》第二分册，人民出版社 1964 年版，第 94 页。

④ 中共中央马克思恩格斯列宁斯大林著作编译局译：《苏联共产党代表大会、代表会议和中央全会决议汇编》第二分册，人民出版社 1964 年版，第 186 页。

局部到全国，办学规模不断扩大。截至“1922 年，全国（除乌克兰之外），从中央到地方，总共建立了各级各类党校 242 所，在校学员 22000 人”[①]。因为党校在党员、干部的教育和培训方面发挥了巨大的引领和示范作用，所以极大地提高了广大党员、干部的文化素质和理论水平，与此同时，也推动了党的各项方针、政策的制定和贯彻落实。

（二）积极发挥扫盲运动的推动作用

沙皇专制统治剥夺了广大人民群众受教育的基本权利。十月革命胜利后，苏维埃俄国人民的文化水平极低，目不识丁的文盲充斥着大街小巷、城市农村。因此，列宁把“文盲”作为党面临的三大敌人之一。文盲的普遍存在，不仅直接制约着广大党员为代表的人民群众参与国家和社会事务的管理工作，而且由于他们不了解党和国家的政策和法令，不了解自己的权利和义务，所以严重制约着党的路线、方针、政策的贯彻落实，进而严重影响着苏俄社会主义建设事业的发展。因此，列宁把文盲现象上升到了政治的高度，认为文盲是处在政治之外的，“不识字就不可能有政治，不识字只能有流言蜚语、谎话偏见，而没有政治”[②]。也就是说，如果不提升广大党员群众的文化水平和文化修养，那么就不能摆脱落后的观念、愚昧的意识和野蛮的习俗，不能充分体现和发挥主体作用，就不能把党和国家的政策措施变成自己的自觉行动，并创造性地开展工作，也就不能推动国家从资本主义向共产主义的过渡。基于此，列宁领导了轰轰烈烈的大规模的扫盲运动。为了使这项运动得以健康开展，列宁采取了一系列切实有效的措施：一是做前期的政治动员。在 1919 年 3 月召开的党的第八次全国代表大会通过的党纲之中规定：“吸引劳动居民积极参加国民教育事业，发展‘国民教育委员会’、动员识字的人等等。国家全面协助工农自学自修（建立校外教育机关网：图书馆、成人学校、民众文化馆、大学、训练班、讲座、影院、艺术工作室及其他等等）。”[③]这次会议提出要尤其关注广大农村的政治闭塞和农民的蒙昧无知，并利用学校的和校外的各种资源向农民进行共产主义宣传、普通教育以及农业技能培训等等，使他们了解党和国家的政策、法令和措施。可以说，这次会议为扫盲运动的正式开展作了前期铺垫，为扫盲运动的顺利开展指明了前进的方向。二是正式规定了扫盲的工作任务。党的第八次全国代表会

---

① 魏泽焕：《学习列宁办党校的思想》，《中共中央党校学报》2005 年第 1 期。

② 《列宁全集》第 42 卷，人民出版社 1987 年版，第 200 页。

③ 中共中央马克思恩格斯列宁斯大林著作编译局译：《苏联共产党代表大会、代表会议和中央全会决议汇编》第一分册，人民出版社 1964 年版，第 539 页。

议首次正式把开展扫盲运动作为全党的重要任务，“首先必须教不识字的共产党员识字”①，以彻底消灭党内的文盲，并在提高党员文化水平的基础上提高党员的共产主义觉悟。三是颁布了法令。为了提高广大人民群众对开展扫盲工作的认识，确保扫盲运动的顺利进行，列宁亲自签署了《关于扫除俄罗斯苏维埃联邦社会主义共和国内居民间的文盲》的法令。该法令规定：“共和国全体居民年龄从八岁到五十岁，凡不能读不能写的，必须学习识字，至于学本民族语还是学俄罗斯语，可以听从个人自愿。”②可以说，《法令》的制定和实施，不仅为扫盲工作提供了法律依据，而且也为扫盲工作的开展提供了强制力的约束保障。四是成立专门的领导机构。为了加强对扫盲工作的统一领导，在列宁的倡议下，国家成立了隶属于教育委员部的全俄扫除文盲特设委员会，作为领导和部署全国的扫盲工作的总机关。不仅如此，还在该委员会下设了一个由中央农村工作部、妇女工作部、共青团中央、革命军事委员会总政治部等部门的代表组成的常设会议，具体负责和协调扫盲工作的开展。五是兴办扫盲学校。为了把扫盲工作落到实处，收到实效，在列宁的积极倡导和推动下，全国各地兴办了各种类型的扫盲学校，如，各地方开办的识字学校、红军中成立的扫盲大学、工农群众中间成立的诵读小组等等。广大党员积极响应中央的号召，参加扫盲学校学习，起到了模范带头作用，极大地推动了扫盲运动的顺利开展。六是编撰出版发行通俗读物。为了使广大党员群众能够读书看报，以便于及时了解党和国家的政策主张，列宁要求有关部门组织编写通俗读物，尤其是政治类型的通俗读物，并出版发行到全国各地。为此，党的第八次代表会议决议明确规定：“在没有民众文化馆的地方，通俗政治书籍应当构成农村阅览室书籍的必不可少的一部分。”③

在列宁的领导和亲自关怀下，扫盲运动的开展取得了巨大的成效。“到1921年10月止，受到识字教育的人数达480万，红军中的文盲人数已降至5%(沙皇军队中的文盲达65%)，海军则完全扫除了文盲。”④“到1925年，苏维埃国内9岁以上的居民中，识字的人数已占总人口的51%，工人中的文盲已基本扫除。”⑤可以说，扫盲运动的开展，不仅推动了全民的文化素质的提

① 中共中央马克思恩格斯列宁斯大林著作编译局译：《苏联共产党代表大会、代表会议和中央全会决议汇编》第一分册，人民出版社1964年版，第601页。

② 转引自顾训宝：《列宁执政党学习思想研究》，中国社会科学出版社2013年版，第174页。

③ 中共中央马克思恩格斯列宁斯大林著作编译局译：《苏联共产党代表大会、代表会议和中央全会决议汇编》第一分册，人民出版社1964年版，第576页。

④ 《列宁全集》第42卷，人民出版社1987年版，第573页。

⑤ 顾训宝：《列宁执政党学习思想研究》，中国社会科学出版社2013年版，第176页。

高，而且也极大地推动了广大党员理论水平和政治觉悟的提高，与此同时，为党内形成理论与实践相结合的作风创造了必要的前提。

三、大力提倡科学的工作方法

虽然无产阶级政党的性质和宗旨为党的优良作风的形成奠定了理论基础，但是党的优良作风的形成绝对不是自然而然的。党的优良作风形成于党领导人民进行无产阶级革命和社会主义建设的实践，并具体表现在党的组织和党员身上，尤其是表现在党员实际工作之中。从这个意义上来看，党的理论联系实践作风的形成过程，既是理论指导实践的过程，又是实践检验理论的过程。而要真正实现这一双向互动，就必须要有科学的工作方法。为此，列宁积极探索出了一套科学的工作方法，并在党内加以培养和贯彻，促进了党内理论联系实践这一优良作风的形成。

（一）提倡调查研究的方法

马克思主义唯物史观强调，社会存在决定社会意识。人们在生产生活实践中形成的社会意识是否真正反映了客观事物存在的实际状况，是以人们对客观事物存在的实际状况的正确认知为前提的。换句话说，只有当人们正确地认识了客观事物存在的实际状况，才能形成对客观事物的正确反映。那么，人们怎样才能实现对客观事物的正确认识呢？列宁认为，只有通过对客观事物的调查研究，才能实现对客观事物的正确认识。之所以如此，是因为按照唯物辩证法的观点，任何事物都处在运动变化之中，一成不变的事物是不存在的。诚然，无产阶级政党有马克思主义这一伟大的认识工具，但是马克思主义并未也不可能穷尽真理，它不过是给人们认识真理开辟了道路。因此，面对不断运动变化的客观事物，只有运用马克思主义的立场、观点和方法去做艰苦细致的调查研究工作，才能得出对客观事物的真理性认识。对此，列宁深刻地指出："我们始终忠于马克思主义，我们不能够而且不应当用空泛的词句来回避对客观情况的分析，只有对客观情况的估计最终才能彻底地解决这些问题。"①从这个意义上看，调查研究是无产阶级政党实现理论和实际相结合的重要前提和关键桥梁。事实上，如果没有对资本主义社会经济和政治作大量的调查研究，马克思就不可能写出揭示资本主义社会本质及其发展规律的鸿篇巨制《资本论》；无独有偶，如果离开了调查研究，恩格斯也不会写出反映英国工人阶级生产生活状况的著作《英国工人

① 《列宁全集》第12卷，人民出版社1987年版，第188页。

阶级状况》。由此可见，调查研究既是马克思主义辩证唯物主义的基本要求，也是无产阶级政党必须遵循的基本工作方法。基于此，在领导俄国革命和建设的实践中，列宁自始至终高度重视并坚持运用调查研究的工作方法。

首先，列宁高度重视调查研究。列宁认为，调查研究既是无产阶级政党制定并贯彻落实各项方针政策的根本方法，也是无产阶级政党正确开展各项活动的基本前提条件。“事实是我们政策的基础”，如果离开了对周围客观世界的调查研究，那么无产阶级政党就不可能制定出符合客观实际的正确的路线、方针和政策，那么无论是在领导革命、还是领导建设实践中都必然会遭到挫折，甚至失败。因此，十月革命胜利后，面对繁重的工作任务，列宁要求全党同志要“周密地审核和研究新生活的实际建设中的各种事实”①，并以此作为党制定政策的基本依据。而列宁自己则为全党作出了调查研究的表率。事实表明，正是因为列宁重视调查研究，所以他才能写出《俄国资本主义的发展》一书，驳斥了“民粹派”的谬论，从而为俄国革命的性质以及建立无产阶级政党的重要意义提供了客观依据。也正是因为列宁重视调查研究，所以他才能在内战结束后果断终止军事共产主义政策，放弃向共产主义直接过渡的设想，并实施新经济政策，为经济文化极端贫困落后国家实现向社会主义的过渡指明了正确的方向。

其次，列宁要求调查研究必须关注了解全部客观材料，遵循唯物辩证法的基本要求。列宁认为，调查研究必须注意全面掌握客观材料，并在此基础上对材料进行比较分析，去粗取精，去伪存真，进而从客观事物的全部总和以及事实的联系中去把握和揭示客观事物的本质，找到问题的症结所在，只有这样才能找出解决问题的办法。一方面，调查研究必须做艰苦细致的工作。对此，列宁指出：“要对事情有帮助，首先应当懂得它。”②而“要弄清真相往往需要很多时间”③，因为“不付出相当的独立劳动，无论在哪个重大的问题上都是找不到真理的；谁怕付出劳动，谁就没有可能找到真理”④。另一方面，调查研究必须详细占有全部材料，避免一叶障目不见泰山。因为任何一个个别情况都有其产生形成的具体历史环境，所以只有了解掌握了与研究的问题相关的全部事实，并以此为基础，才能作出正确的经得起推敲的结论。否则，得出的结论就毫无意义；如果说有意义的话，那也只能是消极的意义。为此，列宁告诫指出：“如果不是从整体上、不是从联系中去掌握事

① 《列宁全集》第35卷，人民出版社1985年版，第92页。
② 《列宁全集》第20卷，人民出版社1989年版，第54页。
③ 《列宁全集》第22卷，人民出版社1989年版，第296页。
④ 《列宁全集》第23卷，人民出版社1990年版，第66页。

实，如果事实是零碎的和随意挑出来的，那么它们就只能是一种儿戏，或者连儿戏也不如。”[①]

最后，列宁要求调查研究必须注意把握典型事物及其特点。按照唯物辩证法之矛盾的普遍性和特殊性原理，列宁认为，调查研究必须注意把握典型事物及其特点。他对此曾经指出，在解决某个错综复杂的社会经济问题时，起码的一条，就是要求首先把握住最典型的事情，因为这些事情是最不受局外的、复杂的影响和环境的左右，在这个事情解决之后，再深入一步把局外的和复杂的环境一一加以考虑。从这个意义上说，“调查的目的是：详细研究虽然为数不多但很典型和确切的事实”[②]。之所以如此，是因为矛盾的普遍性寓于特殊性之中，任何事物在具有与其他事物相同特征的同时，带有其自身的特殊性特征，从而把该事物与其他事物区别开来。如果仅仅按照普遍性的一般原则来看待某一事物的话，就不可能揭示出该事物的本质，并有针对性地解决该事物存在的特殊问题。反过来，只有关注和把握典型事物及其特点，才能够在错综复杂的事物中抓住本质和要害，并且还能发挥出重点突破、以点带面、全面推进的效果。

（二）提倡具体问题具体分析的方法

对具体问题进行具体分析，既是无产阶级政党实现马克思主义理论与各国实际相结合的基本要求，也是无产阶级政党有效克服教条主义的正确路径。马克思主义只是揭示出了人类社会发展的一般规律，而这一规律在各国之间以及各国不同的发展阶段之间必然表现出不同的特征，无产阶级政党如果不能把握这些特征，就不可能正确地了解国情，就不能制定出适合国情的政策和策略，也就不可能领导革命和建设取得胜利。事实上，无论是马克思、恩格斯对教条主义的揭批，还是对各国无产阶级政党或者社会主义者有关革命路径的建议，都充分显示了他们坚持具体问题具体分析的基本原则和立场。比如，恩格斯曾在《英国工人阶级状况》一书中明确指出，结论要是没有使它得以成为结论的发展过程，就毫无价值。[③] 也就是说，如果离开了对具体结论得以产生的历史过程的考察，那么这个结论就会变得毫无意义。又如，马克思和恩格斯在《共产党宣言》中指出：“在德国的条件下，法国的文献完全失去了直接实践的意义，而只具有纯粹文献的形式。”[④]即：德

① 《列宁全集》第 28 卷，人民出版社 1990 年版，第 364 页。

② 《列宁全集》第 38 卷，人民出版社 1986 年版，第 83 页。

③ 参见《马克思恩格斯全集》第 3 卷，人民出版社 2002 年版，第 511 页。

④ 《马克思恩格斯选集》第 1 卷，人民出版社 2012 年版，第 426 页。

国和法国的国情存在着巨大的差异，如果离开法国国情去认识和运用法国文献，那么它的价值就会因仅仅停留在思辨层面而大打折扣。从一定意义上讲，马克思主义指导无产阶级革命和社会主义建设的过程，就是无产阶级政党运用马克思主义立场、观点和方法具体分析具体问题的过程。正是基于此，列宁得出这样一个基本结论："马克思主义的精髓、马克思主义的活的灵魂：对具体情况作具体分析。"[①]不仅如此，他还在领导俄国革命和建设的历程中一以贯之地秉持这一方法。

首先，列宁身体力行对具体问题作具体分析。在建党的问题上，尽管在第二国际后期修正主义思潮的冲击下，各国党纷纷变成了"和平的党""改良的党""民族的党"，但是列宁在具体分析时代特征和俄国现实国情的基础上，坚持并捍卫了马克思主义的指导地位，建立了一个"新的党""战斗的党""革命的党"，并使党成为一个坚强的领导核心，担当起了领导俄国革命的历史重任。在社会主义革命的问题上，列宁把马克思主义与俄国实际相结合，在具体分析帝国主义经济政治发展不平衡现状的基础上，特别是分析俄国的现实国情的基础上，找到了帝国主义链条中间的薄弱环节和矛盾焦点，突破了马克思和恩格斯主张的"同时胜利论"，创造性地提出了"一国或数国胜利论"，并领导俄国十月革命取得胜利。在社会主义建设的问题上，列宁具体分析了俄国十月革命胜利后暂时得不到西方国家革命的有效支援的严峻形势，以及俄国落后的经济、文化状况，并采取切实有效的措施实现了苏俄由资本主义向社会主义的过渡。特别是新经济政策的提出与实践，不仅极大地丰富了马克思主义的理论宝库，而且也为经济、文化落后国家建设社会主义提供了强有力的典型示范。因此，在这个意义上，列宁领导无产阶级革命和社会主义建设的实践过程，就是自觉运用马克思主义立场、观点和方法针对具体问题进行具体分析的过程。

其次，列宁提倡全党自觉运用具体问题具体分析的方法。在列宁看来，具体问题具体分析的方法是有效防止和克服党内存在的"泛泛议论和教条主义"的重要手段，也是培养党员理论联系实际作风的现实路径。为此，列宁积极提倡在全党自觉运用具体问题具体分析的方法。早在民主革命时期，列宁就在党内多次强调摒弃教条主义的作风，代之以具体问题具体分析的方法。比如，列宁强调党的各级组织和党员在具体落实党的政策和策略时，必须结合当地实际创造性地开展工作。对此，他曾经指出："同样一个纲领性条文，在国内不同的地区，由于生活条件、文化和各种社会力量相互关

① 《列宁全集》第39卷，人民出版社1986年版，第128页。

系的不同，运用起来也就不同。”①再如，列宁认为无产阶级革命的原则固然重要，但是在具体落实原则要求的时候，必须对现实条件作出具体分析，否则原则就会流于形式。对此，他指出：“我们不否认一般的原则，但是我们要求对具体运用这些一般原则的条件进行具体的分析。抽象的真理是没有的，真理总是具体的。”②“整个党、党的中央机关制定的是纲领和策略的共同的基本原则；至于实际贯彻和宣传这些原则的各种不同方式，则由隶属于中央的各党组织根据地区、种族、民族、文化等差别而自行规定。”③在十月革命胜利后，列宁一如既往地号召全党自觉运用具体问题具体分析的方法。比如，为了说服党内的反对派，并与德国签订《和约》以退出帝国主义战争，列宁呼吁大家不要唱脱离实际的政治高调，而是应当正视并具体分析解决现实问题。为此，他在全俄中央执行委员会布尔什维克党团和左派社会革命党党团联席会议上，针对反对派提出的堂而皇之的种种理由指出：“因为任何一般的历史的理由，如果用在个别场合而不对该场合的条件作专门的分析，都会变成空话。”④当时刚刚取得革命胜利，政权尚不稳固，甚至广大的基层农村和边远地区还未建立人民政权，又没有自己的军队，加之国力衰微，根本不具备继续战争的能力。在这种情况下，如果继续战争，就意味着失败。而反对派的做法直接表现为主客观相分离，思想与实际不统一。如果按照他们继续战争的主张，那么后果是不堪设想的。再如，在俄共(布)第八次代表大会上，列宁再次呼吁全党在实际工作中要具体问题具体分析，绝对不能千篇一律或照抄照搬，否则将不可避免地妨碍党和政府法令的贯彻和落实，甚至遭到失败。对此，他明确指出：“无论如何也不能一成不变地认为我们的经验，俄国中部的经验，可以完全照搬到一切边区。”⑤

综合以上可知，列宁提倡的科学的工作方法，既是关于无产阶级的方法论问题，同时也是关于无产阶级的世界观问题。它不仅充分反映了马克思主义的内在要求，而且也为无产阶级政党养成理论与实际相结合的优良作风提供了有力的工具。

---

① 《列宁全集》第 8 卷，人民出版社 1986 年版，第 63～64 页。
② 《列宁全集》第 12 卷，人民出版社 1987 年版，第 273 页。
③ 《列宁全集》第 8 卷，人民出版社 1986 年版，第 64 页。
④ 《列宁全集》第 33 卷，人民出版社 1985 年版，第 388 页。
⑤ 《列宁全集》第 36 卷，人民出版社 1985 年版，第 130～131 页。

第二节　对密切党与人民群众之间关系实现路径的探索

按照马克思主义的唯物史观，人民群众是历史的创造者，无产阶级政党是以实现无产阶级和全人类的彻底解放为旨归的。从这个意义上看，党与人民群众两者之间的利益是高度统一的，可以说，唯物史观为无产阶级政党密切联系人民群众提供了科学的理论基础。与此同时，资产阶级力量的相对强大和无产阶级力量的相对弱小的基本态势，决定了无产阶级要想战胜强大的敌人，必须赢得广大人民群众的支持和帮助，这也从客观上为无产阶级政党密切联系群众提供了现实需要。换句话说，如果无产阶级政党得不到人民群众的支持，那么就连自身的生存都是一个问题，至于其他也就无从谈起了。不仅如此，尽管无产阶级政党是人民群众根本利益的代表，但是人民群众对党的支持和拥护绝对不是自然而然实现的，也绝对不是一劳永逸的。无产阶级政党必须培养密切联系群众的优良作风，并在实际工作中不断实现、维护和发展人民群众的利益，只有这样，人民群众才能不断汇集到党的旗帜之下，并真正成为党的力量之源。革命战争时期如此，和平建设时期亦然。特别是十月革命胜利后，俄国共产党成了执政党，从事着前无古人的社会主义建设的伟大事业，更加需要赢得广大人民群众的普遍拥护和支持。基于此，列宁对密切党与人民群众之间的关系高度重视，而且就其具体的实现路径进行了积极的探索。

一、制定符合人民群众利益的方针政策

正如马克思和恩格斯在《神圣家族》中所指出的那样，“历史不过是追求着自己的目的的人的活动而已”[①]，而人民群众又是历史的创造者，以此观之，可以说，人民群众创造历史的过程就是不断实现并满足自身利益的过程。诚然，无产阶级政党的奋斗目标代表了人民群众的根本利益，但是人民群众的根本利益是由方方面面的具体利益构成的，如果他们的具体利益得不到尊重和满足，那么他们是不可能认同党代表他们的根本利益的，也就不可能激发他们去拥护党的领导。这就要求党在制定并执行方针政策的时候，必须以满足人民群众的利益为根本出发点和主要依据，把人民群众的满

① 《马克思恩格斯文集》第1卷，人民出版社2009年版，第295页。

意程度作为衡量党的方针政策是否正确的客观标准，只有这样才能获得广泛而深厚的民意基础，并由此获得人民群众的衷心拥护和积极支持。早在民主革命时期，列宁就在《社会民主党在民主革命中的两种策略》一书中第一次提出了无产阶级在资产阶级革命中的领导权思想，而俄国的现实国情决定了建立巩固的工农联盟是实现无产阶级领导权，并取得革命胜利的基本条件。对此，列宁指出："只有人民，即无产阶级和农民，才是能够取得'对沙皇制度的彻底胜利'的力量。"[①]"如果我们除无产阶级以外，不能同时依靠农民来争取共和制和民主制，那么'保持政权'这件事情就不会有什么希望。"[②]"只有农民群众加入无产阶级的革命斗争，无产阶级才能成为战无不胜的民主战士。"[③]为了赢得广泛的民意支持，以实现并巩固无产阶级的领导权，在十月革命胜利后，全俄工兵代表苏维埃第二次代表大会就发布了由列宁主持起草的《和平法令》和《土地法令》。《和平法令》呼吁交战各国立即停战并签订不割地、不赔款的合约，以实现和平的愿景。虽然《和平法令》是一份关于苏俄外交政策的法令，但是它表达了被帝国主义战争折磨得疲惫不堪的广大劳动人民对和平的渴望，因而受到了交战国广大人民群众的欢迎，与此同时，也使苏维埃政权在广大劳动人民的心目之中树立起了和平使者的形象，并进一步增进了人民群众对共产党的了解。《土地法令》规定，无偿没收地主的土地归国家所有，并发放给农民使用，与此同时，免除此前所有农民租种土地的债款。《土地法令》的颁布，标志着地主土地所有制的终结，不仅将广大农民从地主阶级的压迫下解放了出来，而且使农民获得了土地。新生的苏维埃政权由此获得了农民的广泛支持，建立并巩固了工农联盟，为后来打破国内外反动势力的进攻奠定了坚实的群众基础。然而，国内战争结束后，苏俄爆发了经济危机和政治危机，农民的暴动和士兵的起义，使俄共与农民之间的关系骤然紧张起来，标志着列宁试图通过军事共产主义政策直接过渡到共产主义的设想行不通，也说明作为军事共产主义政策核心组成部分的"余粮收集制"走到了尽头。在这种情况下，列宁在俄共(布)十大上用新经济政策取代了军事共产主义政策，以粮食税取代余粮收集制。新经济政策大大减轻了农民的负担，改善了农民的生活，受到了农民的普遍欢迎，进一步巩固了工农联盟，也进一步密切了党群关系。

---

① 《列宁全集》第 11 卷，人民出版社 1987 年版，第 38 页。

② 《列宁全集》第 11 卷，人民出版社 1987 年版，第 66 页。

③ 《列宁全集》第 11 卷，人民出版社 1987 年版，第 42～43 页。

二、坚决反对各种形式的官僚主义

列宁认为，无产阶级政党必须密切联系群众，革命时期如此，执政时期亦然。特别是无产阶级政党执政后，如果党不能密切联系群众，那么必将危及党的执政地位。然而，要继续与人民群众保持密切关系，就必须坚决反对官僚主义，因为官僚主义“往往严重地危害人民群众的合法利益，成了对党产生不满的最重要的根源之一”①。鉴于官僚主义的极端危害性，列宁将其视为党内的“最可恶的敌人”“最大的危险”“祸害”和“脓疮”，并旗帜鲜明地采取措施坚决反对各种形式的官僚主义。

（一）吸收人民群众参与国家管理

人民当家做主既是社会主义国家区别于任何剥削阶级政权的本质特征，又是有效防控和铲除官僚主义的治本之策。早在十月革命前夕，列宁就在《国家与革命》一书中阐述了在无产阶级政党夺取政权之后针对官僚主义的基本措施。十月革命胜利后，列宁努力把这些措施变成现实。首先，以国家立法的形式保证人民群众参与国家管理的权利。比如，在 1918 年 7 月全俄苏维埃第五次代表大会通过的第一部宪法中规定，苏维埃政权来自劳动人民，苏维埃政权的所有代表都由劳动人民直接选举，并接受劳动人民的监督，劳动人民有权利参与国家管理。在此基础上，由列宁亲自起草的《罢免法令草案》中规定：“任何由选举产生的机关和代表会议，只有承认和实行选举人对代表的罢免权，才能被认为是真正民主的和确实代表人民意志的机关。”②这不仅为人民参与国家管理提供了根本的法律依据，而且也充分体现了列宁对巴黎公社原则的坚守和继承。其次，大力吸收人民群众直接参与国家管理。在筹备苏维埃国家机关的过程中，列宁领导的布尔什维克党特别注意把通过锻炼和考验的优秀工农兵群众吸收到国际机关的领导岗位上来。比如，让在十月革命中做出突出贡献的普提洛夫工厂和冶金工会的工人、海员和河运工人参与组织外交、内务、劳动和商业人民委员部，让民族地区的劳动人民中间的优秀分子参与组织民族事务人民委员部等等。不仅如此，还吸收大量的工人群众参与到其他的管理机关工作中来。截至 1920 年 12 月，在最高国民经济委员会和各省国民经济委员会主席团等部门工作的工人，占全部工作人员总数的 57.2%；在总管理局、总局、中央管理局和总管

---

① 中共中央马克思恩格斯列宁斯大林著作编译局译：《苏联共产党代表大会、代表会议和中央全会决议汇编》第二分册，人民出版社 1964 年版，第 44 页。

② 《列宁全集》第 33 卷，人民出版社 1985 年版，第 102 页。

理局的局务委员会等部门工作的工人，占全部工作人员总数的51.4%；在集体管理制和个人管理制的工厂管理委员会等部门工作的工人，占全部工作人员总数的63.5%。由此可见，工人参加管理的比例平均已经达到61.6%，就是说，已经超过半数，而接近2/3了。[①] 最后，建立工农检查院。建立工农检查院是党和政府吸收劳动人民群众有效参与国家管理的一种极其重要的组织形式，也是防控和克服党政机关内部官僚主义的重要举措。1920年2月，苏维埃中央执行委员会通过了《关于工农检查院条例》，把中央和地方的国家监察机关改组为统一的工农检查院。它除了继续履行原有监察机关的职权以外，还肩负着同党和国家机关中的官僚主义作斗争的重要任务。为了提高工农检查院的权威性，列宁建议改变其接受中央和地方双重领导的格局，而只接受中央的直接领导。在此基础上，列宁晚年还提出把工农检查院与中央检查委员会合并，地位与中央委员会平行，以扩大工农检查院的监督检查范围：既涵盖党和国家的一切机关，也涵盖党和国家的领导人。不仅如此，列宁还建议扩大工农检查院的工作人员队伍，把大量的工农优秀分子吸收进来，以有效防止权力的滥用和官僚主义势头的发展，同时不断提升人民群众管理国家事务的本领，以进一步增强党同人民群众之间的密切联系。

（二）提高人民群众的文化素质

基于苏维埃政权的性质要求和反对官僚主义的迫切需要，列宁在党的第八次全国代表大会上强调指出："只有当全体居民都参加管理工作时，才能把反官僚主义的斗争进行到底，直到取得完全的胜利。"[②]后来，他又强调指出："要克服官僚主义，需要采取千百个措施，需要每个人都识字，每个人都有文化，每个人都参加工农检查院。"[③]但人民群众的文化素质普遍偏低，不能直接参与对国家事务的管理工作，也不能对党和国家机关及其工作人员的工作进行有效的监督；不仅如此，即便是已经成为国家机关工作人员的群众代表，因为受到文化水平的限制，根本不懂得科学管理知识，也不具备一定的政治素养，所以也极易犯官僚主义的错误。这种情况在作为党和国家机关工作人员的共产党员中间也是相当普遍的，以至于列宁在党的十一大的政治报告中不无感慨地指出，我们"究竟缺少什么呢？缺什么是很清楚的：做管理工作的那些共产党员缺少文化"[④]。事实表明，要彻底治愈官僚主

① 参见《列宁选集》第4卷，人民出版社2012年版，第413页。
② 《列宁全集》第36卷，人民出版社1985年版，第154页。
③ 《列宁全集》第40卷，人民出版社1986年版，第259页。
④ 《列宁全集》第43卷，人民出版社1987年版，第93页。

义这个“脓疮”，仅仅依靠军事上的胜利和政治上的改造是远远不够的，还需要全体人民文化素质的提高。为了使人民群众参与管理国家的设想真正落到实处，彻底铲除滋生官僚主义的文化落后的土壤，列宁采取了一系列的措施。首先，列宁主张加快发展农村的文化教育事业，提高农民的文化素质。农民占苏俄人口的绝大多数，且文盲、白丁遍野，文化素质普遍偏低，所以着力提升农民的文化素质更带有基础性、普遍性和紧迫性。为此，列宁采取了如下措施：一是大力增加教育投入，优先发展农村的初级教育。二是向农村提供书籍、报纸等必要的文化资料和图书馆、成人学校、人民大学、讲习所等文化机构。三是加强城乡之间的文化交流与合作，城市应发挥自身的文化优势，帮助农村发展文化教育。[①] 其次，开展了覆盖城乡居民的扫盲运动。在列宁的建议下，政府通过建立扫盲学校、识字班、出版发行通俗读物等多种形式开展扫盲工作，并动员和组织大批的共产党员、共青团员、工人和知识分子投入到扫盲工作中来，扩大了扫盲工作的声势和影响，增强了扫盲工作的效果。“到 1925 年时，苏维埃国内 9 岁以上的居民中，识字的人数已占总人口的 51%，工人中的文盲已基本扫除。”[②]扫盲工作的顺利开展，不仅激发了人民群众的学习热情，而且也提高了人民群众的文化素质，为抵制和反对官僚主义奠定了坚实的群众基础。最后，列宁倡导运用多种形式对人民群众进行思想政治教育。文盲既不懂得依法维护自己的权利，也不知道依法履行自己的义务，更不通晓党和政府的路线、方针和政策。因此，在开展扫盲运动的同时，列宁主张运用人民群众喜闻乐见的方式对人民群众进行思想政治教育。比如，动员组织宣传队、鼓动队等工作队伍深入城市的工厂车间和农村的田间地头，向他们宣讲党的政策和法规，使人民群众能够及时了解党和国家的方针、政策。与此同时，利用党的机关报搭建联系群众的平台，发挥正确的舆论导向作用。一是广泛征求群众意见，了解社情民意和人民群众的各种诉求，不断增强方针政策的针对性和实效性。二是通过对包括官僚主义在内的党和国家政治生活中的丑恶现象的揭批，培养和提高人民群众明辨是非的能力，促使他们把自己的立场观点和认识统一到党和政府的方向上来。可以说，这些举措不仅逐步提升了人民群众参与国家事务管理的积极性，提高了人民群众的政治觉悟，而且客观上对党和国家机关中间的官僚主义产生了强烈的抵制作用。

---

① 参见孙迪亮：《列宁农村建设理论的逻辑蕴涵探论》，《当代世界与社会主义》2012 年第 2 期。

② 顾训宝：《列宁执政党学习思想研究》，中国社会科学出版社 2013 年版，第 176 页。

（三）加强法制建设

鉴于官僚主义的极端危害性以及反对官僚主义斗争的长期性、艰巨性和复杂性，列宁主张采取积极措施推动国家的法制建设。

首先，反对官僚主义的斗争必须做到有法可依。为了给反对官僚主义提供法律法规依据，切实推动反对官僚主义斗争的进程，在列宁的领导下，苏维埃代表大会和人民委员会颁布并实施了一系列反对官僚主义的法律和法规，如《关于贿赂行为》《关于确认、迅速执行中央政权机关的命令和消灭工作中的拖拉现象》《关于消灭拖拉现象》以及《苏俄刑法典》等等。特别是《苏俄刑法典》，在《职务上的犯罪》一章中还详细规定了一系列职务犯罪的具体表现以及量刑标准，进一步提高了反对官僚主义斗争的可操作性。可以说，这些法律法规的颁行，大大加速了国家的法制化进程，也为党内外切实开展反对官僚主义的斗争提供了可供参照的法律法规依据，真正做到了有法可依。

其次，反对官僚主义的斗争必须做到有法必依。法律法规的颁布是为了对包括官僚主义在内的各种违法犯罪活动予以惩戒，以杜绝类似事件的发生，确保党和国家机关工作的良性运转以及社会秩序和风气的不断优化。为此，列宁强调，在国家颁布和实行法律法规之后，必须“使全共和国、全联邦真正统一地实行法制”[①]。列宁认为应当做好以下几个方面的工作：一是要加强党对法制工作的领导。列宁在《论“双重”领导和法制》中强调指出，为了加强党对法制工作的统一领导，中央组织局、中央政治局和中央监察委员会必须全面监督总检察长、最高法庭和司法人民委员部的工作。中央监察委员会只对党的代表大会负责，它的委员不得在任何一个人民委员部、任何一个主管机关及任何苏维埃政权机关中兼任任何职务。只有这样，才能够实际地抵制地方的和其他一切的官僚主义，把法制落到实处。二是要加强司法队伍建设。司法队伍素质的优劣，不仅直接关系到法制建设水平的高低，而且关系到反对官僚主义效果的好坏。如果司法队伍的素质优良，能够模范地遵守法律，自觉依法办事，那么国家的法制建设水平就高，反对官僚主义的效果自然就好；如果司法队伍的素质不高，不能够模范地遵守法律，不能自觉依法办事，那么国家的法制建设水平就低，反对官僚主义的效果就差。为此，列宁非常重视司法队伍建设，关注提升司法队伍的整体素质，主张把“受过充分的法学教育、能够抵制一切纯地方影响的可靠的共产党员”[②]充实到司法队伍中来，使他们真正成为司

---

① 《列宁全集》第 43 卷，人民出版社 1987 年版，第 197 页。

② 《列宁全集》第 43 卷，人民出版社 1987 年版，第 196 页。

法队伍的中坚力量，以带动司法队伍整体素质的改善和提高，进而切实有效地运用法律的武器对付和打击官僚主义。

再次，反对官僚主义的斗争必须做到执法必严。法律法规是以其神圣不可侵犯的刚性来体现其强制力和约束力的。从这个角度来说，执法必严是法律法规的内在要求，否则就会使其权威性和威慑力大打折扣。对此，列宁认为，要真正做到执法必严，必须满足两个方面的要求：一方面要求司法机关必须做到以事实为依据，以法律法规为准绳，并且严格按照司法程序开展工作，做到公平执法、公正司法、公开用法，以体现法律法规的公正性和严肃性。另一方面，也是最为重要的一方面，就是司法机关本身也必须接受监督。为了对司法机关进行有效的法律监督，列宁不仅规定了中央监察委员会的监督主体责任，而且还责成司法人民委员部对司法机关的工作做具体的监督检查工作，并对监督检查工作的内容作了具体的说明，即司法机关及其工作人员“实际上做了些什么？实际上得到了什么结果？人民法院和革命法庭的成绩如何？对此如何估计和检查？”[①]正是因为列宁的高度关注和严格要求，国家的司法机关才能够做到依法履职，并严格执法。

最后，反对官僚主义的斗争必须做到违法必究。为了充分发挥法律法规的巨大威慑力和约束作用，列宁认为，必须做到法律面前人人平等，对于违反法律的行为必须追究责任，并为此采取了切实可行的措施：一是公开报道典型案件的法庭审理过程，以“打破那种广为流传的以为失职人员可以不受惩处的观念”[②]，使违法必究的原则深入人心。二是加大对违法共产党员的惩处力度。共产党的先进性要求共产党员应当自觉成为遵纪守法的模范。只有共产党员模范地遵守法律，才能在人民群众中间发挥引领和示范作用，也才能赢得人民群众的尊重和爱护。反之，不仅严重损害党的组织形象，而且还会毒化社会风气。为此，列宁主张必须加大对犯法共产党员的惩处力度，以充分彰显党坚决反对官僚主义和拖拉作风的决心和坚强意志，并就此作出明确的指示。比如，在讨论《苏俄刑法典》中《职务上的犯罪》一章时，列宁认为，必须彻底消除利用党的执政地位逃避法律制裁的一切可能，强调“党员犯罪受民事审判和革命法庭审判时，绝对必须加重判罪”[③]。又如，列宁在给司法人民部委员库尔斯基的信中再次强调这一问题。他指出，对犯法的共产党员“应比对非党人员三倍严厉地惩办”[④]。再如，针对莫斯科

---

① 《列宁全集》第 42 卷，人民出版社 1987 年版，第 443 页。

② 《列宁全集》第 52 卷，人民出版社 1988 年版，第 126 页。

③ 《列宁文稿》第 4 卷，人民出版社 1978 年版，第 483 页。

④ 《列宁文稿》第 4 卷，人民出版社 1978 年版，第 222 页。

革命法庭受到外界干扰导致包庇罪犯的事件，列宁不仅严厉批评了他们的官僚主义做法，而且借此警告全党，为了维护法律的尊严，使法院能够独立公正地司法，“凡试图对法庭‘施加影响’以‘减轻’共产党员罪责的人，中央都将把他们开除出党”①。

（四）提高工作效率

工作效率低下是官僚主义作风的重要表现，也是官僚主义作风导致的必然结果。它不仅严重制约着党和国家路线、方针和政策的贯彻落实，而且也严重损害了人民群众的切身利益。为此，列宁高度重视党和国家机关提高工作效率的问题，并对此采取了三项措施：一是精简机构。苏维埃政权建立之初，党和国家权力系统可以说是机构庞大、部门齐全，但是也不同程度地存在机构重叠、职能交叉的现象，从而助长了臃、懒、散、惰的官僚主义作风，导致工作效率低下。在这种情况下，列宁积极主张并采取措施精简机构。在列宁的倡议下，全俄中央执行委员会设立了俄罗斯联邦社会主义共和国审查委员会，专门负责领导精简机构的具体工作。在精简机构的过程中，列宁还亲自过问并督促这项工作的进展。1922 年 11 月，列宁在给全俄苏维埃工作人员工会第五次代表大会的信中规定了精简机构的任务，“就是通过缩减苏维埃机关、改善组织、消灭拖拉作风和官僚主义”②。甚至在晚年，列宁为了精简机构，提高工作效率，仍坚持建议中央把中央监察委员会和工农检查院合并为一个联合机构，以更好地履行对党和国家机关及其工作人员，甚至对国家领导人的监督检查职能。由此可见，列宁把精简机构当作反对官僚主义的重要手段。二是裁撤冗员。人浮于事是机构臃肿的具体表现，也是机构臃肿带来的直接结果。为此，列宁在力主精简机构的同时，极力主张并采取措施在党和国家机关中裁撤冗员，以提高工作效率，改善工作作风。一方面，他警示全党人浮于事的巨大危害性。《在第九届全俄中央执行委员会第四次常会上的讲话》中他指出，人浮于事和机构臃肿“往往使我们生气勃勃的事业断送在文牍的汪洋大海里”③。另一方面，他对如何裁撤冗员提出具体建议。在《对有关副主席（人民委员会副主席）工作的意见的答复》一文中他指出：“既然工农检查院现在是一个拥有约 12000 人的工作差、报酬低的机关，那就应该加以精减和改进，例如，留下六分之一的人员，

① 《列宁全集》第 43 卷，人民出版社 1987 年版，第 53 页。
② 《列宁全集》第 43 卷，人民出版社 1987 年版，第 303 页。
③ 《列宁全集》第 43 卷，人民出版社 1987 年版，第 248 页。

而保留原薪水额的二分之一，即把薪水提高两倍。”[①]不仅如此，他还提出了裁撤冗员需要把握的基本原则，那就是“宁可数量少些，但要质量高些”[②]。三是精简会议。建国初期，党和国家机关中不同程度地存在文山会海、公文履行、以会议落实会议的现象。相当多的机关领导和工作人员忙于各种各样的会议，很大程度上工作表现为开会、成立各种委员会和制订计划的状态，工作人员不能深入实际解决问题，严重影响了工作效率和工作的效果，成为官僚主义作风的重要表现和导致官僚主义的重要因素之一。列宁对此可以说是深恶痛绝，他指出：“可恶的官僚主义积习使我们陷入滥发文件、讨论法令、乱下指示的境地，生动活泼的工作就淹没在这浩如烟海的公文之中。”[③]为了彻底改变这种局面，列宁极力主张精简会议：不仅要尽可能地精简会议的数量，而且要尽可能地精简开会的时间。他指出：“尽量少开会。规定每星期人民委员会 1 次＋劳动国防委员会 1 次，每次两小时。”[④]希望借此收到以上率下、上行下效的效果，把机关干部和工作人员从文山会海之中彻底解放出来，使他们能够抽出更多的时间和精力深入实际，解决实际问题，进而把党和国家机关打造成人民群众心目中有威信、高效率的机关，彻底转变官僚主义的工作作风。

三、坚决反对党的领导干部搞特殊化

十月革命胜利后，为了彻底铲除沙皇时代的等级制度和特权现象，列宁主持起草、制定并签署颁布了一系列的法令，如《关于废除一切等级和文官官衔的法令》《关于全体军人一律平等的法令》《关于俄罗斯联邦高等学校招生问题的决定》等等，这些法令的颁行在维护人民群众的合法权益方面发挥了重要作用。然而，革命胜利后，布尔什维克党由在野党变成了执政党，很多党员走上了领导岗位，掌握了各种各样的权力。这一方面为党员干部为人民服务提供了更加广阔的舞台，另一方面也为个别党员干部搞特殊化提供了更多的机会和可能，以至于成为严重的官僚主义的主要来源和重要表现。面对执政后国家党政机关中不断出现的领导干部搞特殊化的现象，列宁认为，这不仅违背党的性质、宗旨，而且严重危害了人民群众的利益，久而久之必然会遭到人民群众的强烈反对，甚至还会割裂党与人民群众之间的密切联系，并使党丧失执政之基。为此，在列宁的积极推动下，党和国家采

---

① 《列宁全集》第 43 卷，人民出版社 1987 年版，第 182 页。
② 《列宁全集》第 43 卷，人民出版社 1987 年版，第 380 页。
③ 《列宁全集》第 42 卷，人民出版社 1987 年版，第 387 页。
④ 《列宁全集》第 42 卷，人民出版社 1987 年版，第 389 页。

取了许多措施加以坚决反对。比如，在十月革命胜利后不久，列宁就为人民委员会起草了《关于高级职员和官员的薪金额》的决定，明确规定苏维埃政府人民委员的月薪和住房标准：每月的薪金不得超过500卢布，家庭成员每人住房不得超过一间。在全俄苏维埃第六次代表大会上通过了列宁亲自起草的《关于严格遵守纪律的决议》。《决议》规定：任何公民只要认为谁有违法行为都可以控告；不准有夫妻商店，夫妻不能在同一个单位工作等。苏联共产党的第八次全国代表大会根据列宁的提议通过了题为《关于组织问题》的决议。《决议》里面明确告诫各级党的组织"应当教导自己的党员：参加俄国共产党并不给予任何特权，而只是使党员担负更严重的责任"①。不仅如此，党的第九次全国代表会议根据列宁的建议，作出了一个专门的规定，使"党员负责工作人员没有权利领取个人特殊薪金、奖金以及额外的报酬"②。十一大通过的决议强调指出，不但"党不能够也不应当为自己的每个成员要求特权"③，而且"对于国家机关或经济机关的'共产党员'领导者的个人发财企图必须无情地加以制止"④。可以说，以上各种措施充分体现了列宁对巴黎公社经验的继承，也为党员领导干部以权谋私划出了红色警戒线，对于纯洁党的组织，净化党的作风，进一步密切党同人民群众的联系，起到了一定的推动和促进作用。与此同时，列宁长期保持的艰苦朴素、廉洁奉公的高尚品行，为广大党员干部树立了鲜活的学习榜样，发挥了引领和示范的巨大作用。

四、加强与人民群众的沟通工作

列宁认为，建立与人民群众之间的有效沟通，是党密切联系群众的重要途径。只有建立这样的有效沟通，党才能了解人民群众的情绪和诉求，并将其作为制定路线、方针、政策的依据，以最大限度地实现、维护和发展人民群众的利益。反过来，只有建立这样的有效沟通，人民群众才能进一步了解和接受党的路线、方针、政策，并把党的主张变成自己的自觉行动。基于此，列宁高度重视加强与人民群众的沟通工作，并采取措施保障和推动这项工作的顺利开展。

---

① 中共中央马克思恩格斯列宁斯大林著作编译局译：《苏联共产党代表大会、代表会议和中央全会决议汇编》第二分册，人民出版社1964年版，第571页。

② 中共中央马克思恩格斯列宁斯大林著作编译局译：《苏联共产党代表大会、代表会议和中央全会决议汇编》第二分册，人民出版社1964年版，第43页。

③ 中共中央马克思恩格斯列宁斯大林著作编译局译：《苏联共产党代表大会、代表会议和中央全会决议汇编》第二分册，人民出版社1964年版，第180页。

④ 中共中央马克思恩格斯列宁斯大林著作编译局译：《苏联共产党代表大会、代表会议和中央全会决议汇编》第二分册，人民出版社1964年版，第181页。

（一）提倡公开性原则

恩格斯曾经指出，越是公开，越是有利于无产阶级。共产党人没有区别于无产阶级的不同和特殊利益，所以党的性质和宗旨决定了无产阶级政党应当提倡公开性原则。列宁继承了恩格斯的这一思想，并将公开性和民主制结合起来。早在建党初期，为了落实党内的民主和保障党员的民主权利，列宁就曾提出党内政治生活的两项原则：一是完全的公开性，二是一切职务经过选举产生，并认为“没有公开性而谈民主制是很可笑的”①。可见，列宁将公开性当作建立党内民主制的前提条件。但是由于当时形势很严酷，这两项原则都不能得到充分落实。十月革命胜利后，列宁把公开性从保障和实现党内民主的层面上升到人民民主的层面。他认为，党和国家机关工作人员活动的公开性，是建设社会主义民主政治，进一步密切党同人民群众之间关系的必要条件。为此，列宁采取了四项重要措施推动落实公开性原则。首先，公开国家政务。政务公开是实现人民民主的重要标志，也是人民群众对党和国家机关进行有效检查和监督的重要前提。如果不公开政务，那么人民民主就成了政治谎言和空头支票。不仅如此，长此以往，人民群众就会与党和国家机关之间形成对立的畸形关系，进而割裂党群和干群关系。列宁对此一直保持着高度的政治清醒，他强调指出：“只有当群众知道一切，能判断一切，并自觉地从事一切的时候，国家才有力量。”②换句话说，只有充分保证人民群众对国家一切政务的知情权，他们才能作出正确的判断，并自觉身体力行，国家才能因为人民群众的觉悟和支持而有力量。按照列宁的观点，只有落实公开性原则，才能充分体现人民当家做主的政治地位，也才能推动国家各项事业顺利发展。其次，公开选拔和任用国家机关工作人员。列宁认为，这不仅是实现人民当家做主的需要，而且也是进一步密切党群、干群关系的需要，进而提高人民群众对国家机关的认同感。换一个角度来看，既然宪法明确规定国家政权是人民的政权，那么人民群众就享有广泛参与国家政权的权利和切实履行治国理政的义务，由此可见，这项举措不仅是理所当然的，而且也是顺理成章的。再者说，国家机关工作人员不仅代表着国家机关的形象，而且决定了国家机关治国理政的能力。如果工作人员的素质高，那么国家机关的形象就好，其治国理政的能力就强；如果工作人员的素质低，那么国家机关的形象就差，其治国理政的能力就弱。公开选拔任用机制的施行，能够最大限度地把各方面的优秀人才吸纳到国家机关中来，

① 《列宁全集》第 6 卷，人民出版社 1986 年版，第 131 页。

② 《列宁全集》第 33 卷，人民出版社 1985 年版，第 16 页。

从而大大改善国家机关的形象,并切实提高国家机关治国理政的能力和水平。为此,列宁指出:"现在是工农国家做了'主人',它就应当广泛地、有计划有步骤地并且公开地挑选最优秀的经济建设人员,挑选专业的和一般的、地方的和全国的行政管理人员和组织人员。"[①]只有公开选拔任用国家机关工作人员,才能提高政府工作的透明度和可信度,并有效杜绝暗箱操作的不正之风,也才能真正把德才兼备的人才选拔到国家机关中来,进而不断提高政府为人民服务的本领。再次,建立公开报告工作制度。虽然列宁强调了公开国家政务,但是国家政务千头万绪,人民群众的文化素质偏低,不可能对所有国家政务都有充分的了解,无形之中就限制了人民群众监督检查作用的发挥。为此,列宁主张建立公开报告工作制度。他要求所有国家机关"定期收集所有负责的公职人员向工农群众所作的切实的工作报告。这样的工作报告每月至少安排一次"[②]。可以说,落实公开报告工作制度在很大程度上补齐了人民群众知情权的短板和漏洞,为人民群众检查和监督国家机关及其工作人员的工作提供了更加充实的依据。最后,公开检查和批评国家机关的工作。在列宁看来,让人民群众公开检查和批评国家机关的工作,是实现人民民主的重要表现和实质内容,也是人民群众的合法权利和义务。人民群众公开检查和批评国家机关工作的过程,既是国家机关的工作得到改善和提高的过程,也是人民群众参政议政的过程。为此,国家机关及其工作人员应当悉心听取人民群众的批评和建议,把人民群众的批评当作前进的动力,把人民群众的建议当作努力的方向。不仅如此,列宁认为,无论是位居高位的总书记和人民委员,还是普通的国家机关工作人员,都必须无一例外地主动接受人民群众的公开检查和批评,并不得隐瞒自己工作中的缺点和错误,以方便人民群众的检查和批评。与此同时,列宁还强调,人民群众对国家机关及其工作人员的检查和批评要不顾情面,只有这样才能收到对症下药、治病救人的实际效果,切实改善国家机关的工作。

(二)建立信访工作制度

为了充分落实人民群众管理国家的主体责任,及时准确地把人民群众的意见和建议作为党和国家机关制定方针、政策的依据,必须畅通党和政府与人民群众的沟通渠道。为此,列宁主张建立信访工作制度,并将其视为党了解民意、体察下情、倾听群众诉求的桥梁和加强党与人民群众密切联系的纽带。为了把这项工作落到实处,列宁在 1918 年 12 月《关于苏维埃机关管

---

① 《列宁全集》第 41 卷,人民出版社 1986 年版,第 272 页。

② 《列宁全集》第 41 卷,人民出版社 1986 年版,第 243 页。

理工作的规定草稿》中对如何做好信访工作作出了明确和具体的要求：一是要求每个苏维埃国家机关都无一例外地开展信访工作。二是为了方便群众的来访，必须以告示的形式告知人民群众来访的时间和地点，并做好登记，以便安排落实。三是国家监察部的负责人员有权对各单位的信访工作进行全程的监督和检查。四是劳动、国家监察和司法等人民委员会要在各地设立问事处，及时对群众的质询予以回复和解答，等等。在列宁的敦促下，人民委员会也设立了接待室，由专职秘书直接负责办理人民群众的控告和申诉，并每隔两周向列宁汇报一次。不仅如此，列宁还亲自接待群众的来访，并恳切地听取群众的意见和建议，以便能够及时准确地了解群众反映的实际问题，并采取措施及时加以解决。可以说，信访制度的建立和运行，极大地优化了党和国家机关工作人员的工作作风，也极大地密切了党同人民群众之间的联系。

（三）号召党员干部深入基层

如果说建立信访制度更多地体现和保障了下情上达的话，那么号召党员干部深入基层则更多地体现和保障了上情下达。党员领导干部深入基层，不仅可以核实群众通过上访反映的情况，而且还能够进一步密切党同人民群众之间的关系，促使人民群众把党的主张变成自己的自觉行动，使党的方针、政策得到有效落实。为此，列宁高度重视党员领导干部深入基层的工作，并将其视为密切联系群众的重要渠道。早在革命胜利前夜，列宁就强调指出："只有投入生气勃勃的人民创造力泉源中去的人，才能获得胜利并保持政权。"[①]也就是说，广大党员只有深入到人民群众的火热斗争生活中去，才能与人民群众建立起深厚的感情，并与人民群众打成一片；也只有这样，才能在人民群众的支持和拥护下取得革命的胜利并建立和保持政权。建国后，列宁更加重视党员领导干部深入基层问题，并将其作为判断一名党员是否是真正共产党员的标准。对此，他曾经指出，如果"谁不能把一些正直的非党工人团结在自己周围，经常同他们联系，经常走访他们的家庭，在日常生活中帮助他们，向他们提供报纸以及从他们当中推荐工会和苏维埃机关的工作人员等等，谁就不是共产党员"[②]。在这里，列宁把能否经常深入工人群众、联系工人群众、帮助工人群众当成了是不是一名党员的标准，从而把共产党员的称号与密切联系群众紧密联系在了一起，并为全党培育和养成优良的作风指明了前进的方向。不仅如此，列宁还制定了具体措施来保证

① 《列宁全集》第 33 卷，人民出版社 1985 年版，第 57 页。

② 《列宁全集》第 41 卷，人民出版社 1986 年版，第 244 页。

党员领导干部深入基层工作。比如，根据列宁的建议，党的第八次全国代表大会号召党和国家机关的党员领导干部深入到工厂和农村，并为此专门作出决议，要求长期负责苏维埃或党的工作的工作人员要到机床和耕犁旁去工作。在此基础上，党的第十次代表大会进一步强调，必须安排长期从事行政管理工作的党员直接从事体力劳动，要求党的各级组织“必须注意使在工厂和农村企业中工作的共产党员尽可能多地直接从事生产工作，在机床和耕犁旁边从事体力劳动等等”①。1922 年 12 月 9 日，列宁在《关于人民委员会副主席和主席的工作制度的建议》一文中，对人民委员会的主要领导干部深入基层工作作出了具体的规定：人民委员会的“每位副主席每周‘下底层’时间不得少于两小时，亲自对机关上层和基层五花八门的各个部分，而且是最意想不到的部分进行考察”②。这样就在政策上实现了从人民委员会主席到普通机关工作人员的全覆盖，能够使领导和机关工作人员进一步了解基层的实际情况，增进他们与人民群众的相互了解，也使他们自身的官僚习气和衙门作风得到一定程度的改善，从而进一步密切了党群和干群关系。

总之，列宁号召推动的党员领导干部和机关工作人员深入基层工作的活动，不仅为党制定并贯彻落实正确的路线、方针、政策提供了现实依据，而且极大地密切了党与人民群众之间的联系。

第三节　对维护党的团结统一实现路径的探索

团结统一是无产阶级政党的生命。如果没有全党上下的团结统一，那么党就会变成一盘散沙，就不能承担起领导无产阶级和被压迫民族推翻资产阶级旧世界的政治任务，也就不能最终完成无产阶级和全人类解放的历史使命。特别是无产阶级政党在与资产阶级政党力量对比上处于明显劣势的情况下，更加需要维护党的团结统一，否则就难以摆脱被同化甚至被消灭的危险。基于此，列宁采取了许多积极的措施，有力地抵制了第二国际后期形成的无政府主义作风对党的影响，以及国内小生产习惯势力基础之上形成的散漫习气对党的侵扰，极大地维护了党的团结统一。

---

① 中共中央马克思恩格斯列宁斯大林著作编译局译：《苏联共产党代表大会、代表会议和中央全会决议汇编》第二分册，人民出版社 1964 年版，第 58 页。

② 《列宁全集》第 43 卷，人民出版社 1987 年版，第 321 页。

一、确立了民主集中制的组织原则

列宁在实现马克思、恩格斯的党内民主思想与党的工作实际相结合的基础上，创立了民主集中制的组织原则，使其成为实现和维护党的团结统一的基本原则和有效途径。在长期的革命实践中，列宁清醒地认识到，无产阶级政党要历史地承担并完成自己的历史使命，必须以实现和维护党的团结统一为前提，否则将一事无成。而党的团结统一需要全党为此付出艰苦的努力。不仅如此，党的团结统一既要求思想上的统一，又要求组织上的统一，其中思想统一是基础，组织统一是保障，两者缺一不可。如果离开了思想统一，那么组织统一便没有任何意义；如果离开了组织统一，那么思想统一就成了空中楼阁。那么，怎样才能实现全党的思想统一和组织统一呢？列宁认为，如果在党内只讲民主，不讲集中，那么就会陷入无政府主义极端民主制的泥潭；反过来，如果在党内只讲集中，不讲民主，那么就会造成官僚主义集中制的结果。民主集中制既能够规避无政府主义极端民主制产生的混乱，又能规避官僚主义集中制带来的风险；既能够实现全党的意志统一，又能够保证全党的行动一致，所以能够实现和维护党的团结统一。为了把民主集中制落到实处，列宁进行了积极的探索，并作出了一系列原则性的规定。

第一，所有党员都有直接或间接处理党内事务的权利。列宁认为，只有切实保障党员在党内的民主权利，才能使党员获得主人翁的责任感，并致力于党的事业。为此，列宁指出："党内的一切事务是由全体党员直接或者通过代表，在一律平等和毫无例外的条件下来处理。"①为了保证党员的这一权利得以实现，列宁还规定了党员的一些基本权利：一是平等权。所有党员在党内一律平等，既享有党章规定的权利，又享有党章规定的应当切实履行的义务。二是知情权。所有党员都有权了解党内一切事务。为此，党的组织必须根据形势向党员公开党内事务，以便党员能够及时作出自己的判断，并做到知行合一。而没有公开性，就没有知情权，也就没有民主权利。为此，列宁指出，没有公开性而谈民主制是可笑的儿戏。三是参与权。所有党员都有参与党内事务的权利，并提出自己的见解或主张，以做到集思广益，群策群力。这种参与权具体体现为党员直接参与或者通过代表间接参与党内事务。列宁认为，应当由"全体党员讨论和决定无产阶级政治运动的问题，全体党员确定党组织的策略方针"②。四是选举权。选举权是党员最基本的

① 《列宁全集》第14卷，人民出版社1988年版，第249页。

② 《列宁全集》第13卷，人民出版社1987年版，第191～192页。

民主权利，也是表达党员个人意愿的重要途径。只有通过选举产生的机构和负责人，才能赢得党员的认可和信赖，也才能使党员愿意接受领导和指挥。列宁对此高度重视，要求党的所有机构和负责人都无一例外地通过选举产生。用列宁的话讲，那就是"党的所有负责人员、所有领导成员、所有机构都是选举产生的"[①]。五是罢免权。列宁认为，为了使代表充分尊重选举人的意志和意愿，并切实履行职责，就必须赋予选举人对自己选出的代表的罢免权，否则将导致违背选举人的意志和意愿、滥用代表权力现象的发生。为此，他指出："任何由选举产生的机关或代表会议，只有承认和实行选举人对代表的罢免权，才能被认为是真正民主的和确实代表人民意志的机关。"[②]否则机关就不具备任何的法律效力，也就没有行使任何权力的资格。六是监督权。列宁认为，党员作为委托人，有权了解作为代表的受托人的工作情况，以便对代表的工作进行评估和检查。在列宁的倡导下，党的第八次全国代表大会作出决议，规定中央委员会要每月向全党作一次工作报告。此外，列宁还建议中央委员会定期向地方委员会通报工作。党内的工作报告制度的确立和实行，为党员行使监督权提供了必要的前提条件。

第二，党的全国代表大会为党的最高权力机关。实践证明，党的全国代表大会不仅是全体党员直接或者间接行使民主权利的重要机构，也是全体党员建立有效沟通、及时化解矛盾冲突并达成共识的重要平台。为此，列宁采取了一系列措施以充分发挥其作用。一是确立了党的全国代表大会作为党的最高权力机关的地位。虽然按照党章的规定，所有党员原则上都有权直接参与党内的一切事务，但是随着党组织的规模的不断扩大，党员人数的不断增加，再加上其他主客观条件的限制，所有党员直接参与党内事务成为不可能实现的事情。因此，由党员选出代表自己意志和意愿的代表来行使自己的民主权利，就成了最为切实可行的途径，党的全国代表大会也由此成为全体党员进行民主决策的最为重要的平台。对此，列宁曾经指出："党的最高机关应当是代表大会，即一切享有全权的组织的代表的会议，这些代表作出的决定应当是最后的决定。"[③]这就事实上确立了党的全国代表大会在党内的最高权力地位，也为全党达成共识并实现统一意志提供了现实保障。二是注重发挥党的全国代表大会解决党内重大意见分歧的作用。列宁认为，党内出现意见分歧是不可避免的，但是如果这些分歧得不到有效解决，那么不仅会妨碍党作出正确的决策，而且还会影响到党的团结统一。而党

① 《列宁全集》第 14 卷，人民出版社 1988 年版，第 249 页。
② 《列宁全集》第 33 卷，人民出版社 1985 年版，第 102 页。
③ 《列宁全集》第 11 卷，人民出版社 1987 年版，第 154 页。

的全国代表大会在解决党内重大意见分歧方面有着不可替代的作用。“只有召开代表大会，让全体同志在会上公开地和毫无保留地说出自己的意见，才能澄清极其混乱的问题和混乱的情况。”[①]只有让大家公开地发表自己的意见，“才能给一切觉悟工人和全体党员提供合理地和果断地解决党内争论问题的材料”[②]，并在分析这些材料的基础上决定自己的立场。三是丰富了党的全国代表大会的运作模式。列宁认为，如果不能实现党内不同意见之间的充分交流，那么会议就有可能流于形式，也就不可能实现党内民主决策的目的。为此，列宁进一步丰富了会议的运作模式。比如，为了避免决策失误，可以作与大会主报告不同的副报告。由于主副报告的立场向左甚至是根本对立，这样就为与会代表提供了选择、比较的机会，大家可以自由讨论，决定自己的立场，并通过民主表决的方式作出最终的取舍。这样不仅体现了民主精神，而且也大大提高了党的决策的科学性。又如，在会议期间，代表可以直接向发言人提出质询，并通过递条子、提问题等方式表达自己的意见和建议，然后由发言人予以直接的回应。这种方式不仅为会议营造出积极的民主氛围，而且也有利于集思广益，进一步提高与会代表尽职履责的积极性和主动性。四是对定期召开党的全国代表大会作出了原则规定。早在共产主义者同盟时期，马克思就曾经主张同盟代表大会实行年会制，这样不仅可以有效避免中央委员会凌驾于代表大会之上，而且可以有效保护党员的民主权利。列宁继承了马克思的这一思想，将其运用到党的建设的实践之中，并为此作出了原则性的规定。1903 年，党的二大通过的党章规定，党的全国代表大会至少每两年召开一次。之所以如此，是因为当时党的斗争环境极其险恶，无法满足年会制的需要，即便是两年一次的规定也无法得到落实。随着形势的发展，党的内外环境发生变化。在列宁的倡议下，1917 年党的六大通过的《俄国社会民主党章程》规定，党的全国代表大会实行年会制。此后，党一直严格遵照这一规定并加以执行落实，直到列宁逝世。可以说，“从 1918～1923 年召开了六次代表大会（从‘七大’到‘十二大’），即使在三年内战和外战的战争烽火中，也照开不误”[③]。

第三，党内实行少数服从多数的原则。党员作为党内事务的主人，有权对党的事务发表自己的意见或看法，有分歧也是不可避免的，因此有效化解分歧就变得尤为重要。如果任由分歧不断扩大而得不到有效合理的解决，那么就会严重制约党及时作出决策，甚至还会危及党的团结统一。为此，列

① 《列宁全集》第 9 卷，人民出版社 1987 年版，第 7 页。

② 《列宁全集》第 9 卷，人民出版社 1987 年版，第 3 页。

③ 高放：《政治学和政治体制改革》，中国书籍出版社 2002 年版，第 457 页。

宁提出了少数服从多数的组织原则。与此同时，列宁还十分重视尊重和保护少数的权益，并将其视为实现党内民主的必然要求。

首先，坚持少数服从多数的原则是实现党的集中统一的必由之路。在列宁看来，纵然党内意见分歧不可避免，但是"在统一的党内，决定党的直接行动的策略应该只有一个。这个统一的策略应该是大多数党员的策略：当多数已经完全形成的时候，少数在自己的政治行动上必须服从多数"①。之所以如此，是因为"为了保证党内团结……如果没有正式规定的党章，没有少数服从多数，没有部分服从整体，那是不可想象的"②。在这里列宁所谓的"不可想象"，就是说如果党始终处在内部无休无止的争论之中，并形成各种势力或派别，党就成了一盘散沙，也就不可能承担并完成自己的使命担当，甚至导致党本身的分崩离析。也正是从这个意义上，列宁得出了"没有少数服从多数就不可能有组织"③的基本结论。正是因为确立了少数服从多数的原则，所以党才能够从旷日持久的争论当中解放出来，并及时作出统一的决策，以协调全党的一致行动，实现并最大限度地维护了党的团结统一。

其次，尊重和保障少数的权利是实现党内民主的必然要求。列宁认为，在全党确立了少数服从多数的原则，并不意味着可以忽视甚至无视少数的权利，毕竟少数是相对于多数而言的，也是党的不可或缺的重要组成部分，如果滥用多数的优势，侵害少数的基本权利，那么党就不可能实现真正意义上的团结统一。再者，多数的意见也不见得总是正确的，少数的意见也不见得总是不正确的。实践经验表明，有时真理往往掌握在少数人手里，并且在不同的问题上总会出现多数和少数之分，存在不同的意见分歧，这也为党作出符合实际的科学决策提供了重要的参考依据。为此，列宁高度重视尊重和保护少数的合法权利，并将其视为实现党内民主的必然要求，以及实现党的团结统一的必然路径。列宁指出，"我们必须在党章中保证一切少数派的权利"，对少数派提出的"任何切实的建议，都应当十分认真地加以考虑，并在实际工作中加以检验"④。如果经过实际检验是可行的，那么就应当接受，并自觉运用到工作中来。这样做不但体现了对少数的尊重，而且还能够把少数争取过来同心协力地开展工作，以巩固党的团结。当然，在尊重和保护少数的权利的同时，列宁也为少数划定了政治底线，那就是必须以"不能导

---

① 《列宁全集》第12卷，人民出版社1987年版，第157页。

② 《列宁全集》第8卷，人民出版社1986年版，第387页。

③ 《列宁全集》第25卷，人民出版社1988年版，第185页。

④ 《列宁全集》第41卷，人民出版社1986年版，第82页。

致破坏活动，不能妨碍正常工作，不能分散我们的力量”[①]为基本前提。可以说，列宁为党确立的少数服从多数的组织原则以及尊重和保护少数权利的规定，对于实现并维护党的团结统一发挥了巨大作用。

二、整顿了党的组织

党员的质量直接关系到党的性质、宗旨以及党的团结统一，如果党员的质量好，那么就能够保持党的性质，自觉履行党的宗旨，坚决维护党的团结统一；如果党员的质量差，那么就不能够保持党的性质，不能自觉履行党的宗旨，不能坚决维护党的团结统一。为此，列宁历来重视党员的质量问题。早在建党初期，他就曾强调指出：我们党“应当努力把党员的称号和作用提高，提高，再提高”[②]。建国后，俄国出现了党的组织不纯、党员质量良莠不齐的状况，因此列宁把提高党员质量当作党的最为重要的任务来抓，并为此采取了一系列的措施。

第一，管好入口，严格入党条件。十月革命胜利后，虽然布尔什维克党成了执政党，但是党所处的内外形势依然严峻，更加需要党的团结统一。然而，各种破坏分子和投机分子想方设法混进党内来，不仅严重影响了党的战斗力的提高，而且严重妨害了党的团结统一。为此，列宁主张管好入口，严格入党条件。首先，通过险恶的斗争环境的锻炼和考验来把关。在国内战争期间，面对内外敌人的联合进攻，为了巩固新生的人民政权，以列宁为首的党中央决定在险恶的斗争环境中举行“征收党员周”活动，向广大工农群众敞开了大门，大量吸收新党员。与此同时，对入党的党员不作任何形式的许诺，还让他们承担比平时更加繁重、更加危险的工作，诸如上前线或参加星期六义务劳动等等。总之，哪里有危险，哪里就有共产党员；哪里有困难，哪里就有共产党员。这样做收到了两个明显的效果：一是堵塞了投机分子企图通过加入党组织实现发财致富的道路，所以入党不会对他们产生什么诱惑。二是保证在这种严峻形势下，“入党的将都是一些真心拥护共产主义的人，真正忠于工人国家的人，正直的劳动者，在资本主义下受压迫的群众的真正代表”[③]。据不完全统计，在国内战争期间，近三十万的共产党员奔赴前线参加对敌作战，占当时党员总数的一半，其中有五万名党员英勇牺牲。可以说，正是因为险恶斗争环境的锻炼和考验，才使党员质量不断提高，使党的战斗力不断加强，进而达到纯洁党的组织，提高党员质量的目的。其

---

① 《列宁全集》第 10 卷，人民出版社 1987 年版，第 201 页。

② 《列宁全集》第 7 卷，人民出版社 1986 年版，第 272 页。

③ 《列宁选集》第 4 卷，人民出版社 2012 年版，第 52 页。

次，通过对入党条件、党员预备期和入党介绍人的严格规定来把关。事实上，早在建党初期，列宁就高度重视党员质量。为此在党的二大讨论党章第一条关于入党条件的问题时，他与马尔托夫等人发生激烈的争论，并形成了布尔什维克和孟什维克两大派别。马尔托夫为首的孟什维克认为党是一个松散的组织，凡是承认党的纲领和章程，愿意为党提供帮助的人都可以被看作党员，而不必加入党的一个组织。列宁为首的布尔什维克则坚决主张建立一个统一的集中制的党，为此要把那些承认党的纲领、愿意参加党的一个组织、执行党的决议并按期缴纳党费的人吸收到党内来，以保证党的团结统一。但由于环境险恶，党内外斗争形势复杂，所以并未解决好这一问题，以至于党内长期存在着严重的思想不纯和组织不纯问题。十月革命胜利后，在国内战争的最危急的时期，为了进一步提高党员质量，列宁主张将是否参加星期六义务劳动作为接受新党员的一个重要条件。他指出："非经半年'用革命精神从事工作'的'考验'或'见习期'，不得接收入党。"①另外，凡是十月革命胜利后入党的新党员，都要通过这样的"考验"或"见习期"，来证明自己对党的忠诚可靠。党的八大还首次在党章中增设了"预备党员"一章，规定凡是志愿加入党组织的新党员都要经过预备期的考验，一是使处于预备期的党员对党的纲领的认识更加深刻，二是给党组织提供考察预备党员入党动机和人品的时间。与此同时，这次大会还强调指出："党的组织绝不应当以降低党员的质量为代价，来换取党员数量的增加。"②此后，列宁在《关于清党和入党条件给全体政治局委员的信》中建议把入党的条件规定得更加严格一些。他认为"工人(以前在大工厂里至少当过十年普通雇佣工人，现在又至少工作了两三年的人，才能算作工人)的预备期为一年半，其余的人为三年"③。党的十二大接受了列宁的建议，并在党章中对预备党员的预备期作出了严格的规定。不仅如此，在列宁的倡议下，党的十一大通过的党章还对入党介绍人的职责作出了严格的规定：一是要求新党员一般至少要有两名正式党员作为入党介绍人，甚至可以多达五名党员作为入党介绍人。二是对入党介绍人的党龄作出规定。"介绍工人入党的要有三年党龄，介绍农民和红军战士的要有四年，介绍其他人的是五年。"④三是明确了介绍人的责任。要求入党介绍人必须对被介绍对象负责，对党组织负责，如果不负

---

① 《列宁全集》第37卷，人民出版社1986年版，第24页。

② 中共中央马克思恩格斯列宁斯大林著作编译局译：《苏联共产党代表大会、代表会议和中央全会决议汇编》第一分册，人民出版社1964年版，第564页。

③ 《列宁全集》第42卷，人民出版社1987年版，第314页。

④ 《列宁全集》第43卷，人民出版社1987年版，第16页。

责，那么就要受到党组织的纪律处分，甚至开除党籍。可以说，这些措施的施行，进一步提高了党员的质量，促进了党的团结统一。

第二，放开出口，纯洁党的组织。通过清除混进党内的敌对分子和投机分子，净化党内环境，纯洁党的组织，是列宁的一贯主张。早在建党初期，列宁就表达出对这一问题的严重关切，并将其提升到事关党组织的巩固与瓦解的高度。他指出，如果党组织不注意清除反对党纲、党章和党的策略主张的异己分子，那么“它就不可避免地会瓦解，首先在思想上瓦解，然后在物质上瓦解”①。如果说革命战争时期入党带有一定的风险，而对敌对分子和投机分子不具有很大吸引力的话，那么革命胜利后这种情况就发生了根本性的变化。因为加入执政党就意味着可能掌握大大小小的各种权力，所以各种敌对分子特别是投机分子千方百计混入党组织，从而给党的团结统一带来巨大的危害和风险。为此，列宁高度重视整顿党的组织，并采取清党的方式来纯洁党的组织。一是表明了清党的坚强决心和果决态度。列宁认为，党的执政地位的诱惑力，会使一些异己分子混进党内来，这是不可避免的。而作为执政党，“要善于清洗自己的队伍”②。对于那些“徒有其名的党员，就是白给，我们也不要”③。这样，党才能保持工人阶级先锋队组织的性质，也才能保持团结统一。二是指明了清党针对的具体对象。1921 年，列宁在《关于清党》一文中明确了需要清理出党组织的对象，即“必须把欺骗分子、官僚化分子、不忠诚分子和不坚定的共产党员以及虽然‘改头换面’但内心里依然故我的孟什维克从党内清除出去”④。1922 年 3 月，列宁在给莫洛托夫的信中把清党对象的范围进一步扩大到不能自觉贯彻执行党的方针政策的党员。对此他指出：我们“还应制定一些办法，使党易于除去那些根本够不上十分自觉地贯彻无产阶级政策的共产主义者的党员”⑤。可以说，清党对象的明确，提高了工作的针对性，使得工作能够做到有的放矢。三是提出了清党的具体方法。为了使清党工作收到实效，而不造成冤假错案，根据列宁的主张，俄共中央特别设立了审党清党委员会，主持领导审查和清理党员的工作。在清党工作开展期间，列宁强调要认真听取党内和党外的意见，并将其作为重要依据。一方面，在党内要特别注意听取“老近卫军”的意见，并认真对待他们所提供的材料，因为这些人经历过急风暴雨的革命洗礼，有经验、

① 《列宁全集》第 12 卷，人民出版社 1987 年版，第 95 页。
② 《列宁选集》第 4 卷，人民出版社 2012 年版，第 22 页。
③ 《列宁选集》第 4 卷，人民出版社 2012 年版，第 51 页。
④ 《列宁全集》第 42 卷，人民出版社 1987 年版，第 147 页。
⑤ 《列宁全集》第 43 卷，人民出版社 1987 年版，第 20 页。

有阅历、有责任感。另一方面，在党外要广泛听取劳动群众的意见，因为他们更敏感、更公允，更善于区别哪些人是忠诚老实的党员，哪些人是为谋生而辛勤劳动的党员，哪些人是巴结和讨好上级的令人厌恶的党员等等。

在列宁的领导下，俄共从1919党的八大到1922年党的十一大一共进行了两次大规模的清党。第一次清党是在党的八大以后。根据八大作出的《关于组织问题》的决议，党中央决定于1919年5～9月进行党员重新登记，目的是清除党内的非共产主义分子，主要是那些混入执政党以便利用共产党员称号谋取私利的人。“据尼尼·克列斯廷斯基在俄共(布)第九次代表大会上的报告，经过重新登记，党员人数减少了一半。”[①]从而达到了预期的目的。第二次清党是在党的十大以后。这次清党是根据十大作出的《关于党的建设的决议》进行的，目的是从党内清除非共产主义分子，纯洁党的队伍。为了使清党工作顺利开展，中央还专门制定了清党工作的方针。这次“清党结果，共有159355人被除名(占党员总数24.1％，不包括布良斯克、阿斯特拉罕两省和土耳其斯坦的材料)。在开除出党和退党的人中，工人占20.4％，农民占44.8％，职员和自由职业者占23.8％，其他占11％”[②]。通过开展清党工作，截至列宁逝世前，党员人数下降到了30万人。虽然党员在数量上减少了，但是在质量上却提高了。事实表明，清党不仅极大地纯洁了党的组织，进一步密切了党群关系，提高了党的威望，而且极大地促进了党的团结统一。

三、严肃了党的纪律

列宁认为，无产阶级在与资产阶级的斗争中，除了组织以外没有别的武器。而如果没有严格的纪律，那么组织就会变成一盘散沙。为此，他一直高度重视党的纪律建设。从一定意义上讲，列宁领导建党、革命和建设的过程就是不断加强党的纪律建设的过程。在这一过程中，党的纪律从无到有、从不完善到逐步完善，并不断成为党组织提升战斗力、彰显先进性和实现团结统一的重要保障。列宁在总结党建的经验时坚定地认为：“无产阶级实行无条件的集中制和极严格的纪律，是战胜资产阶级的基本条件之一。”[③]为此，在党的八大通过的关于党的建设的决议中规定，全体党员无一例外地必须

① 《列宁选集》第4卷，人民出版社2012年版，第804页。

② 《列宁专题文集》(论无产阶级政党)，人民出版社2009年版，第426页。

③ 《列宁全集》第39卷，人民出版社1986年版，第4页。

遵守最严格的纪律。[①] 在这次大会通过的党章中进一步规定:"严格遵守党的纪律是全体党员和一切党组织的首要义务。"[②]这更加凸显出纪律对于党的极端重要性。不仅如此,为了强调纪律的严肃性和约束性,在党章中还明确规定了党员违反组织纪律应予处罚的具体措施。革命胜利后,党内出现了名义上承认统一,而实际上各自为政的反对派,这些反对派挑起的纷争极大地扰乱了党员的思想,破坏了党的团结统一,使党面临着分裂的巨大危险。所以列宁明确指出,无论如何"也要使派别活动完全绝迹"[③]。为此,列宁不但亲自为党的十大起草了《关于党的统一的决议草案初稿》,而且还在《初稿》中提出了一系列具体措施:一是提高全党的认识。列宁呼吁全党同志注意,虽然党取得了国内战争的胜利,但是党所面临的内外形势依然严峻复杂,更加需要党的团结统一。同志们之间相互信任,工作上齐心协力,而党内的派别活动无疑破坏着党的团结统一,破坏着同志们之间的相互信任,破坏着齐心协力的工作,进而给混进党内的敌人进行反革命活动提供了可乘之机。为此,全党同志一定要提高对反对党内派别活动工作重要性的认识,并联合有觉悟的工人齐心协力地抓好这项工作。二是统一全党的宣传口径。列宁强调,"一方面应当从保持党的统一和实现无产阶级先锋队的意志的统一是保证无产阶级专政胜利的基本条件这一观点出发,详细说明派别活动的害处和危险性"[④],以提高全党同志的认识,并增强其工作的自觉性、积极性和主动性;"另一方面应当揭露苏维埃政权的敌人所采用的新的策略手法的特点"[⑤],以提高全党同志的判断力和鉴别力,并堵塞工作漏洞。此外,"在宣传中还应当阐明历次革命的经验"[⑥],以提高全党同志的政治觉悟。三是取缔党内一切反对派组织。列宁指出,党的代表大会必须无一例外地解散所有反对派,并责令立即执行。凡是不认真执行代表大会这项决定的人,应当立即无条件开除出党。即使是中央委员、候补中央委员和中央监察委员,甚至是党的负主要责任的领导者也不例外,一视同仁。四是尊重党员发表不同意见的权利。在党内,批评自由和行动一致是列宁的一贯主张。早在民主革命时期,列宁就曾强调指出:"在党纲的原则范围内,批评应

---

① 参见中共中央马克思恩格斯列宁斯大林著作编译局译:《苏联共产党代表大会、代表会议和中央全会决议汇编》第一分册,人民出版社 1964 年版,第 571 页。

② 中共中央马克思恩格斯列宁斯大林著作编译局译:《苏联共产党代表大会、代表会议和中央全会决议汇编》第一分册,人民出版社 1964 年版,第 597～598 页。

③ 《列宁全集》第 41 卷,人民出版社 1986 年版,第 3 页。

④ 《列宁全集》第 41 卷,人民出版社 1986 年版,第 81 页。

⑤ 《列宁全集》第 41 卷,人民出版社 1986 年版,第 81 页。

⑥ 《列宁全集》第 41 卷,人民出版社 1986 年版,第 81 页。

当是完全自由的。"[①]但是前提是"党的政治行动必须一致"[②]。与此同时，他还指出，如果党内没有批评和讨论的自由，那么就不可能有真正意义上的行动一致，而对这样一个原则的违反必然会破坏组织关系。基于此，列宁认为，反对党内派别活动，不允许在党内发表派别言论，绝不意味着剥夺党员发表不同意见的权利，相反，必须保障党员在党内对党的政策主张发表意见和建议的权利。为此，列宁建议党的代表大会应当更经常地出版《争论专页》和专门文集，为党员发表意见建议提供平台。与此同时，列宁也为党员的讨论或批评划定了政治底线，那就是必须以在党纲的原则范围内进行讨论和批评为基本政治前提，以维护党的团结统一为基本政治底线，否则将无异于帮助无产阶级的敌人，并事实上削弱无产阶级本身。

四、强化了党内的监督

列宁认为，建立党内监督制度是监督检查党员干部尽职履责的重要方式，也是实现和维护党的团结统一的重要手段。如果离开了对党员的外在监督检查，就不能保证全党在行动上的一致，因此列宁高度重视并不断强化党内监督。实际上，早在民主革命时期，根据列宁的建议，党的六大通过的党章就作出了在党内建立检查委员会的决定，旨在检查中央委员会的会计处和一切事宜，并向下一次党的代表大会作出报告。革命胜利后，俄共(布)成了唯一的执政党。为了避免权力的滥用，继续保持党的先锋队性质，维护党的团结统一，列宁更加重视党内监督问题，并为此采取了一系列的具体措施：一是建立了党内监督检查机构。在保留原有检查委员会的同时，党的九大根据列宁的提议，决定成立中央监察委员会。党的十大充分肯定了成立监察委员会的重要性，并选举成立了党内监督的最高机构，即首届中央监察委员会，由 7 名委员和 3 名候补委员组成。在此基础上，党的十一大建立了党的三级监察委员会，即中央监察委员会、区域监察委员会和省监察委员会，自此实现了从中央到地方监察的全覆盖。二是明确了监督检查机构的目的、任务。党的十大通过"关于监察委员会"的专项决议案，对建立监察委员会的目的、监察委员会承担的任务作出了明确的规定。建立监察委员会的目的，就是通过监督检查党内事务，提高党的政治威信，加强和巩固全党的团结统一。监察委员会的任务，就是"同侵入党内的官僚主义和升官发财思想，同党员滥用自己在党内和苏维埃中职权的行为，同破坏党内同志关系、散布毫无根据的侮辱党或个别党员的谣言以及其他诸如此类的破坏党

---

① 《列宁全集》第 13 卷，人民出版社 1987 年版，第 129 页。

② 《列宁全集》第 13 卷，人民出版社 1987 年版，第 129 页。

的统一和威信的流言蜚语的现象作斗争。”[①]从而使监察委员会进一步明确了自身的职责定位和工作的努力方向。三是明确规定了监督检查机构的权力范围。第一，中央监察委员会和地方监察委员会由党的代表大会和同级代表会议选举产生，并向其报告工作。第二，监察委员会有权监察中央委员会执行党的路线的情况，并有权审查政治局的一切文件。第三，监察委员会审理违反党纲、党章和党的道德的案件，并有权作出包括开除党籍的一切处分，等等。应该说，对于监察委员会权力范围的界定，赋予了监察委员以极大的独立性和权威性。在独立性方面，决议明确规定了中央和地方监察委员会实行垂直领导体制，不受中央委员会和地方同级党委会的制约，这样就有效避免了外界的干扰。在权威性方面，决议明确规定监察委员会和同级党委会的平行关系，保证了监察委员会对同级党委会的监督权力，体现了监察委员会的权威性。不仅如此，列宁逝世前夕，在其留下的“最后的书信和文章”中就加强党内监督提出了若干意见，诸如中央监察委员会要加强对中央领导集体的监督，以维护党的团结统一；将中央监察委员会与工农检查院合并，以扩大监督权限，提高监督水平；等等。

总之，列宁强化党内监督的措施，不仅对党的各级组织和党员认真履职起了积极的督促作用，而且也对维护党的团结统一起了巨大的推动作用。

第四节　列宁党风建设实践中遇到的问题及其原因分析

列宁党风建设思想对于保持党的无产阶级先锋队性质、推动党员履行党的宗旨以及巩固和发展党的组织等方面都起到了巨大的指导作用，特别是其在思想作风、工作作风和组织作风方面的思想，对于推动马克思主义理论与俄国实际相结合、密切党与人民群众之间的联系、维护党的团结统一等都发挥了巨大的指导作用。然而，无论是领导建立区别于第二国际各国党的无产阶级革命政党，还是把科学社会主义变成活生生的现实，成为社会主义国家的执政党，都是前无古人的伟大事业。虽然列宁党风建设思想具有一定的开创性和较强的可操作性，但是国际、国内和党内形势的复杂多变，也在事实上决定了其党风建设实践的艰巨性和复杂性。在诸多因素的交互作用下，其党风建设实践表现出一定的历史局限性。

① 中共中央马克思恩格斯列宁斯大林著作编译局译：《苏联共产党代表大会、代表会议和中央全会决议汇编》第二分册，人民出版社 1964 年版，第 70 页。

一、列宁党风建设实践中遇到的问题

第一，党内的思想僵化，教条主义盛行。实践表明，列宁不仅旗帜鲜明地坚决反对把马克思主义理论当作僵死的教条，而且还身体力行地积极推动马克思主义与俄国实践相结合，并为全党做出了表率。在革命时期，尤其是在帝国主义和无产阶级革命的新时代，列宁突破了马克思和恩格斯关于社会主义革命在西方先进国家“同时胜利”的理论，创造性地提出了“一国或数国”胜利论，并取得了十月革命的胜利，为世界各国的无产阶级革命以及被压迫民族获得解放树立了鲜活的榜样。在建设时期，当军事共产主义政策因为严重伤害了农民的利益而遭到工人、农民和士兵的强烈反对和抵制，导致列宁试图直接过渡到共产主义的设想行不通的时候，列宁果断采取了新经济政策，使党和国家转危为安。应当说最初的时候，列宁把采取新经济政策理解为“退却”，而之所以“退却”，用列宁的话讲，是因为“如果我们不能实行退却……那我们就有灭亡的危险”[①]。如果说最初采取新经济政策是迫不得已的权宜之计的话，那么伴随着实践的推进，列宁逐渐突破了基于马克思主义理论的对社会主义的认识框架，将新经济政策视为过渡到社会主义的必由之路，而不再是权宜之计的“退却”了。在其生命的最后阶段，列宁“完全”改变了对社会主义的看法，而这种“完全”的改变是基于国际形势的深刻变化，特别是对俄国现实国情的理性思考。可以说，这是列宁身体力行反对教条主义的又一个鲜明的例证。可惜的是，列宁的这种“完全”改变，既没有在党的政治路线当中体现出来，也没有带动全党绝大多数人的“完全”改变，以至于包括党的主要领导人在内的党内绝大多数人仍停留在列宁关于“退却”的初始状态的认识层面，仍坚持认为新经济政策是党向资本主义的“退却”，一待时机成熟，就应当立即停止并转入进攻。特别是斯大林成为党和国家的首脑之后，由于自身素质的局限，他没有也不可能达到列宁的认识高度，加之他忽视了列宁思想得以产生的具体背景及其发展变化，所以他一方面坚持了列宁的建党原则，另一方面也存在着把马克思主义教条化的倾向。而这种教条化的倾向集中体现为忽视俄国的现实国情，较早地终止了新经济政策，建立了高度集中的政治、经济和文化体制。随着高度集权局面的形成，党内的思想僵化和教条主义盛行开来，不能自觉推动马克思主义理论与俄国实践相结合，不能解释和回答实践提出的新课题，久而久之，不仅使广大党员失去了对马克思主义理论研究的热情，而且也窒息了党的探

---

① 《列宁全集》第 43 卷，人民出版社 1987 年版，第 278 页。

索和创新精神。

第二，党内的官僚主义和腐败现象依然严重。虽然列宁执着于按照巴黎公社的经验来建立国家政权，但是严峻的国内外形势迫使其只能部分地实现其最初的设计规划；再加上各种复杂的因素，诸如经济贫困、文化落后、交通闭塞等等的制约，导致党和国家机关中的官僚主义和特权现象层出不穷、屡禁不止。虽然列宁采取了一系列的措施予以纠正，但是官僚主义蔓延的势头并未得到根本性的遏制。如果说列宁时期党员领导干部就已经享有一定的特权的话，那么列宁逝世后党内则逐渐形成了官僚特权阶层，他们有自己的内部餐厅、特供商店、豪华住宅和郊外别墅等。正如法国著名作家罗曼·罗兰访问苏联后所说，“对党自身来说，可能不知不觉地形成由久经考验的领导人、忠于党的技术工作者、各种先进生产者以及工人大军、集体农庄庄员和士兵大军的精英人物组成的共产主义特权阶层”①。而与这一特权阶层的豪华生活形成强烈对比的是普通老百姓不得不为获得面包和牛奶而艰难劳作。可以说，官僚主义的泛滥和官僚特权阶层的形成，严重损害了党和国家的形象，也严重破坏了党群和干群关系。另外，腐败现象和官僚主义就像一对儿孪生兄弟，官僚主义本身就表现为一定的权力腐败，而腐败无疑又会加重官僚主义。早在施行新经济政策之初，列宁就把贪污受贿列为共产党面对的三敌人之一，另外两个是骄傲自大和文盲。如果说建国之初的军事共产主义政策最大限度地挤压了腐败赖以生存的空间的话，那么新经济政策的施行则因存在着一定程度的市场运作，为部分领导干部滥用权力，搞权钱交易、贪污受贿等腐败行为提供了现实可能。

这一时期的腐败主要表现为：一是浪费公款。诸如，利用公款购置汽车，公车私用；利用公款大吃大喝，铺张浪费；利用公款对私宅进行豪华装修，生活奢侈；利用公款参与各种形式的赌博活动，寻求刺激；利用公费疗养，并惠及亲属家人；等等。二是权钱交易。诸如，商人为了获得业务，经常采取贿赂官员的方式；有的领导干部之间利用本部门生产的产品相互交易；有的领导干部利用国家的资金，让自己的家人从中牟取暴利；有的领导干部故意提高建设项目承包价格，收取回扣；等等。三是盗用公款。盗用公款现象相当普遍，几乎涵盖苏维埃各个机关。这一点可以从莫斯科法庭的一份卷宗中得到比较充分的反映。比如在1925年3～9月，“在莫斯科法庭接受了786个关于盗用公款的案件，其中发生在合作社的占28.7%，经济机关13.9%，民警机关17.3%，村苏维埃14.2%，苏维埃执委会4.1%，工会

① [法]罗曼·罗兰:《莫斯科日记》，袁俊生译，上海人民出版社1995年版，第118～119页。

3.8%。1925 年 7 月 1 日，在俄罗斯联邦 48 个省和州主持了对 20773 件职务犯罪的司法案件的审判，其中 6698 件(30%)涉及盗用公款"[①]。诚然，列宁为首的党中央采取了强有力的措施对党内的腐败分子进行了打击，并一度把贪污受贿和职务犯罪从最高峰拉到了谷底，比如，"从 1922 年到 1925 年涉案逐年下降，1925 年贪污受贿案件下降到 3942 件，职务犯罪下降到 7421 件"[②]，然而，从 1926 年以后却强力反弹，特别是职务犯罪率迅速上升。"1927 年增加到 5444 件，是 1926 年的 2.8 倍；1928 年 16429 件，是 1927 年的 3 倍多。"[③]

由此不难看出，虽然列宁为首的党中央采取了强有力的措施对党内的官僚主义和腐败现象进行了严厉的打击，并取得了可喜的成果，但是并未彻底扭转官僚主义和腐败现象的发展势头。

第三，未能避免党的领导集体的分裂。列宁曾经指出，党的团结统一绝对不是下一道命令或开几次会议就能实现的。它需要进行艰苦的思想斗争，更需要严肃的组织纪律，只有这样才能实现党的思想统一和组织统一，并实现在此基础上的全党牢固的团结。在列宁的崇高威望和严肃的组织纪律的威慑下，反对派纷纷放弃了自己的主张，全党实现了短暂的团结统一。为了维护这一局面，列宁建议将斯大林从总书记的位置上调离，并增加中央委员的数量，以防止可能出现的领导集体的分裂。这是因为，一方面列宁对掌握了绝对权力的斯大林能够正确地使用权力没有把握，另一方面列宁认为斯大林和托洛茨基等主要领导人之间的矛盾，将是关系到党的团结统一的事情。然而，中央委员会并未接受列宁的建议，客观上增加了党的中央领导集体走向分裂的风险。面对列宁逝世后留下的最高领袖地位的政治真空，各派势力开始了激烈的角逐，使党的领导集体出现了巨大的政治分野。从表面上看，他们紧紧围绕着对列宁主义的权威解释和能否在一国建成社会主义以及如何建设社会主义这些问题展开了激烈争论，实质上这些争论始终是与角逐最高权力交织在一起的。因为俄罗斯的历史传统表明，谁拥有至高无上的地位，谁就掌握了真理，谁就有了解释一切的合法权利；反过来，谁有资格解释绝对真理，谁就顺理成章地成为理论上的合法继承人，谁就理所当然地成为政治上的主宰者。事实上，列宁在世的最后几年，基本上

① 沈志华:《一个大国的崛起与崩溃:苏联历史研究(1917～1991)》上册，社会科学文献出版社 2009 年版，第 216 页。

② 沈志华:《一个大国的崛起与崩溃:苏联历史研究(1917～1991)》上册，社会科学文献出版社 2009 年版，第 219 页。

③ 沈志华:《一个大国的崛起与崩溃:苏联历史研究(1917～1991)》上册，社会科学文献出版社 2009 年版，第 220 页。

完成了从军事共产主义向新经济政策的理论认识上的转变。之所以发生这样的转变，主要是基于马克思主义理论与俄国现实国情和国际形势之间的巨大反差。也就是说，列宁领导十月革命的初衷就是通过俄国革命引发世界革命，进而建成马克思、恩格斯所设计的经典的社会主义。而现实却是世界革命形势转瞬即逝，俄国革命并未拉开世界革命的序幕，不仅如此，俄国还是一个欧洲最落后的农民占主体的国家。在这种情况下，列宁认为确立并实施建立城乡之间、工农之间紧密联系的新经济政策是必由之路。但是，事实表明，当时的中央领导集体并无一人真正理解列宁的想法，即便是最为列宁看好的理论家布哈林也是如此。换句话说，当时的党中央领导人并没有把握列宁社会主义建设思想的发展轨迹，以至于只知其一，不知其二。如果他们能够团结一致，能够认真研究俄国现实国情，并科学判断世界形势的话，那么仍然可以遵循列宁的遗志继续探索。然而，恰恰相反，他们都是从各自的立场出发来阐释列宁主义，由于分歧巨大，转而形成派别之争，直至采取组织手段来解决。在这场斗争中，以斯大林为首的中央多数派先后同"托洛茨基反对派""季诺维也夫、加米涅夫新反对派""托洛茨基、季诺维也夫、加米涅夫联合反对派"以及"布哈林反对派"进行了激烈的较量，最终，以斯大林为首的中央多数派获得胜利，也标志着中央领导集体彻底分裂，党的团结统一局面遭受到严重的破坏。可以说，斯大林开了用强力的组织手段对待党内不同意见的恶例，使党的统一仅仅停留在组织层面。

二、对列宁党风建设实践中遇到问题的原因分析

列宁党风建设思想之所以在实践中遇到一系列的问题，主要是源于以下几个方面的原因：

第一，权力集中和个人崇拜。毋庸置疑，列宁非常重视发扬党内民主，并通过党章以及其他一系列的规章制度来保障党员的民主权利。不仅如此，作为党和国家的最高领导者，列宁还以身示范地坚持民主集中制原则和集体领导原则。即便在极端困难的情况下，他仍然坚持并实施党代会的年会制，以最大限度地发扬党内民主，保障党员的民主权利。就连西方人也不得不承认，列宁执政时期是"伟大的民主时代"。但是，与此同时，也应当看到，"集中制"这种领导体制贯穿于列宁领导俄国革命和建设历程的始终。虽然这种体制是基于内外局势的变化所采取的，但是它也不可避免地造成了权力的过分集中，而权力的过分集中则会造成个人崇拜。列宁的崇高威望使他赢得了全党上下的普遍信任和衷心爱戴，这种信赖对于巩固党的团结统一固然重要，但在客观上也造成了思想上的僵化和行动上的教条。因

为大家普遍认同列宁，认为只要按照列宁的指示办事就行了，根本不需要自己开动脑筋。进入和平建设时期后，列宁强调，为了充分调动全党的积极性和创造性，必须不断扩大党内民主。党的十大提出，从战时的“极端集中制”向“工人民主制”转变，党的领导机关实行普遍的选举制、报告制和监督制，全党集体研究解决重大问题等等。但是，在列宁逝世后，苏共针对民主集中制的探索非但没能继续前进，反而出现了严重的倒退。从斯大林时期开始，苏共始终过分强调集中，使本已十分集中的权力更加集中，严重制约了党的基层组织和广大党员群众的积极性、主动性和创造性的发挥。这种局面无论是在赫鲁晓夫时期，还是勃列日涅夫时期，抑或是戈尔巴乔夫时期都没有得到任何实质性的改观，甚至在有些方面还被放大，以至于最后成为击碎苏联、葬送苏共的一个非常重要的诱因。

第二，干部任命制。在干部的选拔任用机制上看，虽然早在十月革命之前，列宁就在《国家与革命》一书中强调指出，在革命胜利并完成“剥夺剥夺者”以后，切实履行巴黎公社的原则，“一切公职人员毫无例外地完全由选举产生并可以随时撤换”[①]。遵循着这样的思想逻辑，建国初期，列宁领导的苏维埃政权也确实一度采取了由基层群众直接选举苏维埃代表的方法，但是这种领导干部的直接选举制很快就被弃用了。之所以如此，一方面是因为建国之初，在全国范围内，党员人数较少，党的地方组织并不健全；另一方面是因为绝大多数群众是文盲，没有政治自觉意识，不能直接参政议政。为此，根据列宁的建议，1918 年 3 月党的八大通过了《关于组织工作》的决议，确定了干部委任制的原则，并确定党的工作人员的全部分配工作由党中央委员会掌握，具体由中央组织局来指导党的全部组织工作，由此拉开了党管干部的序幕。对此，列宁曾指出：“如果取消中央调配人员的权利，它就不能指导政治。”[②]也就是说，如果不能实行党管干部的原则，那么党的政治路线就无法得到贯彻落实，这就意味着不能实现党的领导。应该说，列宁的这种主张直到今天对各国无产阶级政党来讲仍然具有重要的指导意义。事实上，党管干部的原则本身没有错，关键是委任制这种干部产生方式是值得商榷的。随着时间的推移，这种方式带来的弊端也在不断显现。列宁多次就此向党中央发表重要建议，以解决由此带来的一系列问题。比如，列宁曾经建议俄共第九次全国代表会议通过决议，要求“在特殊情况下，对应由选举产生的职务实行任命在原则上是必要的，但同时建议中央委员会在分配工

---

① 《列宁全集》第 31 卷，人民出版社 1985 年版，第 41 页。

② 《列宁全集》第 43 卷，人民出版社 1987 年版，第 120 页。

作人员时一般应以推荐代替任命”[①]。也就是说，如果没有特殊情况，那么委任制就不是必须采取的方式，而应当以推荐制代替任命制。随后，党的十大通过决议，要求在可能的条件下尽量实行选举制，在条件不具备的地方可以采用推荐制来代替委任制，并逐步实行选举制。显然，十大的决议在九大决议的基础上，又向前进了一大步。由此可见，实行干部的委任制绝非列宁的本意，而是不得已而采取的措施。伴随着内外条件的改善，列宁仍然希望经由推荐代替任命，直至回到选举制的轨道。但是，列宁逝世后，斯大林并未坚持列宁关于委任制过渡到选举制的设想，而是把委任制固定化和绝对化，并把委任制视为党的领导的体现。诚然，委任制对于巩固政权起了决定性的作用，但是也带来了一系列的严重弊端：一方面，委任制不但变相剥夺了广大党员对领导干部的选择权，而且使广大党员对领导干部失去了有效的监督和约束，导致官僚主义进一步泛滥；另一方面，委任制使任人唯亲、裙带关系等不正之风盛行，不仅造就了一批又一批一心曲意逢迎上级、唯领导马首是瞻的干部，甚至形成了下级对上级的人身依附关系，从而导致党群和干群关系的疏离甚至割裂。客观地讲，委任制在一定时期、一定范围内不但是不可避免的，而且是必要的，但是，以委任制代替选举制显然是走上了极端，事实上剥夺了党员的民主权利，进而使包括家长制和个人专断在内的各种恶劣作风在党组织内部和国家机关中间蔓延流行开来。

第三，缺乏长效监督和保障机制。应该说，一直以来，列宁是比较注重党建的机制和体制建设的，为此出台了包括党章在内的一系列的党规党纪方面的规章制度，这些规章制度对于保持党的性质、宗旨，优化党的作风起到了一定的促进和保障作用。但是，后来的实践经验表明，由于缺乏长效监督和保障机制，党和国家权力的集中和滥用无法得到有效遏制，党风恶化不可避免。比如，虽然列宁晚年已经认识到了党政不分的严重弊端，并提出要把党从日常烦琐细碎的事务中解放出来，实行“总的领导”，但是由于他并没有清晰界定出党和政府之间的权力边界，所以并没有解决党政不分、以党代政的问题。而这种党政不分、以党代政的执政方式会产生不受约束的官僚特权阶层，从而使官僚主义在党内泛滥，无法彻底根治。又如，列宁时期的党章明确规定了党代会的年会制，即便是在国内战争极端困难的情况下，列宁仍然坚持实行这一制度，目的就是确保党员的民主权利得到发挥。用列宁的话讲，党代会的年会制可以使哪怕是最落后的党员都有发表自己意见的机会。斯大林执政后，则把党代会的年会制改为每三年召开一次，即便是

① 中共中央马克思恩格斯列宁斯大林著作编译局译：《苏联共产党代表大会、代表会议和中央全会决议汇编》第二分册，人民出版社 1964 年版，第 41 页。

这样也没有严格遵照执行。“十七大之后的十八大是在推迟两年后才召开的；十九大则是在推迟了十多年后才召开的。1934～1952 年，中央委员会平均一年开不了一次，其中 1941～1952 年 11 年中只召开了 3 次中央全会。”[①] 再如，为了实现和维护党的团结统一，列宁主持召开的党的十大通过了关于取消党内反对派的决议。但是为了发扬民主，保障少数派的合法权益，列宁仍建议定期出版争论专页，并要求全党慎重对待党内的不同意见。显然，列宁是不主张一概通过组织手段解决认识分歧问题的，而是强调通过思想上的交流和碰撞来实现认识上的统一，以最大限度地维护党内的团结统一。然而，在列宁逝世以后，这一主张逐渐流于形式。由于缺乏长效的监督和保障机制，列宁的许多有价值的探索并没有真正落到实处，从而使这些探索本身的实践效果大打折扣。

① 王长江、姜跃等：《现代政党执政方式比较研究》，上海人民出版社 2002 年版，第 214 页。

第五章 列宁党风建设思想与实践在中国的创新发展

列宁党风建设思想作为马克思恩格斯建党学说与俄国现实国情和时代特征相结合的产物，在俄国革命和建设的过程中发挥了巨大的指导作用。列宁不但开了无产阶级政党执政的历史先河，而且还在党的作风建设实践方面积累了丰富的宝贵经验，所以也为包括中国在内的其他国家无产阶级政党进行党风建设提供了弥足珍贵的思想遵循和实践参照。特别是，由于中国共产党是在列宁的亲切关怀和共产国际的帮助下，参考列宁的建党学说建立起来的无产阶级政党，所以列宁党风建设思想与实践对中国共产党的作风建设理论和实践产生了重要的引领和示范作用，因而中国共产党在领导中国革命、建设和改革的历史进程中能够始终自觉结合时代、国情和党情的发展变化，不断加强和改进党的作风建设，从而使列宁党风建设思想与实践在中国焕发出巨大的生机活力，并得到不断的创新发展。

第一节 在革命和建设时期的创新发展

早在民主革命胜利前夕，毛泽东就在其《论人民民主专政》一文中强调指出："中国人找到马克思主义，是经过俄国人介绍的。在十月革命以前，中国人不但不知道列宁、斯大林，也不知道马克思、恩格斯。十月革命一声炮响，给我们送来了马克思列宁主义。"[①]事实上，中国共产党是在列宁的亲切关怀和共产国际（"第三国际"）的帮助下，参考列宁的建党学说建立起来的无产阶级政党。无论是党的性质、宗旨、纲领、路线、策略，还是组织机构的设置与安排等方面，中国共产党都参照并借鉴了苏联共产党的经验。由于列宁发起建立的共产国际是领导世界无产阶级革命的总机关，所以中国共

① 《毛泽东选集》第4卷，人民出版社1991年版，第1470～1471页。

产党第二次全国代表大会讨论并通过了《关于加入“第三国际”的决议案》，成为共产国际的一个支部，受共产国际的直接领导。因此，列宁党风建设思想与实践对中国共产党的作风建设起了极为重要的引领、示范和奠基作用。以毛泽东为主要代表的中国共产党人，在领导中国革命和建设的历史进程中，通过不断总结和汲取历史与实践经验，极大地推动了列宁党风建设思想与实践的创新发展。

一、“三大作风”是我们党区别于其他政党的显著标志

作为党、国家和人民军队的缔造者之一，作为中国共产党第一代中央领导集体的核心，毛泽东一贯高度重视加强党的自身建设。早在民主革命时期，毛泽东就将党的建设视为党领导中国革命取得胜利的三大法宝之一，并开启和推动了“建设一个全国范围的、广大群众性的、思想上政治上组织上完全巩固的布尔什维克化的中国共产党”①的伟大工程。针对20世纪二三十年代党内一度流行的把马克思主义教条化、把共产国际决议和苏联经验神圣化的错误倾向给中国革命事业造成的重大挫折，在科学总结两次胜利、两次失败的经验教训的基础上，毛泽东在党的六届六中全会上旗帜鲜明地向全党提出了实现马克思主义中国化的重要命题，并率先倡导和积极推进马克思主义普遍真理与中国实际相结合，与此同时，不断用被实践证明了的关于中国革命的正确的理论原则和经验总结来丰富马克思主义经典作家的党建学说。对此，邓小平曾经指出：“把列宁的建党学说发展得最完备的是毛泽东同志。”②“正是因为毛泽东同志在延安整风中建立了完整的建党学说，并且用这个学说来教育我们全党、全军和人民，使我们建立了这么一个好的党，所以才取得抗日战争、解放战争的彻底胜利。”③毛泽东不仅提出了着重从思想上建党的基本原理，提出了党的建设必须紧紧围绕党的政治路线来进行的基本方向，而且首次明确提出了整顿党内作风的任务，还创造了整风运动的教育形式。通过延安整风，不仅对全党进行了一次普遍的马克思主义教育，彻底纠正了党内长期存在的包括主观主义、宗派主义和党八股在内的不正之风，而且还在党的第七次全国代表大会上，将党在长期的革命斗争实践中形成的优良作风集中概括为“三大作风”，即“这主要的就是理论和实践相结合的作风，和人民群众紧密地联系在一起的作风以及自我批评

---

① 《毛泽东选集》第2卷，人民出版社1991年版，第602页。
② 《邓小平文选》第2卷，人民出版社1994年版，第44页。
③ 《邓小平文选》第2卷，人民出版社1994年版，第44页。

的作风"[①]，并把这"三大作风"作为中国共产党区别于其他任何政党的显著标志。

所谓理论和实践相结合的作风，是指把马列主义的基本原理和中国革命实践结合起来的作风。也就是要求中国共产党人自觉运用马克思主义的立场、观点和方法来考察中国革命的实践，揭示出中国革命的规律，进而把握规律并指导中国革命取得胜利。可以说，理论联系实践既是我们党制定正确的路线、方针和政策的基础，也是我们正确理解并贯彻执行党的路线、方针和政策的关键。对此，毛泽东认为，要真正做到理论和实践相结合，就必须做到以下两点：一是要必须坚决反对主观主义。主观主义具体表现为不顾实际而照抄照搬、条条框框的教条主义和否定理论指导作用而把局部经验当作普遍真理的经验主义。尽管二者的表现方式不同，但是却会殊途同归地导致理论与实践相分离、思想和实际不统一，都是违背马克思主义的机会主义思想作风。因此，"只有打倒了主观主义，马克思列宁主义的真理才会抬头，党性才会巩固，革命才会胜利"[②]。二是必须要注重调查研究。调查研究不仅是对辩证唯物主义认识论的具体运用，是连接理论与实践的桥梁和纽带，也是党制定并实现正确的路线、方针和政策的基本前提。为此，毛泽东提出了"没有调查，没有发言权"[③]的著名论断。他认为，"离开实际调查就要产生唯心的阶级估量和唯心的工作指导，那末，它的结果，不是机会主义，便是盲动主义"[④]。而调查研究的目的是为了解决问题，是为了作出正确的阶级估量，并在此基础上制定出正确的斗争策略，而不是为了调查研究而调查研究。鉴于党内教条主义错误倾向盛行的情况，他向全党发出了"中国革命的胜利要靠中国同志了解中国情况"[⑤]的号召，并旗帜鲜明地反对各种形式的本本主义。

所谓和人民群众密切联系在一起的作风，是指党组织和党员要联系群众、深入群众、关心群众，与人民群众打成一片的作风。这既是马克思主义唯物史观的基本要求，也是党实现自身历史使命的重要路径。毛泽东认为，要做到密切联系群众，必须做到以下两点：首先，必须牢固树立群众观点。一是相信群众自己解放自己的观点。就是说，如果没有人民群众自觉自愿地参加，那么任何事业都是不可能取得胜利的。而共产党人除了启发人民

---

① 《毛泽东选集》第 3 卷，人民出版社 1991 年版，第 1094 页。
② 《毛泽东选集》第 3 卷，人民出版社 1991 年版，第 800 页。
③ 《毛泽东选集》第 1 卷，人民出版社 1991 年版，第 109 页。
④ 《毛泽东选集》第 1 卷，人民出版社 1991 年版，第 112 页。
⑤ 《毛泽东选集》第 1 卷，人民出版社 1991 年版，第 115 页。

群众的觉悟外，还要为人民群众指明前进的道路和方向。二是全心全意为人民服务的观点。党除了为最广大的人民群众谋利益以外，没有自己的特殊利益。事实上，党就是为人民群众谋解放、谋福祉而建立起来的，为此，只有全心全意为人民服务，才能把人民群众团结在自己的周围，也才能最终实现自己的历史使命。对此，毛泽东告诫指出，全党同志必须“全心全意为人民服务，一刻也不脱离群众；一切从人民的利益出发，而不是从个人或小集团的利益出发；向人民负责和向党的领导机关负责的一致性；这些就是我们的出发点”[①]。三是向人民群众负责的观点。向人民负责，既是党的性质的内在要求，又是党的宗旨的具体体现。它历史地规定了党的安身立命之本和基本价值取向。对此，毛泽东指出：“我们的责任，是向人民负责。”[②]“共产党人的一切言论行动，必须以合乎最广大人民群众的最大利益，为最广大人民群众所拥护为最高标准。”[③]为此，“共产党人必须随时准备坚持真理，因为任何真理都是符合于人民利益的；共产党人必须随时准备修正错误，因为任何错误都是不符合于人民利益的。”[④]四是向人民群众学习的观点。按照马克思主义唯物史观的基本要求，既然人民群众是人类社会物质财富和精神财富的创造者，那么党要实行正确的领导，就必须虚心向群众学习，从群众的生产生活实践中汲取智慧和力量。为此，毛泽东告诫全党指出：“必须明白：群众是真正的英雄，而我们自己则往往是幼稚可笑的，不了解这一点，就不能得到起码的知识。”[⑤]与此同时，他呼吁全党同志一起向群众学习，要有在群众面前甘当小学生的精神。其次，必须坚持走群众路线。党的群众路线强调一切为了群众，一切依靠群众，从群众中来，到群众中去。其中，“一切为了群众”是目标指向，“一切依靠群众”是力量源泉，“从群众中来，到群众中去”是实现路径。历史经验表明，党的群众路线是党在长期的革命实践中逐步形成的行之有效的工作方法和领导方法，也是马克思主义认识论在实际工作中的具体运用。为了使广大党员干部能够熟练掌握并正确运用这种方法，毛泽东还给出了具体的运作公式，即“在我们党的一切实际工作中，凡属正确的领导，必须是从群众中来，到群众中去。这就是说，将群众的意见（分散的无系统的意见）集中起来（经过研究，化为集中的系统的意见），又到群众中去作宣传解释，化为群众的意见，使群众坚持下去，见之于行动，并

① 《毛泽东选集》第 3 卷，人民出版社 1991 年版，第 1094～1095 页。
② 《毛泽东选集》第 4 卷，人民出版社 1991 年版，第 1128 页。
③ 《毛泽东选集》第 3 卷，人民出版社 1991 年版，第 1096 页。
④ 《毛泽东选集》第 3 卷，人民出版社 1991 年版，第 1095 页。
⑤ 《毛泽东选集》第 3 卷，人民出版社 1991 年版，第 790 页。

在群众行动中考验这些意见是否正确。然后再从群众中集中起来，再到群众中坚持下去。如此无限循环，一次比一次地更正确、更生动、更丰富”[①]。由于党的群众路线成功解决了党群关系问题，成功解决了党的路线、方针、政策与群众实践的关系问题，所以成为毛泽东思想的活灵魂之一。

所谓自我批评的作风，是指党员本着对党组织负责、对人民负责、对事业负责的高度责任感，敢于、善于批评纠正自己的缺点和错误，以不断提高思想觉悟、政策水平和工作能力的作风。外界客观环境的复杂性以及内部主观因素的差异性决定了人们完成对客观事物的正确认识是呈现螺旋式的而非直线型的，这必然导致人们犯这样或那样认识上的错误。不仅如此，因为党员并不是生活在真空中，而是时时刻刻都会受到来自外界环境各种因素的影响，而这些影响既有好的影响，也有不好的影响，所以党员应当不断加强对主观世界观的改造，坚持真理，修正错误。特别是，我们党所从事的共产主义事业是空前艰巨和复杂的事业，在这个过程中，犯错误更是在所难免，这就需要我们敢于并善于作自我批评。对此，毛泽东曾经非常形象地指出：“房子是应该经常打扫的，不打扫就会积满了灰尘；脸是应该经常洗的，不洗也就会灰尘满面。我们同志的思想，我们党的工作，也会沾染灰尘的，也应该打扫和洗涤。”[②]在突出强调自我批评的同时，毛泽东也十分重视将批评与自我批评结合起来，并规定了一系列正确的原则和方法。诸如，批评要坚持“知无不言、言无不尽、言者无罪、闻者足戒”的原则；批评要运用“团结——批评——团结”的方法；等等。

历史经验表明，正是因为以毛泽东同志为主要代表的中国共产党人高度重视党的作风建设，培育并提炼了三大优良作风，才使我们党能够牢牢掌握中国革命的领导权，能够稳稳立足于中国社会的群众基础，并为最终夺取新民主主义革命的胜利创造了极为重要的先决条件。

二、始终保持“两个务必”是巩固党的执政地位的关键

伴随着人民解放战争的顺利向前推进，战争的天平发生了有利于我方的显著倾斜，中国革命的胜利呈现光明的发展前景，中国共产党也迎来前所未有的执政全国的重大考验。如何顺利实现自身历史方位的转型，继续使全党同志保持优良传统和作风，以不断推动党和国家事业的健康发展，成为以毛泽东同志为主要代表的中国共产党人必须直接面对的一个重要课题。对此，1948 年 12 月，刘少奇在给马列学院学生的讲话中深刻指出：“我们要

① 《毛泽东选集》第 3 卷，人民出版社 1991 年版，第 899 页。
② 《毛泽东选集》第 3 卷，人民出版社 1991 年版，第 1096 页。

管理全中国，事情更艰难了。我们打倒蒋介石、打倒旧政权后，要领导全国人民组织国家，如果搞得不好，别人也能推翻我们的。唐太宗与魏徵争论过一个问题：创业难呢，还是守成难呢？历史上从来有这个问题……很多人担心，我们未得天下时艰苦奋斗，得天下后可能和国民党一样腐化。他们这种担心有点理由。在中国这个落后的农业国家，一个村长，一个县委书记，可以称王称霸。胜利后，一定会有些人腐化、官僚化。如果我们党注意到这一方面，加强思想教育，提高纪律性，就会好一些。"[①]此后，在革命取得全国胜利的前夜召开的党的七届二中全会上，毛泽东准确估计了中国人民民主革命胜利后的国内外阶级斗争的新形势，及时地指出资产阶级的"糖衣炮弹"将成为全党面临的主要危险。他在报告中指出："因为胜利，党内的骄傲情绪，以功臣自居的情绪，停顿起来不求进步的情绪，贪图享乐不愿意再过艰苦生活的情绪，可能增长。因为胜利，人民感谢我们，资产阶级也会出来捧场。敌人的武力是不能征服我们的，这点已经得到证明了。资产阶级的捧场则可能征服我们队伍中的意志薄弱者。可能有这样一些共产党人，他们是不曾被拿着枪的敌人征服过的，他们在这些敌人面前不愧为英雄的称号；但是经不起人们用糖衣裹着的炮弹的攻击，他们在糖弹面前要打败仗。我们必须预防这种情况。"[②]执政之后，我们党就成了执政党，一方面我们党可以借此更好地实现全心全意为人民服务的宗旨；另一方面，也是需要高度关注的一方面，就是这种地位也极易使有些党员干部面临脱离群众甚至滥用权力的危险，加之资产阶级绝不甘于自身的失败，必然会千方百计地拉拢腐蚀党员干部，甚至乔装打扮混进党内攫取权力，以达到其不可告人的目的。如此种种都充分说明，我们党执政后面临的考验和危险比没有执政前更多了，也更大了；如果处理不好，那么久而久之就会失去执政地位。基于此，毛泽东告诫全党"夺取全国胜利，只是万里长征走完的第一步。——中国的革命是伟大的，但革命以后的路程更长，工作更伟大，更艰苦"[③]。所以，"务必使同志们继续地保持谦虚、谨慎、不骄、不躁的作风，务必使同志们继续地保持艰苦奋斗的作风"[④]。可以说，"两个务必"的思想具有极强的现实针对性，这个针对性具体表现为两个层次：从浅层次来看，主要是针对党内可能出现的"四种不良情绪"，即：党内的骄傲情绪、以功臣自居的情绪、停顿起来不求进步的情绪、贪图享乐不愿意再过艰苦生活的情绪；从深层次来看，主要是

---

① 《刘少奇选集》上卷，人民出版社 1981 年版，第 413 页。

② 《毛泽东著作选读》下册，人民出版社 1986 年版，第 666～667 页。

③ 《毛泽东著作选读》下册，人民出版社 1986 年版，第 667 页。

④ 《毛泽东著作选读》下册，人民出版社 1986 年版，第 667 页。

针对自觉抵制资产阶级“糖衣炮弹”，提高拒腐防变的能力，巩固新生的人民政权和党的执政地位问题。“两个务必”思想的提出，不仅切中要害，而且正当其时，既充分体现了毛泽东对摆脱所谓“历史周期律”的深刻思考，也充分体现出中国共产党对国家、民族前途命运担当负责的崇高政治境界。

事实上，正是因为以毛泽东同志为核心的党中央在胜利面前能够保持一分高度的政治清醒，前瞻性地提出“两个务必”的重要思想，才使全党上下延续了战争年代形成的高昂士气和优良作风，从而夺取了人民解放战争的最后胜利，并在此基础上，团结和带领全国人民顺利完成了党和国家工作重心从农村向城市的转移，实现了从革命战争时期向和平建设时期的过渡，不仅进一步巩固了党的阶级基础和群众基础，而且也进一步巩固了党的执政地位。

三、党的作风建设必须常抓不懈

中华人民共和国成立以后，面对国际风云变幻的复杂形势以及国内繁重的建设任务，以毛泽东为核心的党中央继续保持对党的作风建设重要性的清醒认识，在弘扬党的优良传统和作风的同时，果断采取积极措施及时纠正党内的不正之风，坚决维护党组织的纯洁性，不断提升党组织的凝聚力和战斗力，以最大限度地为国家建设营造出安定团结的政治局面。为了适应形势的发展和加强党的自身建设。1949 年 11 月 9 日，中共中央发出了《关于成立中央及各级党的纪律检查委员会的决定》，其中指出：中国共产党已成为全国范围内执政的党，为了更好地执行党的政治路线和各项具体政策，密切联系群众，克服官僚主义，决定成立中央和各级党的纪律检查委员会。规定纪律检查委员会的职能是：(1)检查中央直属各部门及各级党的组织、党的干部及党员违犯党的纪律的行为。(2)受理、审查并决定中央直属各部门、各级党的组织及党员违反纪律的处分、或取消处分。(3)在党内加强纪律教育，使党员干部严格地遵守党纪，实行党的决议与政府法令，以实现全党的统一与集中。① 根据中央的这一决定，中央和地方各级纪律检查委员会陆续建立起来。中央和地方各级纪律检查委员会的建立以及各项工作细则的陆续出台，不仅为维护党中央的集中统一领导和全党的团结提供了强大的组织保障，而且为全体党员模范地遵守党的纪律，继续保持党的优良传统和作风提供了重要的制度规范。在此基础上，以毛泽东为核心的党中央还根据形势发展的需要，先后进行了三次大规模的整风运动。第一次是 1950

---

① 参见李艳：《毛泽东邓小平江泽民执政党建设思想研究》，中央文献出版社 2005 年版，第7～8页。

年 5 月 1 日，中共中央发出了《关于在全党全军开展整风运动的指示》，决定在全党进行一次大规模的整风运动。通过这次整风，整顿了干部的思想作风，使干部中的骄傲自满、官僚主义和命令主义等不良作风有了较大的改进，使个别党员干部的贪污腐化、铺张浪费等不良行为受到了批判和严肃处理。第二次是 1951 年 3 月 28 日召开的全国组织工作会议，通过了《关于整顿党的基层组织的决议》和《关于发展新党员的决议》，并决定进行一次大规模的整党运动。通过这次大规模的整党，党的组织更加纯洁，战斗力进一步提高，领导干部的作风也得到进一步的优化。特别值得一提的是，在这次整风运动期间，毛泽东还开展了“三反运动”。“三反运动”的深入开展不仅进一步彰显了中国共产党秉持优良作风、打击歪风习气的坚强决心，而且进一步彰显了中国共产党执政为民的坚定立场。第三次是 1957 年 4 月 27 日，中共中央发出了《关于整风运动的指示》。《指示》规定，整风以正确处理人民内部矛盾为主题，以反对官僚主义、宗派主义和主观主义为主要对象，并明确规定了整风运动的步骤和方法。可惜的是，当时国内外形势较为复杂，导致毛泽东对主要矛盾的判断作出了错误的估计，从而使这次整风以反右严重扩大化收场。但是，在经历了“大跃进”和人民公社化的重大挫折之后，毛泽东先是号召大兴调查研究之风，继之在“七千人大会”上，以毛泽东为核心的中央领导集体充分发扬民主，深入开展了批评与自我批评，为克服经济困难、开辟发展新局面起了巨大的推动作用。一系列举措使中国共产党一贯倡导的包括理论联系实际、密切联系群众、批评与自我批评、谦虚谨慎不骄不躁以及艰苦奋斗在内的一系列优良传统和作风深深地植根于人们的心田，从而使党的优良作风不仅成为人民群众评价共产党人的重要标准，而且也使其成为展示中国共产党人奋发作为精神风貌的重要标志。

总之，以毛泽东为主要代表的中国共产党人培育和锻造的党的优良传统作风，不仅塑造了中国共产党人独特的精神气质，而且还在中国人民中间树立起了崇高信仰，极大地激发了全国各族人民在党的领导下进行革命和建设的豪迈热情。

第二节　在改革开放新时期的创新发展

“文化大革命”结束后，在中国向何处去的重要历史关头，以邓小平为主要代表的中国共产党人旗帜鲜明地支持关于真理标准的大讨论，从而使实践是检验真理的唯一标准深入人心，为全面恢复党的实事求是的思想路线奠定了坚实的思想基础，与此同时，也为恢复和发扬党的优良传统作风营造了积极的舆论氛围。事实上，正是因为我们党恢复并坚持解放思想、实事求是，大力弘扬包括理论联系实际在内的党的优良传统和作风，所以才能在科学总结国内外社会主义建设经验教训的基础上持续不断地扎实推进马克思主义中国化的历史进程，提出并始终聚焦建设中国特色社会主义这一重大课题，不断开创出改革开放和社会主义现代化建设事业的新局面。

一、执政党的党风问题关系到党的生死存亡

党的十一届三中全会以来，以邓小平同志为核心的党的第二代中央领导集体高度重视党的作风建设问题，并将其提升到了事关党的生死存亡的战略高度。对此，邓小平主要是基于两个方面的原因：一方面是对历史经验的总结，另一方面是对现实问题的思考。

首先是基于对历史经验的总结。作为党的第一代中央领导集体的核心成员之一，邓小平几乎经历了党领导中国革命和建设的各个时期。他深谙党内的不正之风给党和国家的事业造成的巨大戕害，与此同时，也更加深刻地体认毛泽东所倡导的党的优良作风给党和国家的事业带来的巨大变化，因此，他一贯主张把毛泽东倡导的党的优良作风坚持和发扬下去。早在中华人民共和国成立初期，邓小平就曾告诫指出，如果丢掉了党的优良作风，那么“其结果一定是损害党的工作，损害党的信誉”[①]。在经历了“文革”的大动乱年代之后，他不顾个人安危，旗帜鲜明地反对“两个凡是”，呼吁要用完整准确的毛泽东思想来指导全党、全军和全国人民。他指出，正是因为我们党在毛泽东思想的指导下培育并形成了优良的作风，所以我们党才能够无往而不胜。如果没有党的优良作风，那么既不可能取得民主革命的成功，也不可能在建国后取得一个又一个的胜利。所以，我们一定要“把毛泽东同志的建党学说和党的一整套作风恢复起来，发扬起来”[②]。

其次是基于对现实问题的思考。虽然党的第八次代表大会正确揭示了中国社会的主要矛盾，即先进的工业国和落后的农业国之间的矛盾，人民对于经济文化迅速发展的需要和经济文化不能满足人们需要之间的矛盾，并就解决这一主要矛盾提出了主要任务，即在新的生产关系下保护和发展生产力，但是在国际国内各种复杂因素的交互作用下，毛泽东改变了八大对中国社会主要矛盾的正确判断，并提出了“以阶级斗争为纲”的主要任务，致使党内极“左”思潮再度高涨且一发而不可收。随之而来的反右、“大跃进”和

① 《邓小平文选》第1卷，人民出版社1994年版，第155页。
② 《邓小平文选》第2卷，人民出版社1994年版，第46页。

人民公社化运动，给中国的经济建设造成了其所未有的巨大困难，共产风、浮夸风、强迫命令风和瞎指挥风等不正之风，给党的建设造成了重大的冲击。在经历了大动乱的年代之后，党和国家的各项事业百废待兴、百业待举，党和政府的形象、威信和战斗力也遭到了严重的损害，而党的内部情况亦不十分乐观。可以说，党组织本身也确实存在着十分严重的问题，具体表现为：一是党内思想僵化，教条主义盛行；二是脱离群众，官僚主义严重；三是权力集中，家长制现象突出；四是干部老化，终身制问题显著；等等。

面对如此严峻的党内外复杂局势，为了提高全党对于党风建设重要性的认识，邓小平理顺了至关重要的三对关系：一是党风与社会风气之间的关系。因为中国共产党是工人阶级的先锋队，又是执政党，理所当然的是整个社会的表率，所以党风对社会风气起着明显的导向作用，也就是说，党风的优劣将直接影响到社会风气的好坏。如果党风端正了，那么好的党风就会体现到军队、学校乃至社会的各个领域之中，并引领整个社会风气向好的方向发展。反之，如果党风不正，那么非但不能优化社会风气，甚至会毒化社会风气。从这个角度来看，邓小平认为，“要搞好我们的党风、军风、民风，关键是要搞好党风”[①]。二是党风与党的领导之间的关系。邓小平认为：“要坚持党的领导，必须改善党的领导，改进党的作风。”[②]换句话说，如果不改进党的作风，那么就不能改善党的领导，也就不能真正坚持党的领导。而要改进党的作风，关键是各级领导干部。因为党是整个社会的表率，而党的各级领导干部是全党的表率。如果各级领导干部不关心群众生活、不维护群众利益、不听取群众意见、不接受群众监督、不与群众同甘共苦，而是违法乱纪、违反党的原则、违反组织决定、搞特殊化，那么不仅会降低党在群众心目中的威信，而且还会逐渐使群众失去对党的信任，久而久之，坚持党的领导也就变成了一句空话。因此，只有搞好党风，才能转变社会风气，才能坚持四项基本原则。三是党风与党的命运之间的关系。邓小平认为：“坚持党的优良的传统作风，具有十分重要的意义，因为我们党是一个执政党。”[③]应当看到，由于和平环境和执政地位的影响，部分党员领导干部极易产生官僚主义、以权谋私、贪污腐化等不正之风，而这些不正之风不仅会严重违背党的性质和宗旨，而且还会严重破坏党群、干群关系，进而危及党的生存本身。为此，邓小平还曾把党风提高到关系党和国家会不会改变面貌的高度来认识。他指出，对党和国家来讲，搞好经济建设固然重要，“但风气如果坏下

① 《邓小平文选》第2卷，人民出版社1994年版，第46页。
② 《邓小平文选》第2卷，人民出版社1994年版，第358页。
③ 《邓小平文选》第1卷，人民出版社1994年版，第303页。

去,经济搞成功又有什么意义?会在另一方面变质,反过来影响整个经济变质,发展下去会形成贪污、盗窃、贿赂横行的世界"[①]。如果不坚决纠正党内的不正之风,那么党就会变质、国家也会变质、社会主义也会变质。因此,邓小平认为,执政党的党风问题是有关党的生死存亡的问题。

为了继承和发扬党的优良传统,纠正党内的不正之风,邓小平主要采取了以下措施:

第一,重新确立了党的实事求是的思想路线。鉴于"文革"期间在党内形成的思想僵化、教条主义盛行的局面,一方面,邓小平明确地向全党指出其危害性,那就是如果一切从本本出发,思想僵化,迷信盛行,就会亡党、亡国;另一方面,邓小平旗帜鲜明地主张用完整的、准确的毛泽东思想来指导全党、全军和全国人民,特别是要坚持实事求是和群众路线。为此,他大力支持真理标准的大讨论,坚决反对并抵制"两个凡是",从而使实践是检验真理的唯一标准的思想深入人心。在强调实事求是的同时,邓小平还呼吁解放思想,希望全党同志在马列主义的指导下,努力实现主观与客观、思想与实际相统一。在邓小平的积极推动下,党的十一届三中全会重新恢复了实事求是的思想路线,为打破党内的思想僵化和纠正教条主义作风创造了重要的前提条件。

第二,重新建立了中央及地方纪律检查机关。为了进一步恢复党的实事求是、群众路线和艰苦奋斗的优良传统,打破小生产习惯势力和官僚主义习惯势力以及其他不正之风对党的领导的削弱,加强党的领导,严肃党的组织性和纪律性,努力创造安定团结的政治局面,在邓小平的倡议下,中央重新恢复建立中央到地方的各级纪律检查委员会,并将搞好党风建设作为其主要任务。用邓小平的话讲,就是"中央和各地党的纪律检查委员会已经陆续成立,它们的主要任务就是协助中央和地方党委搞好党风"[②]。

第三,进一步完善了党规党纪。党规党纪是党得以组织化的重要保证,也是规范党员思想和行为的准绳和标准。为此,邓小平十分重视党规党纪的建设。在他的倡议下,党的十一届五中全会制定并通过了《关于党内政治生活的若干准则》,从而为提高党员领导干部的思想政治素质,增强党性修养,进一步严肃党内政治生活提供了严格的制度规范。鉴于此前的党章存在着这样或那样的问题,已经不能适应党的发展建设的需要,邓小平力主修订党章。在邓小平的积极倡议下,党的十二大修改了《中国共产党章程》,进一步明确和规范了党的性质、宗旨、党的指导思想、党的思想路线、党的政治

---

① 《邓小平文选》第3卷,人民出版社1993年版,第154页。
② 《邓小平文选》第2卷,人民出版社1994年版,第162页。

路线、党的纪律、党员的标准、党员的权利和义务等内容。为了维护党规党纪的权威，邓小平一方面要求全体党员，特别是各级领导干部模范地遵守党规党纪，另一方面他还要求党的各级纪律检查委员会和组织部门坚决维护党规党纪，切实把党风搞好。

第四，改革党和国家的领导制度、干部制度。鉴于原有的党和国家的领导制度、干部制度中存在着官僚主义、权力过分集中、家长制、干部领导职务终身制等现象以及形形色色的特权现象，事实上已成为党内不正之风的主要表现和滋生党内不正之风的重要诱因，邓小平力主改革党和国家的领导制度、干部制度。他不仅提出了"革命化、年轻化、知识化、专业化"的干部"四化"原则，而且通过顾问委员会的过渡形式逐步建立了领导干部离退休制度。这些举措极大地改变了权力过分集中、家长制以及各种特权现象，并彻底废除了干部领导职务终身制，推动了党的作风建设的健康发展。

第五，健全了民主集中制。民主集中制是党的最为重要的组织原则和工作制度，但是由于其在党的八大之后遭到破坏，只讲集中，不讲民主，致使党内包括个人崇拜在内的不正之风蔓延开来，进而给党、国家和人民的事业造成了难以挽回的巨大损失，也使党自身的形象和威信大打折扣。鉴于过去的历史经验，邓小平指出，如果不坚持民主集中制的组织原则和工作制度，那么党是会变质的、国家是会变质的、社会主义也是会变质的、干部是会变质、个人也是会变质的，因此其重要性是显而易见的。为了重新树立党的形象，提高党的威信，增强党的战斗力、号召力和影响力，并把党打造成中国特色社会主义事业的坚强领导核心，邓小平恢复并健全了党的民主集中制，大力发扬党内民主。与此同时，建立健全了与民主集中制相配套的一系列具体制度，诸如党的领导制度、党委会工作制度、党组织生活制度、党内监督制度，等等，为发扬党的优良传统和作风，实现全党的认识统一、行动一致奠定了坚实的制度基础。

总之，邓小平基于对党风关系执政党生死存亡战略高度的认识，率领全党继承和发扬党的优良传统，大力纠正党内的不正之风，不仅进一步夯实了党执政的民意基础，而且极大提高了党治国理政的能力，为开创改革开放和现代化建设的新局面提供了有力的作风支撑。

二、党风建设的核心是保持党同人民群众的血肉联系

党的十三届四中全会以来，以江泽民同志为核心的党的第三代中央领导集体高度重视党的作风建设，不仅将党风重要性的认识提高到了新的历史高度，而且采取了各种措施大力推进党的作风建设。

首先，进一步提升了对党风建设重要性的认识。东欧剧变、苏联解体，世界上一些老党、大党相继丧失执政地位。在此背景下，江泽民深刻指出，全党必须高度重视党风建设的重要性，因为“党的作风，关系党的形象”①。具体来说，一是党的作风关系党的形象。一般来讲，党的形象是通过党员的形象得以维护和展示的，如果党员的作风正派，那么党员的形象就好，党的形象就好。反过来，如果党员的作风不正，那么党员的形象就不好，党的形象就差。对此，江泽民深刻指出，所谓党的作风问题，也就是党的形象问题。如果作风不正，那么形象就好不了，必然造成脱离群众、脱离实际。二是党的作风关系人心向背。所谓得民心者得天下，失民心者失天下，而人心向背与党风好坏直接相关。如果党员特别是干部的作风好，能够自觉践行党的宗旨，能够为老百姓办实事，那么人民群众就认同党的宗旨并自觉支持和拥护党的领导。反过来，如果党员、干部的作风不好，不能够自觉践行党的宗旨，不能够实实在在为老百姓谋利益，那么人民群众就不会认同党的宗旨，也就不会主动支持和拥护党的领导。对此，江泽民深刻指出：“历史和现实都表明，一个政权也好，一个政党也好，其前途和命运最终取决于人心向背。”②三是党的作风关系党的生命。一个党存在的意义和价值并不在于党自身感觉如何，而在于是否获得广泛的社会认同。如果获得了广泛的社会认同，它的生命力就旺盛，反之，它的生命力就衰弱，甚至停止。而一个党存在的意义和价值能否获得广泛的社会认同，关键取决于党的作风。如果党风端正，那么党就能够制定出符合实际、符合人民群众意愿的路线、方针和政策，也就能够获得广泛的社会支持和认同，反之，也就不能够制定出符合实际、符合人民群众意愿的路线、方针和政策，也就不能够获得广泛的社会支持和认同。因此，江泽民深刻指出：“党的作风状况，关系党的生死存亡。”③

其次，把保持党同人民群众的血肉联系作为党风建设的核心。基于对党的历史使命和执政地位的清醒认识，江泽民提出了“党同人民群众的关系如何，是关系到党的事业兴衰成败和党的生死存亡的一个根本政治问题”④的新论断，从而把党群关系重要性的认识提高到了一个新的高度。不仅如此，他还把党群关系界定为党风建设的核心问题，认为“推进党的作风建设，

---

① 江泽民：《论党的建设》，中央文献出版社2001年版，第519页。

② 江泽民：《论“三个代表”》，中央文献出版社2001年版，第72页。

③ 江泽民：《论党的建设》，中央文献出版社2001年版，第531页。

④ 转引自中共中央文献研究室编：《江泽民论加强和改进执政党建设》（专题摘编），中央文献出版社、研究出版社2004年版，第527页。

核心是保持党同人民群众的血肉联系”[①]。

为了进一步端正党的作风，进一步密切党群关系，江泽民要求全党必须着力提高三个方面的认识：第一，一定要端正党的一切工作的出发点和归宿。我们党来自于人民，植根于人民，服务于人民，密切联系群众是我们党最大的政治优势。党的全部历史证明，正是因为我们党拥有这个最大的政治优势，才使我们党从小到大、从弱到强，并取得革命的胜利以及建设和改革的巨大成就，所以我们必须把代表最广大人民的利益为党的一切工作的根本出发点和归宿，并在工作实践中不断保护好、实现好、维护好、发展好人民的利益。第二，一定要坚持并贯彻执行党的群众路线。党的群众路线不仅遵循了马克思主义唯物史观的基本原理，也体现了我们党的性质和宗旨的根本要求。在长期的实践中，群众路线不仅成为党的最为重要的工作方法，而且也成为党密切联系人民群众的重要桥梁和纽带。通过这条桥梁和纽带，党源源不断地从人民群众中间获得智慧和力量，人民群众则不断从党的方针和政策中获得引领和启迪，彼此之间建立起了相互依赖的鱼水关系。因为有了这样密切的联系，所以我们党的事业才能够不断开创新局面。基于此，江泽民强调：“坚持群众路线，就能保证党同群众的血肉联系，保证党的各项工作的成功。”[②]第三，一定要把坚决反对和防止腐败作为全党的一项重大的政治任务。党的执政地位使党员干部掌握了大大小小的各种权力，这确实为全党践行党的宗旨提供了有利条件，但是与此同时，也大大增加了党员干部脱离群众甚至腐败变质的危险。具体表现为：有的党员领导干部养成了官僚主义作风，逐渐由人民公仆变成了凌驾于人民群众头上的官老爷；有的党员干部利益观发生严重扭曲，把党和人民赋予的权力当成自己的政治资本，当成为个人谋取私利的工具，逐渐堕落成腐败分子。如此一来，不仅严重破坏了党在人民心目中的形象，而且极大地增加了党脱离群众的危险。为此，江泽民在党的十六大报告中告诫指出：“坚决反对和防止腐败，是全党一项重大的政治任务。”[③]

最后，采取了一系列的具体措施：一是党的十三届六中全会作出了《中共中央关于加强党同人民群众联系的决定》。《决定》不仅突出强调了党密切联系群众的重要意义，而且提出了加强党同人民群众联系的具体要求，并

---

① 转引自中共中央文献研究室编：《中共十三届四中全会以来历次全国代表大会中央全会重要文献选编》，中央文献出版社 2002 年版，第 695 页。

② 转引自《党的作风建设的纲领性文件——十五届六中全会文件学习辅导》，人民出版社 2001 年版，第 51～52 页。

③ 转引自中共中央文献研究室编：《中共十三届四中全会以来历次全国代表大会中央全会重要文献选编》，中央文献出版社 2002 年版，第 696 页。

要求各级党委要组织广大党员用整风精神学习和贯彻执行这个决定。通过学习和贯彻《决定》精神，进一步提高了广大党员的思想认识，增强了践行党的宗旨的自觉性。二是进行了党性党风教育活动。党的十四届六中全会作出了对县处级以上领导干部进行一次以“讲学习、讲政治、讲正气”为主题的党性党风教育的决定。该教育活动充分发扬了延安整风运动的精神，使全体党员、特别是广大领导干部不仅经受了一次深刻的党性教育，而且完成了一次党的优良传统和作风的庄严精神洗礼，从而极大地改变了党员干部队伍的精神面貌。三是提出了加强党风建设的主要任务。为了集中解决党在作风方面存在的突出问题，党的十五届六中全会作出了《中共中央关于加强和改进党的作风建设的决定》，提出了加强党风建设的主要任务，即“坚持解放思想、实事求是，反对因循守旧、不思进取；坚持理论联系实际，反对照抄照搬、本本主义；坚持密切联系群众，反对形式主义、官僚主义；坚持民主集中制原则，反对独断专行、软弱涣散；坚持党的纪律，反对自由主义；坚持清正廉洁，反对以权谋私；坚持艰苦奋斗，反对享乐主义；坚持任人唯贤，反对用人上的不正之风”①。“八个坚持和八个反对”主要任务的提出，为加强和改善党的作风建设指明了前进的方向，提供了切实可行的遵循途径。四是提出并确立了“三个代表”重要思想的指导地位。党的十六大实现了党的指导思想的又一次与时俱进，将“三个代表”重要思想写进党章成为全党的意志。代表最广大人民的根本利益是代表先进生产力和先进文化的出发点和归宿，所以在党的指导思想层面进一步明确了党的作风建设的基本方向。

总之，以江泽民为核心的党的第三代中央领导集体高度重视党的作风建设，特别是高度重视加强党同人民群众的密切联系，使党能够在复杂的内外形势下从容应对各种风险和挑战，并不断开辟改革开放和现代化建设的新局面。

三、党的优良作风是党始终立于不败之地的重要保证

党的十六大以来，以胡锦涛同志为核心的中央领导集体在继续推进党的建设的过程中，扎实推进党的作风建设。

首先是提出了一系列旨在加强党的作风建设的重要思想。一是重温“两个务必”，突出强调发扬艰苦奋斗的优良作风。2002 年 12 月 6 日，胡锦涛在西柏坡考察时，重温了毛泽东提出的“两个务必”的重要思想，并发表题为《坚持发扬艰苦奋斗的优良作风　努力实现全面建设小康社会的宏伟目

① 中央文献研究室：《十五大以来重要文献选编》(下)，中央文献出版社 2003 年版，第 1998 页。

标》的讲话，为恢复和发扬包括艰苦奋斗作风在内的党的优良传统和作风，坚决反对和纠正党内的不正之风定下了庄严的政治基调。二是提出了立党为公、执政为民的价值目标。2003 年 7 月 1 日在"三个代表"重要思想研讨会上，胡锦涛指出，"三个代表"重要思想的本质，就是立党为公、执政为民，从而表明了党的坚定的政治立场，指明了党的作风建设的价值目标。三是提出构建惩治和预防腐败的体系。在 2003 年 2 月中纪委第三次全体会议上，就进一步抓好党风廉政建设和反腐败工作，胡锦涛提出，要进一步加强和改进党的作风建设，以党风建设带动政风和社会风气的好转；进一步深化体制改革，建立健全防范腐败体制机制；进一步发展党内民主，加强对领导干部行使权力的制约和监督。四是为加强领导干部作风建设提出了新的具体要求。2007 年 1 月，胡锦涛在中纪委第九次全体会上提出要全面加强新形势下领导干部的作风建设，大力倡导八个方面的良好风气，即：第一，要勤奋好学、学以致用，牢固树立终身学习的思想，坚持理论联系实际的马克思主义学风，努力在建设学习型政党和学习型社会中走在前列，把学习的体会和成果转化为全面建设小康社会、构建社会主义和谐社会的能力，转化为推动党的执政能力建设和先进性建设的能力。第二，要心系群众、服务人民，牢固树立马克思主义的群众观点，始终坚持党的群众路线，时刻摆正自己和人民群众的位置，在思想感情上贴近人民群众，下大气力解决人民群众反映强烈的突出问题，下大气力做好关心困难群众生产生活的工作，多办顺应民意、化解民忧、为民谋利的实事。第三，要真抓实干、务求实效，发扬求真务实精神、大兴求真务实之风，增强工作的责任感和紧迫感，一步一个脚印地把我们的事业推向前进，使各项政绩真正经得起实践检验、群众检验、历史检验。第四，要艰苦奋斗、勤俭节约，牢记"两个务必"，带头发扬艰苦奋斗、勤俭节约的精神，带头反对铺张浪费和大手大脚，带头抵制拜金主义、享乐主义和奢靡之风，在各项工作中都要贯彻勤俭节约原则，真正把有限的资金和资源用在刀刃上。第五，要顾全大局、令行禁止，自觉维护中央权威和中央大政方针的统一性和严肃性，确保党的理论和路线方针政策的贯彻落实，确保党和国家工作部署的贯彻落实，同时善于把中央精神与地方和部门实际结合起来，创造性地开展工作。第六，要发扬民主、团结共事，严格执行民主集中制的各项制度规定，自觉接受党组织、党员和群众的监督，共同推动形成心齐气顺、风正劲足的局面。第七，要秉公用权、廉洁从政，自觉遵守党的纪律和国家的法律法规，严格执行领导干部廉洁从政的各项规定。第八，要生活正派、情趣健康，讲操守，重品行，注重培养健康的生活情趣，保持高尚的精神追求。这些具体要求的提出，为领导干部发扬优良传统、纠正不良作风提供了切实的遵循和参照。五是提出了党面临的“四大考验”和“四大危险”的思想。在2011年纪念建党九十周年的讲话中，胡锦涛提出了党面临的“执政考验、改革开放考验、市场经济考验、外部环境考验”和党自身存在“精神懈怠的危险、能力不足的危险、脱离群众的危险、消极腐败的危险”的思想。党面临的“四大考验”和“四大危险”思想的提出，不仅向全党敲响了居安思危的警钟，而且也进一步增强了全党加强和改进党的作风建设的自觉性和紧迫感。

其次是采取措施大力加强党风廉政建设和反腐败斗争。一是进行了一系列的制度建设。为了克服和纠正用人方面的不正之风，中共中央于2003年6月和7月制定颁发了《党政领导干部选拔任用工作条例》《党政领导干部选拔任用工作监督检查办法（试行）》，并逐步制定了党政领导干部职务任期制度、完善干部交流制度、任职回避制度和经济责任审计制度等。2003年12月中央颁发了《中国共产党党内监督条例（试行）》。《条例（试行）》规定了党内监督的重点内容，强调把党内监督和党外监督结合起来，规定了包括集体领导和分工负责、询问和质询、罢免或撤换等在内的党内监督制度，并首次将党内监督的重点指向各级领导机关和领导干部，特别是各级领导班子的主要负责人，更加注重从源头上端正党的作风和预防腐败的发生。2003年12月中央制定了《中国共产党纪律处分条例》，《条例》对各种违纪行为作出了严格的界定；与此同时，针对不同的违纪行为规定了严格的处分措施，从而为广大党员、干部模范地遵守党规党纪提供了依据和准绳。为了进一步提高领导干部廉洁从政意识，以党风廉政建设和反腐败斗争的实效取信于民，2010年1月中共中央出台了《中国共产党党员领导干部廉洁从政若干准则》，《准则》以八个“禁止”和五十二个“不准”严格规范了党员领导干部的从政行为。二是作出了关于加强党的执政能力建设的决定。2004年9月召开的党的十六届四中全会作出了《中共中央关于加强党的执政能力建设的决定》，科学界定了党的执政能力的科学内涵，并把党风廉政建设和反腐败斗争作为提高党的执政能力、巩固党的执政地位的重大政治任务，还提出了加强党风廉政建设和反腐败斗争的总体目标，从而从体制机制建设上为加强党风廉政建设和反腐败斗争指明了前进的方向。三是开展了保持共产党员先进性教育活动。根据党的十六大的部署，自2005年1月起在全党开展了保持共产党员先进性教育活动。这次历时一年半教育活动的成功开展，使全党受到了一次深刻的马克思主义教育，基层党组织的创造力、凝聚力和战斗力进一步得到提高，党员干部的作风进一步得到改善，党群干群关系进一步得到巩固。四是开展了深入学习实践科学发展观活动。根据党的十七大的部署，自 2008 年 9 月起在全党开展了深入学习实践科学发展观活动。通过为期一年半的学习实践活动，纠正了错误的发展理念，树立了正确的政绩观，使发展为了人民、发展依靠人民、发展成果由人民共享的以人为本的理念深入人心，进一步改善了党的作风。五是明确规定了弘扬党的优良传统和作风的基本方向。2009 年 9 月党的十七届四中全会通过了《中共中央关于加强和改进新形势下党的建设若干重大问题的决定》，提出了弘扬党的优良传统和作风的基本方向，即：为了加强和改进新形势下党的建设，全党同志必须做到“四个大兴”，即“全党一定要大兴密切联系群众之风、大兴求真务实之风、大兴艰苦奋斗之风、大兴批评和自我批评之风”①，进而不断夯实党的执政之基，把党建设成为务实、为民、清廉的党。

总之，以胡锦涛为总书记的党中央以党风建设的实绩取信于民，进一步夯实了党执政的民意基础，进一步保持了党的先进性和纯洁性。

可以说，改革开放以来党的作风建设取得了巨大成绩，为党和国家的发展提供了重要支撑。对此，党的十八大以后，习近平总书记在党的群众路线教育实践活动工作会议上予以了高度评价。他指出：“以邓小平同志为核心的党的第二代中央领导集体、以江泽民同志为核心的党的第三代中央领导集体、以胡锦涛同志为总书记的党中央都高度重视作风建设。”②“党的十一届三中全会以来，由于我们党重新确立了解放思想、实事求是的思想路线，始终高度重视抓作风建设，始终高度保持党同人民群众的血肉联系，全党精神面貌和作风状况焕然一新，为改革开放和社会主义现代化建设顺利推进提供了重要保障。”③

第三节　党的十八大以来的创新发展

党的十八大以来，面对复杂的国际形势，面对国内全面建成小康社会和实现中华民族伟大复兴中国梦的繁重任务，面对党自身经受的考验和存在的危险，以习近平同志为核心的党中央从事关党的执政地位、事关国家和民族前途命运、事关中国特色社会主义兴衰成败的战略高度，更加高度重视党

---

① 本书编写组编著：《党的十七届四中全会决定学习辅导百问》，党建读物出版社、学习出版社 2009 年版，第 21～23 页。

② 中共中央文献研究室编：《习近平总书记重要讲话文章选编》，中央文献出版社、党建读物出版社 2016 年版，第 41 页。

③ 中共中央文献研究室编：《习近平总书记重要讲话文章选编》，中央文献出版社、党建读物出版社 2016 年版，第 42 页。

的作风建设。通过制定并实施“全面从严治党”的战略举措，坚决推进党风廉政建设和反腐败斗争，从而为党和国家事业的发展提供了坚强的政治保证。可以说，“全面从严治党”战略的持续扎实推进，党风建设的深入开展，不仅充分彰显了以习近平为核心的党中央打铁还需自身硬的责任担当、猛药去疴的坚强决心和刮骨疗毒的顽强意志，进一步提高了党的执政能力，进一步增强了党的先进性和纯洁性，进一步巩固了党的执政地位，而且为我们党团结和带领中国人民决胜全面建成小康社会、夺取新时代中国特色社会主义伟大胜利、实现中华民族伟大复兴中国梦奠定了坚实的理论和实践基础，与此同时，也使列宁党风建设思想与实践在党的十八大以后获得了进一步的创新发展。

一、打铁还需自身硬

历史经验表明，中国共产党之所以能够从小到大、从弱到强，不断团结和带领中国人民在革命、建设和改革的道路上从胜利走向胜利，根本原因在于我们党始终重视加强自身建设，始终坚持党要管党、从严治党。

党的十八大以来，面对国际国内以及党内发生的复杂深刻的变化，以习近平同志为核心的党中央站在新的历史起点上，更加高度重视党的自身建设，更加高度重视党的作风建设，特别是提出了“全面从严治党”的要求，从而把党对自身建设的认识提高到了一个新的历史高度。2012 年 11 月 15 日，习近平在上任伊始举行的第一次中外记者见面会上，就旗帜鲜明地指出：“打铁还需自身硬。我们的责任，就是同全党同志一道，坚持党要管党、从严治党，切实解决自身存在的突出问题，切实改进工作作风，密切联系群众，使我们党始终成为中国特色社会主义事业的坚强领导核心。”①此后，习近平又在 2013 年 6 月 28 日召开的全国组织工作会议上强调指出：“党要管党，才能管好党；从严治党，才能治好党。对于我们这样一个拥有八千五百多万党员、在一个十三亿人口大国长期执政的党，管党治党一刻也不能松懈。如果管党不力、治党不严，人民群众反映强烈的党内突出问题得不到解决，那我们党迟早会失去执政资格，不可避免被历史淘汰。这决不是危言耸听。”②在此基础上，2014 年 10 月 8 日，习近平在党的群众路线教育实践活动总结大会上，进一步提出了全面推进从严治党的要求，并对全面推进从严治党进行了整体部署。至此，全面从严治党的思想被完整提出，并被纳入“四个全面”战略布局当中。可以说，习近平总书记的上述讲话，不仅进一步凸

① 《十八大以来重要文献选编》(上)，中央文献出版社 2014 年版，第 70 页。

② 《十八大以来重要文献选编》(上)，中央文献出版社 2014 年版，第 349～350 页。

显了党要管党、从严治党的极端重要性，凸显了办好中国的事情，关键在党的主体责任，而且也充分表达了党中央自觉加强党的自身建设的坚强决心。

首先，之所以提出并大力推进全面从严治党，是因为我们党肩负着“打铁”的历史使命。所谓“打铁”的历史使命，就是我们党要团结和带领中国人民完成“两个一百年”战略目标，要实现中华民族伟大复兴的中国梦，要推进中国特色社会主义伟大事业。而无论是战略目标、伟大梦想的实现，还是伟大事业的推进，都不是轻轻松松可以完成的，需要我们扎扎实实地努力，特别是需要我们党的坚强领导和顽强奋斗。因此，只有通过全面从严治党，才能不断夯实全党的理想信念之基，才能使全党不忘初心、牢记使命、继续前进，才能不断提升我们党的战斗力、凝聚力和号召力，才能不断汇聚起蕴藏于海内外中华儿女中间的磅礴之力，并致力于完成自身承载的历史使命。

其次，之所以提出并大力推进全面从严治党，是因为我们党必须使自身硬起来。所谓“自身硬”，就是要“确保党在世界形势深刻变化的历史进程中始终走在时代前列，在应对国内外各种风险和考验的历史进程中始终成为全国人民的主心骨，在坚持和发展中国特色社会主义的历史进程中始终成为坚强领导核心”[①]。“把党建设成为始终走在时代前列、人民衷心拥护、勇于自我革命、经得起各种风浪考验、朝气蓬勃的马克思主义执政党。”[②]因为中国共产党是执政党，是中国特色社会主义事业的领导核心，所以办好中国的事情，关键在党。特别是，当前国际国内形势正在发生深刻变化，我们党的执政环境变得更加复杂，我们党面对的改革发展稳定的任务之重前所未有、矛盾风险挑战之多前所未有。因此，只有通过全面从严治党，让自身硬起来，才能牢固树立起在中国人民心目中的普遍信仰，才能不断坚定全党和全国人民的“四个自信”，才能使我们党始终保持旺盛的生命力和顽强的战斗力，并始终立于不败之地。

最后，之所以提出并大力推进全面从严治党，是因为存在着制约我们党“打铁”和“自身硬”的诸多复杂因素。习近平总书记在党的十九大报告中深刻指出，中国共产党作为执政党，要清醒地认识到，“我们党面临的执政环境是复杂的，影响党的先进性、弱化党的纯洁性的因素也是复杂的，党内存在的思想不纯、组织不纯、作风不纯等突出问题尚未得到根本解决。要深刻认识党面临的执政考验、改革开放考验、市场经济考验、外部环境考验的长期

---

① 习近平：《决胜全面建成小康社会 夺取新时代中国特色社会主义伟大胜利》，人民网，http://cpc.people.com.cn，2017年10月28日。

② 习近平：《决胜全面建成小康社会 夺取新时代中国特色社会主义伟大胜利》，人民网，http://cpc.people.com.cn，2017年10月28日。

性和复杂性，深刻认识党面临的精神懈怠危险、能力不足危险、脱离群众危险、消极腐败危险的尖锐性和严峻性，坚持问题导向，保持战略定力，推动全面从严治党向纵深发展”①。因此，我们必须对党的建设的长期性、复杂性和艰巨性有更加清醒的认识，全面从严治党既不会一蹴而就，也不会一劳永逸，而是永远在路上。

二、作风建设永远在路上

全面从严治党，作风建设至关重要。党的十八大以来，以习近平同志为核心的党中央鉴于党的作风建设的长期性、复杂性、艰巨性以及不正之风对党的巨大危害性，更加高度重视党的作风建设，强调“抓作风是推进党的建设新的伟大工程的重要切入点和着力点，必须坚持从严治党，落实管党治党责任，把作风建设要求融入到党的思想建设、组织建设、反腐倡廉建设、制度建设之中，全面提高党的建设工作水平”②。为了党的作风建设的顺利开展，习近平总书记先后作出了一系列重大理论判断，从而为扎实推进党的作风建设指明了正确的方向。

一是提出了党的作风建设要以保持同人民群众血肉联系为核心的思想。2013 年 1 月 22 日，习近平在第十八届中央纪律检查委员会第二次全体会上的讲话中强调指出：“如果不坚决纠正不良风气，任其发展下去，就会像一座无形的墙把我们党和人民群众隔开，我们党就会失去根基、失去血脉、失去力量。”③紧接着，在同年 6 月 18 日举行的党的群众路线教育实践活动工作会议上，习近平进一步强调指出：“实现党的十八大确定的奋斗目标和中国梦，要求全党同志必须有优良作风。”④“加强和改进党的作风建设，核心问题是保持党同人民群众的血肉联系；马克思主义执政党的最大危险就是脱离群众。”⑤“我们党来自人民、植根人民、服务人民，党的根基在人民、血脉在人民、力量在人民。失去了人民的拥护和支持，党的事业和工作就无从谈起。党要继续经受住执政考验、改革开放考验、市场经济考验、外部环境考验，就必须始终密切联系群众。在任何时候任何情况下，与人民同呼吸共命运的立场不能变，全心全意为人民服务的宗旨不能忘，群众是真正英雄的历

① 习近平：《决胜全面建成小康社会 夺取新时代中国特色社会主义伟大胜利》，人民网，http://cpc.people.com.cn，2017 年 10 月 28 日。

② 中共中央文献研究室编：《习近平总书记重要讲话文章选编》，中央文献出版社、党建读物出版社 2016 年版，第 153 页。

③ 《习近平谈治国理政》，外文出版社 2014 年版，第 387 页。

④ 《习近平谈治国理政》，外文出版社 2014 年版，第 365 页。

⑤ 《习近平谈治国理政》，外文出版社 2014 年版，第 366 页。

史唯物主义观点不能丢，始终坚持立党为公、执政为民。”[①]在此基础上，习近平在党的十九大报告中进一步强调指出：“加强作风建设，必须紧紧围绕保持党同人民群众的血肉联系，增强群众观念和群众感情，不断厚植党执政的群众基础。凡是群众反映强烈的问题都要严肃认真对待，凡是损害群众利益的行为都要坚决纠正。”[②]因此，必须紧紧围绕保持党同人民群众的血肉联系这个核心来加强党的作风建设，并不断用作风建设的实绩取信于民、增信于民、固信于民，以不断巩固党的执政之基。

二是提出了加强党的作风建设的“钙”论。习近平认为，抓作风建设，首先要坚定理想信念，因为坚定理想信念，坚守共产党人的精神追求，不仅是共产党人的政治灵魂，是共产党人经受住任何考验的精神支柱，而且也是共产党人安身立命的根本。为此，2014 年 1 月 20 日，习近平在党的群众路线教育实践活动第一批总结暨第二批动员会上的讲话中指出：“理想信念是共产党人精神上的‘钙’。”[③]“理想信念坚定，骨头就硬，没有理想信念，或理想信念不坚定，精神上就会‘缺钙’，就会得‘软骨病’”[④]，“就可能导致政治上变质、经济上贪婪、道德上堕落、生活上腐化”[⑤]。以此告诫全党同志要严防“钙”的流失，并及时补“钙”以不断坚定理想信念。同年 5 月 9 日，习近平在参加兰考县委常委班子专题民主生活会上的讲话中，再一次突出强调了理想信念之于作风建设的重要性。他指出，信念是本，作风是形，本正而形聚，本不正则形必散。保持和发扬党的优良作风，坚定理想信念是根本。[⑥] 不仅如此，习近平还从思想理论、党性教育、道德建设三个方面指出了坚定党员领导干部理想信念的现实路径，即，必须抓好思想理论建设这个根本，必须抓好党性教育这个核心，必须抓好道德建设这个基础。以强基固本，不断坚定广大党员，特别是党员领导干部的理想信念，为推进党的作风建设提供强大的精神动力。

三是提出了党的作风就是党的形象的思想。2014 年 6 月 30 日，习近平

---

① 《习近平谈治国理政》，外文出版社 2014 年版，第 367 页。

② 习近平：《决胜全面建成小康社会 夺取新时代中国特色社会主义伟大胜利》，人民网，http://cpc.people.com.cn，2017 年 10 月 28 日。

③ 中共中央宣传部：《习近平总书记系列重要讲话读本》，学习出版社、人民出版社 2016 年版，第 106 页。

④ 中共中央宣传部：《习近平总书记系列重要讲话读本》，学习出版社、人民出版社 2016 年版，第 106 页。

⑤ 中共中央宣传部：《习近平总书记系列重要讲话读本》，学习出版社、人民出版社 2016 年版，第 106～107 页。

⑥ 参见中共中央文献研究室编：《习近平总书记重要讲话文章选编》，中央文献出版社、党建读物出版社 2016 年版，第 132 页。

在十八届中央政治局第十六次集体学习时的讲话中指出："党的作风就是党的形象，关系人心向背，关系党的生死存亡。执政党如果不注重作风建设，听任不正之风侵蚀党的肌体，就有失去民心、丧失政权的危险。我们党作为一个在中国长期执政的马克思主义政党，对作风问题任何时候都不能掉以轻心。"①此后，2016年7月1日，他又在庆祝中国共产党成立95周年大会上的讲话中再一次强调指出："党的作风是党的形象，是观察党群干群关系、人心向背的晴雨表。党的作风正，人民的心气顺，党和人民就能同甘共苦。实践证明，只要真管真严、敢管敢严，党风建设就没有什么解决不了的问题。作风建设永远在路上。"②也就是说，党的作风好，那么党的形象就好，人民群众就会向党靠拢，党的凝聚力、向心力和号召力就强大。反之，如果党的作风不好，那么党的形象就不好，人民群众就不会向党靠拢，党的凝聚力、向心力和号召力就弱小。因此，只有不断自觉加强党的作风建设，才能不断提升党的形象，才能使党的领导更加坚强有力。

四是提出了作风问题本质上是党性问题的思想。2013年8月31日，习近平在辽宁考察工作结束时的讲话中指出："作风问题根本上是党性问题。作风反映的是形象和素质，体现的是党性，起决定作用的也是党性。"③2014年1月14日，习近平在第十八届中纪委三次全会上的讲话中指出："党性说到底就是立场问题。共产党人无论是想问题、搞研究，还是作决策、办事情，都必须站在党和人民立场上，而不能把个人利益放在第一位。这就是共产党人的党性原则。"④此后，2016年1月12日，他又在第十八届中纪委第六次全体会上的讲话中进一步指出："作风问题本质上是党性问题。对我们共产党人来讲，能不能解决好作风问题，是衡量对马克思主义信仰、对社会主义和共产主义信念、对党和人民忠诚的一把十分重要的尺子。"⑤从习近平总书记的讲话中不难看出，因为党性问题就是立场问题，而作风问题本质上是党性问题，所以作风问题本质上也就是立场问题。如果我们对马克思主义信仰牢固、对社会主义和共产主义信念坚定、对党和人民忠诚，那么我们的立场就坚定、党性就坚强、作风也就过硬。反之，如果我们对马克思主义信仰

---

① 中共中央文献研究室编：《习近平总书记重要讲话文章选编》，中央文献出版社、党建读物出版社2016年版，第152页。

② 《习近平谈治国理政》第2卷，外文出版社2017年版，第44页。

③ 中共中央文献研究室编：《习近平总书记重要讲话文章选编》，中央文献出版社、党建读物出版社2016年版，第79页。

④ 中共中央文献研究室编：《习近平总书记重要讲话文章选编》，中央文献出版社、党建读物出版社2016年版，第111页。

⑤ 《习近平谈治国理政》第2卷，外文出版社2017年版，第165页。

不牢固、对社会主义和共产主义信念不坚定、对党和人民不忠诚，那么我们的立场就不坚定、党性就不坚强、作风也就不过硬。因此，抓党的作风建设，关键是必须使党员坚定政治立场，就是始终站在党和人民的立场上。

五是提出了要坚持和发扬艰苦奋斗精神的思想。艰苦奋斗、勤俭节约是中华民族的传统美德，是我们党在长期革命、建设和改革实践中形成并不断传承的光荣传统和优良作风，是我们党区别于其他一切政党的一个显著标志，更是我们党凝聚人心、战胜困难的力量源泉。因此，在新的历史条件下，全党能否坚持和发扬艰苦奋斗的精神，事关党的性质、宗旨能否持续保持，事关党的执政之基能否始终巩固，事关中国特色社会主义事业的兴衰成败。如果我们能够坚持和发扬艰苦奋斗的精神，那么就能够自觉与人民群众同甘共苦，人民群众就能和党同心同德、团结奋斗，我们的事业就会兴旺发达；如果我们不能坚持和发扬艰苦奋斗的精神，那么就不能够与人民群众同甘共苦，人民群众也就不能和党同心同德、团结奋斗，我们的事业就不能兴旺发达。鉴于一些党政机关讲排场、比阔气、大手大脚 、奢侈浪费现象时有发生，社会上奢靡之风、奢华之气很甚，引发了广大干部群众的强烈不满和忧虑，党的十八大以来，习近平力倡全党要坚持和发扬艰苦奋斗的精神。他强调指出："抓改进工作作风，各项工作都很重要，但最根本的是要坚持和发扬艰苦奋斗精神"①，"要坚持勤俭办一切事业，坚决反对讲排场比阔气，坚决抵制享乐主义和奢靡之风。要大力弘扬中华民族勤俭节约的优秀传统，大力宣传节约光荣、浪费可耻的思想观念，努力使厉行节约、反对浪费在全社会蔚然成风"②。

六是提出了要严格党内生活，开展积极的批评和自我批评的思想。严格的党内生活既是党组织凝聚力、战斗力生成的重要路径，也是判断党组织是否具有凝聚力和战斗力的重要标志。如果党内生活严格，包括民主集中制在内的各项制度运行规范，那么党员的主体意识就强，党组织的凝聚力和战斗力就会不断提高；反之，如果党内生活不严格，包括民主集中制在内的各项制度运行不规范，那么党员的主体意识就弱，党组织的凝聚力和战斗力就会逐渐降低。因此，严格党内生活至关重要。对此，习近平指出："严肃的党内生活，是解决党内自身问题的重要途径"③，"严肃党内生活，最根本的是认真执行党的民主集中制，着力解决发扬民主不够、正确集中不够、开展批

① 《习近平谈治国理政》，外文出版社 2014 年版，第 387 页。

② 《习近平谈治国理政》，外文出版社 2014 年版，第 387 页。

③ 中共中央文献研究室编：《习近平总书记重要讲话文章选编》，中央文献出版社、党建读物出版社 2016 年版，第 74 页。

评不够、严肃纪律不够等问题”①。“一个班子强不强、有没有战斗力，同有没有严格的党内生活密切相关”②，“党内生活要求有一定的庄重性、严肃性、政治性，要坚决反对党内生活庸俗化、随意化、平淡化倾向，坚决反对党内生活中的自由主义、好人主义”③。为了严格党内生活，习近平积极提倡在党内正确开展批评和自我批评。他指出：“批评和自我批评是我们党的优良传统，是增强党组织战斗力、维护党的团结统一的有效武器。”④“批评和自我批评是解决党内矛盾的有力武器，也是清除党内各种政治灰尘和政治微生物的有力武器。我们党能够依靠自身力量解决自身问题，靠的就是批评和自我批评。”⑤因此，“全党同志特别是各级领导干部要增强党性，本着对自己、对同志、对班子、对党高度负责的精神，大胆使用、经常使用这个武器，使之越用越灵、越用越有效”⑥。“要让批评和自我批评成为党内生活的常态，成为每个党员、干部的必修课。”⑦特别是要注意“坚持开展批评和自我批评，坚持惩前毖后、治病救人，运用监督执纪‘四种形态’，抓早抓小、防微杜渐”⑧。通过严格党内生活，正确开展批评和自我批评，不断提高党组织的凝聚力和战斗力。

七是提出了作风建设要坚持从领导干部抓起的思想。党领导革命、建设和改革的实践充分证明，制定了正确的政治路线以后，干部就是决定因素。如果领导干部作风过硬，能起到引领和示范作用，那么党的方针政策就能够得到很好的贯彻落实。反之，如果领导干部的作风不够强硬，不能起到引领和示范作用，那么党的方针政策就不能得到充分的贯彻落实。因此，在推动全面从严治党，加强党的作风建设的过程中，习近平始终高度重视发挥领导干部的带头作用。2013 年 6 月 28 日，习近平在全国组织工作会议上的

① 中共中央文献研究室编：《习近平总书记重要讲话文章选编》，中央文献出版社、党建读物出版社 2016 年版，第 74 页。

② 中共中央文献研究室编：《习近平总书记重要讲话文章选编》，中央文献出版社、党建读物出版社 2016 年版，第 87 页。

③ 中共中央文献研究室编：《习近平总书记重要讲话文章选编》，中央文献出版社、党建读物出版社 2016 年版，第 88 页。

④ 中共中央文献研究室编：《习近平总书记重要讲话文章选编》，中央文献出版社、党建读物出版社 2016 年版，第 50 页。

⑤ 中共中央文献研究室编：《习近平总书记重要讲话文章选编》，中央文献出版社、党建读物出版社 2016 年版，第 85 页。

⑥ 求是网，http://www.qstheory.cn，2015 年 1 月 15 日。

⑦ 中共中央文献研究室编：《习近平总书记重要讲话文章选编》，中央文献出版社、党建读物出版社 2016 年版，第 379 页。

⑧ 习近平：《决胜全面建成小康社会 夺取新时代中国特色社会主义伟大胜利》，人民网，http://cpc.people.com.cn，2017 年 10 月 28 日。

讲话中指出："党要管党，首先是管好干部；从严治党，关键是从严治吏。"[①]"从严管理的要求能不能落到实处，领导机关和领导干部带头非常重要。领导机关和领导干部做出样子，下面就会跟着来、照着做。各级领导机关和领导干部，尤其是中央机关和中央国家机关、高级领导干部要强化带头意识，时时处处严要求、做表率。"[②]同年7月12日，他在调研指导河北省党的群众路线教育实践活动时强调："领导干部要让群众看到自己敢于正视并解决问题的决心，看到自己拜群众为师、向群众求教的襟怀，看到自己以身作则、发挥示范带头作用的行动。"[③]要"用严格的尺子衡量自己，用很高的标准要求自己，用无私无畏的勇气对照、检查、改进、提高自己"[④]。为了让领导干部在改进作风上发挥示范作用，2014年3月18日，他又在河南省兰考县委扩大会议上的讲话中指出："正人必先正己，正己才能正人。群众看领导，党员看干部。领导带头、层层示范，是做好各项工作的重要方法。"[⑤]各级领导干部要"带头学理论，带头听意见，带头查摆问题，带头开展批评和自我批评，带头整改落实，带头推进制度建设"。只有这样，才能把全面从严治党推向深入，才能不断改进并优化党的作风。

八是提出了建立长效机制、狠抓党的作风建设的思想。制度建设具有全局性、稳定性、根本性和长期性，因此，习近平强调指出："保持党同人民群众的血肉联系是一个永恒的课题，作风问题具有反复性和顽固性，不可能一蹴而就、毕其功于一役，更不能一阵风、刮一下就停，必须经常抓、长期抓。我们既要立足当前、切实解决群众反映强烈的突出问题，又要着眼长远、建立健全促进党员、干部坚持为民务实清廉的长效机制。"[⑥]"制度一经形成，就要严格遵守，坚持制度面前人人平等、执行制度没有例外，坚决维护制度的严肃性和权威性，坚决纠正有令不行、有禁不止的各种行为，使制度真正成为党员、干部联系和服务群众的硬约束。"[⑦]必须要建立健全管用的体制机制，特别是"要加强对权力运行的制约和监督，把权力关进制度的笼子里，形

① 中共中央文献研究室编：《习近平总书记重要讲话文章选编》，中央文献出版社、党建读物出版社2016年版，第72页。

② 中共中央文献研究室编：《习近平总书记重要讲话文章选编》，中央文献出版社、党建读物出版社2016年版，第72～73页。

③ 新华网，http://www.xinhuanet.com，2017年7月12日。

④ 新华网，http://www.xinhuanet.com，2017年7月12日。

⑤ 中共中央文献研究室编：《习近平总书记重要讲话文章选编》，中央文献出版社、党建读物出版社2016年版，第122页。

⑥ 《习近平谈治国理政》，外文出版社2014年版，第378～379页。

⑦ 《习近平谈治国理政》，外文出版社2014年版，第379页。

成不敢腐的惩戒机制、不能腐的防范机制、不易腐的保障机制”[①]。只有不断加强体制机制建设，才能使从严治党有法规遵循，才能有效避免权力的滥用，也才能使领导干部受到从严管理，并自觉接受群众评议和社会监督。只有全党锲而不舍、弛而不息地抓党的作风建设，才能不断促进政风、社风、民风的持续好转，才能真正营造出健康向上的政治生态和风清气正的社会环境。

九是提出了以零容忍的态度坚决惩治腐败的思想。习近平指出：“我们党作为执政党，面临的最大威胁就是腐败。”[②]习近平高度重视反腐败斗争，并要求“反腐倡廉必须常抓不懈，拒腐防变必须警钟长鸣”[③]。不仅如此，他还在2014年1月中纪委第三次全体会议上强调指出：“全党同志要深刻认识反腐败斗争的长期性、复杂性、艰巨性，以猛药去疴、重典治乱的决心，以刮骨疗毒、壮士断腕的勇气，坚决把党风廉政建设和反腐败斗争进行到底。”[④]“坚决反对腐败，防止党在长期执政条件下腐化变质，是我们必须抓好的重大政治任务。反腐败高压态势必须继续保持，坚持以零容忍态度惩治腐败。”[⑤]这充分表明了党中央拒腐防变的严正立场和坚强意志。与此同时，他还提出了进行反腐败斗争的具体方略，即，要建立健全惩治和预防腐败体系；要坚持惩治这一手不放松；要加强反腐倡廉教育和廉政文化建设；要推进反腐败体制机制创新；等等，为全党持续深入开展反腐败斗争指明了前进的方向。此外，伴随着党风廉政建设和反腐败斗争的推进，为进一步澄清一部分人中间存在的所谓反腐就是一阵风、倡廉就是走过场等混乱认识和错误看法，2016年1月12日，习近平在中纪委第六次全体会上强调指出：“党中央坚定不移反对腐败的决心没有变，坚决遏制腐败现象蔓延的目标没有变。全党同志对党中央在反腐败斗争上的决心要有足够的自信，对反腐败斗争取得的成绩要有足够的自信，对反腐败斗争带来的正能量要有足够的自信，对反腐败斗争的光明前景要有足够的自信！”[⑥]从而进一步向全党表明了党中央以零容忍态度惩治腐败的坚强意志。

十是提出要用铁的纪律维护党的团结统一的思想。2013年1月22日，习近平在十八届中纪委二次全会上的讲话中指出：“革命战争年代，我们党团结带领人民打败穷凶极恶的敌人、夺取中国革命胜利，靠的是铁的纪律保

---

① 《习近平谈治国理政》，外文出版社2014年版，第388页。
② 《习近平谈治国理政》第2卷，外文出版社2017年版，第44页。
③ 《习近平谈治国理政》，外文出版社2014年版，第392页。
④ 《习近平谈治国理政》，外文出版社2014年版，第394页。
⑤ 《习近平谈治国理政》，外文出版社2014年版，第394页。
⑥ 《习近平谈治国理政》第2卷，外文出版社2017年版，第161页。

证。新的历史条件下，我们党要团结带领人民全面建成小康社会、基本实现现代化，同样也要靠铁的纪律保证。党面临的形势越复杂、肩负的任务越艰巨，就越要加强纪律建设，越要维护党的团结统一，确保全党统一意志、统一行动、步调一致前进。”[①]同年6月28日，他在全国组织工作会议上强调：“要严明党的组织纪律和政治纪律，教育引导党员、干部自觉维护中央权威，始终在思想上政治上行动上同党中央保持高度一致，维护党的团结统一。”[②]此后，他又在2015年12月11日召开的全国党校工作会上的讲话中强调指出：“我们党是高度集中统一的马克思主义政党，思想上的统一、政治上的团结、行动上的一致是党的事业不断发展壮大的根本所在。”[③]如果没有全党上下思想上的统一、政治上的团结、行动上的一致，那么就无法实现党的集中统一领导。而思想上的统一、政治上的团结、行动上的一致，既不是顺理成章形成的，也不是自然而然实现的。习近平认为，只有依靠铁的纪律，才能实现党的集中统一领导，确保全党的意志统一、行动统一、步调统一，也才能实现全党思想上的统一、政治上的团结、行动上的一致。所谓铁的纪律，一是要严明党的政治纪律，二是要严明党的组织纪律。严明党的纪律，首先就是要严明党的政治纪律，要求全党自觉“遵守党的政治纪律，最核心的，就是坚持党的领导，坚持党的基本理论、基本路线、基本纲领、基本经验、基本要求，同党中央保持高度一致，自觉维护中央权威”[④]。其次是要严明党的组织纪律。习近平指出：“我们党是按照马克思主义建党原则建立起来的政党，我们党以民主集中制为根本组织制度和领导制度，组织严密是党的光荣传统和独特优势。”[⑤]党的力量来自于组织，组织是靠纪律维护的。严明党的组织纪律，增强组织纪律性，必须切实增强党性，切实遵守组织制度，切实加强组织管理，切实执行组织纪律。全党同志要“相信组织、依靠组织、服从组织，自觉接受组织安排和纪律约束，自觉维护党的团结统一”[⑥]。在此基础上，习近平强调指出：“遵守党的纪律是无条件的，要说到做到，有纪必执，有违必

---

① 中共中央文献研究室编：《习近平总书记重要讲话文章选编》，中央文献出版社、党建读物出版社2016年版，第20～21页。

② 中共中央文献研究室编：《习近平总书记重要讲话文章选编》，中央文献出版社、党建读物出版社2016年版，第75页。

③ 《习近平谈治国理政》第2卷，外文出版社2017年版，第157页。

④ 中共中央文献研究室编：《习近平总书记重要讲话文章选编》，中央文献出版社、党建读物出版社2016年版，第21页。

⑤ 中共中央文献研究室编：《习近平总书记重要讲话文章选编》，中央文献出版社、党建读物出版社2016年版，第110页。

⑥ 中共中央文献研究室编：《习近平总书记重要讲话文章选编》，中央文献出版社、党建读物出版社2016年版，第112页。

查，而不能合意的就执行，不合意的就不执行，不能把纪律作为一个软约束或是束之高阁的一纸空文。”①“党的各级组织要自觉担负起执行和维护党的纪律的责任，敢抓敢管。”②

可以说，习近平关于党的作风建设的一系列重大理论判断，为深入推进党的作风建设指明了前进方向，提供了基本遵循。

三、以踏石留印、抓铁有痕的劲头狠抓党的作风建设

党的十八大以来，以习近平同志为核心的党中央从事关国家和民族的前途命运、事关党的生死存亡、事关中国特色社会主义的兴衰成败的战略高度，更加高度重视党的作风建设，并以踏石留印、抓铁有痕的劲头持之以恒地狠抓党的作风建设。

（一）把作风建设作为全面从严治党的切入点

党的十八大之后，以习近平为核心的党中央以党的作风建设作为推动全面从严治党的切入点，直面并坚决向党内存在的突出问题亮剑，领导和推动全面从严管党、治党。为此，率先制定并出台了改进工作作风、密切联系群众的“八项规定”，即，要改进调查研究、要精简会议活动、要精简文件简报、要规范出访活动、要改进警卫工作、要改进新闻报道、要严格文稿发表、要厉行勤俭节约。中央政治局率先垂范、身体力行，带头转变工作作风，为全党做出了榜样、树立了标杆，在党内形成了巨大的“头雁效应”，使党风政风为之一新，党心军心民心为之大振，也在事实上拉开了全面从严治党的历史序幕，吹响了进行党风廉政建设和反腐败斗争的战斗号角。

（二）在全党开展了党的群众路线教育实践活动

根据党的十八大的战略部署，从 2013 年 6 月至 2014 年 10 月，以习近平同志为核心的党中央领导并聚焦党的作风建设，以为民务实清廉为主题，在全党开展了党的群众路线教育实践活动，着力解决党内存在的形式主义、官僚主义、享乐主义和奢靡之风“四风”问题。通过为期一年多的教育实践活动，党员和领导干部的宗旨意识得到进一步增强，党的群众路线得到进一步贯彻落实并深入人心，进一步密切了党群、干群关系，使党的作风状况得到明显改善，人民群众对党和政府的满意度得到进一步提升，党在人民群众中

① 《十八大以来重要文献选编》（上），中央文献出版社 2014 年版，第 764 页。

② 中共中央宣传部：《习近平总书记系列重要讲话读本》，学习出版社、人民出版社 2016 年版，第 120～121 页。

的威信进一步提高。可以说，党的群众路线教育实践活动达到了预期的目的，取得了重大的成果。对此，习近平总书记在党的群众路线教育实践活动总结大会上的讲话中指出："一是广大党员、干部受到马克思主义群众观点的深刻教育，贯彻党的群众路线的自觉性和坚定性明显增强"①；"二是形式主义、官僚主义、享乐主义和奢靡之风得到有力整治，群众反映强烈的突出问题得到有效解决"②；"三是恢复和发扬了批评和自我批评的优良传统，探索了新形势下严肃党内政治生活的有效途径"③；"四是以转作风改作风为重点的制度体系更加完善，制度执行力和约束力得到增强"④；"五是影响群众切身利益的症结难点得到突破，党的执政基础更加巩固"⑤。

（三）在县处级以上领导干部中开展了"三严三实"专题教育

为了巩固和拓展党的群众路线教育实践活动的成果，中共中央办公厅于 2015 年 4 月印发了《关于在县处级以上领导干部中开展"三严三实"专题教育方案》，随即在全国县处级以上领导干部中开展了以"严以修身、严以用权、严以律己，谋事要实、创业要实、做人要实"为主要内容的"三严三实"专题教育。同年 9 月 10 日，习近平在十八届中央政治局第二十六次集体学习时对"三严三实"专题教育作出了具体部署：一是集中学习，二是专题党课，三是专题研讨，四是查摆整改，从而使专题教育更加严密有序。通过"三严三实"专题教育的开展，进一步巩固了前期群众路线教育实践活动成果，进一步提高了广大领导干部对"全面从严治党"重要意义的认识，使党内的政治生态得到进一步的改善。对此，习近平在中共中央政治局"三严三实"专题民主生活会上的讲话中指出："这次专题教育针对性强，对县处级以上领导干部在思想、作风、党性上进行了又一次集中'补钙'和'加油'，特别是绷紧了政治纪律和政治规矩这根弦，使深化党风廉政建设有了更加明确的

① 中共中央文献研究室编：《习近平总书记重要讲话文章选编》，中央文献出版社、党建读物出版社 2016 年版，第 161 页。

② 中共中央文献研究室编：《习近平总书记重要讲话文章选编》，中央文献出版社、党建读物出版社 2016 年版，第 162 页。

③ 中共中央文献研究室编：《习近平总书记重要讲话文章选编》，中央文献出版社、党建读物出版社 2016 年版，第 163 页。

④ 中共中央文献研究室编：《习近平总书记重要讲话文章选编》，中央文献出版社、党建读物出版社 2016 年版，第 163 页。

⑤ 中共中央文献研究室编：《习近平总书记重要讲话文章选编》，中央文献出版社、党建读物出版社 2016 年版，第 164 页。

方向。”①

（四）建立健全了党和国家监督体系

根据 2016 年 1 月 12 日习近平总书记在十八届中纪委第六次全体会议上提出的关于“要把党内监督同国家监督、群众监督结合起来，同法律监督、民主监督、审计监督、司法监督、舆论监督等协调起来，形成监督合力，推进国家治理体系和治理能力现代化”②的指示精神，党中央决定中央纪委和监察部合署办公，以强化党对党风廉政建设和反腐败工作的统一领导，并大力推进国家监察体制改革。此后，习近平在党的十九大报告中进一步强调，要“深化国家监察体制改革，将试点工作在全国推开，组建国家、省、市、县监察委员会，同党的纪律检查机关合署办公，实现对所有行使公权力的公职人员监察全覆盖。制定国家监察法，依法赋予监察委员会职责权限和调查手段，用留置取代‘两规’措施。改革审计管理体制，完善统计体制。构建党统一指挥、全面覆盖、权威高效的监督体系，把党内监督同国家机关监督、民主监督、司法监督、群众监督、舆论监督贯通起来，增强监督合力”③。在此基础上，2018 年 3 月召开的十三届全国人大一次会议通过的《中华人民共和国宪法修正案》，以国家根本大法的形式，对国家监察委员会和地方各级监察委员会的性质、地位、名称、人员组成、任期任届、领导体制、工作机制等作出了明确规定。据此，建立起了全面覆盖国家机关及其公务员的国家监察体系。可以说，党和国家监察体系的建立健全，形成了监督的合力，筑牢了不敢腐的堤坝，为持续推动党的作风建设提供了强有力的组织保障，以确保权力在阳光下运行。

（五）在全党范围内开展了“两学一做”学习教育

2016 年 2 月，习近平在对开展“两学一做”学习教育作出的批示中指出：“‘两学一做’学习教育是加强党的思想政治建设的一项重大部署，是协调推进‘四个全面’战略布局特别是推动全面从严治党向基层延伸的有力抓手，基础在学，关键在做。”④随即，中共中央办公厅于同年 2 月印发了《关于在全体党员中开展“学党章党规、学系列讲话，做合格党员”学习教育方案》，并要

① 中共中央文献研究室编：《习近平总书记重要讲话文章选编》，中央文献出版社、党建读物出版社 2016 年版，第 332 页。

② 《习近平谈治国理政》第 2 卷，外文出版社 2017 年版，第 169 页。

③ 习近平：《决胜全面建成小康社会 夺取新时代中国特色社会主义伟大胜利》，人民网，http://cpc.people.com.cn，2017 年 10 月 28 日。

④ 《习近平谈治国理政》第 2 卷，外文出版社 2017 年版，第 172 页。

求各地区各部门将其作为一项重大政治任务加以贯彻执行,“两学一做”学习教育在全党范围内顺利开展,并实现了制度化和常态化。通过这次学习教育的开展,进一步提高了全体党员遵守党章党规和学习贯彻习近平总书记系列讲话精神的自觉性,进一步解决了党员队伍在思想、组织、作风、纪律等方面存在的问题,进一步坚定了广大党员的马克思主义立场,进一步实现了全党在思想上政治上行动上同党中央保持高度一致,与此同时,确保了全面从严治党方略的实施,实现了全面从严治党战略布局从上到下、从“关键少数”到普通党员的全覆盖,从而使党员队伍的整体风貌得到了极大的优化。在此基础上,党的十九大对“两学一做”学习教育作出了新的部署,要求全党要继续“弘扬马克思主义学风,推进‘两学一做’学习教育常态化制度化,以县处级以上领导干部为重点,在全党开展‘不忘初心、牢记使命’主题教育,用党的创新理论武装头脑,推动全党更加自觉地为实现新时代党的历史使命不懈奋斗”[①]。可以说,“两学一做”学习教育的开展及其常态化制度化安排,不仅强化了广大党员的党的性质和宗旨意识,而且强化了广大党员的“四个意识”,进而为落实党中央的集中统一领导奠定了坚实的思想基础。

（六）出台了一系列党内规章制度,努力把权力关进制度的笼子

党的十八大以来,为了落实“全面从严治党”的战略布局,大力推进党风廉政建设和反腐败斗争,中共中央先后制定、修订、出台了50余部党内规章制度,如《中国共产党党内监督条例》《关于新形势下党内政治生活的若干准则》《中国共产党问责条例》《中国共产党地方委员会工作条例》《中国共产党纪律处分条例》《中国共产党统一战线工作条例(试行)》《中国共产党巡视工作条例》《中国共产党党组工作条例》《严格军队党员领导干部纪律约束的若干规定(试行)》《军队党组织发展党员规定》《党政主要领导干部和国有企业领导人员积极责任审计规定实施细则》《中国共产党发展党员工作细则》《党政领导干部选拔任用工作条例》《中央和国家机关差旅费管理办法》《党政机关国内公务接待管理规定》《党政机关厉行节约反对浪费条例》《关于领导干部报告个人有关事项的规定》《中国共产党党内法规和规范性文件备案规定》《中国共产党党内法规制定条例》《中国共产党党员领导干部廉洁从政若干准则》《中国共产党廉洁自律准则》《中国共产党党校工作条例》等等。这些党规制度的制定和修订,既是全面从严治党的题中应有之义,也是全面从严治党的重要举措,与此同时,为推动党的作风建设提供了制度保障和基本

① 习近平:《决胜全面建成小康社会 夺取新时代中国特色社会主义伟大胜利》,人民网,http://cpc.people.com.cn,2017年10月28日。

遵循，从而使党的作风建设在依纪管党、依规律党、依法治党的健康大道上阔步前行，并进一步把权力关进制度的笼子。

（七）坚决依法依纪惩处一大批党内腐败分子

党的十八大以来，以习近平总书记为核心的党中央狠抓党风廉政建设和反腐败斗争，坚持"老虎""苍蝇"一起打，不仅先后查处了包括周永康、徐才厚、郭伯雄、薄熙来、令计划、苏荣、孙政才等在内的党内一批"老虎"，而且还通过开展"天网""猎狐"专项行动以及巡视工作的全覆盖、制度化和常态化，查处了一大批滥用职权、贪污贿赂、腐化堕落、失职渎职的"苍蝇"，从而使"不敢腐的目标初步实现，不能腐的笼子越扎越牢，不想腐的堤坝正在构筑，反腐败斗争压倒性态势已经形成并巩固发展"①。可以说，党风廉政建设和反腐败斗争的有效开展和持续推进，充分体现了党纪面前人人平等、国法之下没有例外的公平正义原则，不仅极大地维护了党纪的权威、捍卫了国法的尊严，而且进一步提高了党组织的先进性和纯洁性，与此同时，进一步巩固了党的执政之基。

总之，党的十八大以来，以习近平同志为核心的党中央以舍我其谁的责任担当和踏石留印的坚强决心，以不畏艰险的顽强意志品质正风肃纪、反腐惩恶，以党的作风建设为抓手，弛而不息地推动全面从严治党，"消除了党和国家内部存在的严重隐患，党内政治生活气象更新，党内政治生态明显好转，党的创造力、凝聚力、战斗力显著增强，党的团结统一更加巩固，党群关系明显改善，党在革命性锻造中更加坚强，焕发出新的强大生机活力，为党和国家事业发展提供了坚强政治保证"②。这不但彰显了中国共产党立党为公、执政为民的坚定政治立场和不忘初心、牢记使命的庄严承诺，而且也极大地激发了广大党员和人民群众在党的领导下干事创业，夺取新时代中国特色社会主义伟大胜利，致力于实现中华民族伟大复兴中国梦的豪迈热情。

---

① 习近平：《决胜全面建成小康社会 夺取新时代中国特色社会主义伟大胜利》，人民网，http://cpc.people.com.cn，2017年10月28日。

② 习近平：《决胜全面建成小康社会 夺取新时代中国特色社会主义伟大胜利》，人民网，http://cpc.people.com.cn，2017年10月28日。

参考文献

（一）马克思主义经典作家著作

[1]《马克思恩格斯全集》第1～50卷，人民出版社1960～1985年版。

[2]《马克思恩格斯选集》第1～4卷，人民出版社2012年版。

[3]《马克思恩格斯文集》第1～10卷，人民出版社2009年版。

[4]《列宁全集》第1～52卷，人民出版社1984～1988年版。

[5]《列宁选集》第1～4卷，人民出版社2012年版。

[6]《列宁专题文集》（论无产阶级政党），人民出版社2009年版。

[7]《列宁专题文集》（论辩证唯物主义和历史唯物主义），人民出版社2009年版。

[8]《列宁专题文集》（论社会主义），人民出版社2009年版。

[9]《列宁专题文集》（论资本主义），人民出版社2009年版。

[10]《列宁专题文集》（论马克思主义），人民出版社2009年版。

[11]《列宁文稿》第1～17卷，人民出版社1977～1990年版。

[12]《斯大林选集》（上、下），人民出版社1979年版。

[13]斯大林：《列宁主义问题》，中共中央编译局译，人民出版社1974年版。

（二）党和国家领导人著作及党的有关文献

[1]《毛泽东选集》第1～4卷，人民出版社1991年版。

[2]《毛泽东文集》第1～8卷，人民出版社1993～1999年版。

[3]《刘少奇选集》（上、下），人民出版社1981、1985年版。

[4]《邓小平文选》第1～3卷，人民出版社1993～1994年版。

[5]《陈云文选》第1～3卷，人民出版社1995年版。

[6]薄一波：《整党和党的建设》，中共党史资料出版社1988年版。

[7]薄一波：《若干重大决策与历史事件的回顾》（上、下），中共中央党校出版社1993年版。

[8]江泽民:《论党的建设》,中央文献出版社 2001 年版。

[9]江泽民:《论“三个代表”》,中央文献出版社 2001 年版。

[10]《江泽民文选》第 1～3 卷,人民出版社 2006 年版。

[11]中共中央文献研究室编:《毛泽东、邓小平、江泽民论党的建设》,中央文献出版社、中央党校出版社 1998 年版。

[12]中共中央文献研究室编:《刘少奇论党的建设》,中央文献出版社 1991 年版。

[13]中共中央文献研究室编:《陈云论党的建设》,中央文献出版社 1995 年版。

[14]中共中央文献研究室编:《江泽民论加强和改进执政党建设》(专题摘编),中央文献出版社 2004 年版。

[15]《习近平谈治国理政》,外文出版社 2014 年版。

[16]《习近平谈治国理政》第 2 卷,外文出版社 2017 年版。

[17]中共中央宣传部:《习近平总书记系列重要讲话读本》,学习出版社、人民出版社 2016 年版。

[18]中共中央文献研究室编:《习近平总书记重要讲话文章选编》,中央文献出版社、党建读物出版社 2016 年版。

[19]本书编写组编著:《党的十九大报告学习辅导百问》,党建读物出版社、学习出版社 2017 年版。

[20]中共中央文献研究室编:《三中全会以来重要文献选编》(上、下),人民出版社 1982 年版。

[21]中共中央文献研究室编:《十二大以来重要文献选编》(上、中、下),人民出版社 1986～1988 年版。

[22]中共中央文献研究室编:《十三大以来重要文献选编》(上、中、下),人民出版社 1991～1993 年版。

[23]中共中央文献研究室编:《十四大以来重要文献选编》(上、中、下),人民出版社 1996～1999 年版。

[24]中共中央文献研究室编:《十五大以来重要文献选编》(上、中、下),人民出版社 2000～2003 年版。

[25]中共中央文献研究室编:《十六大以来重要文献选编》(上、中、下),人民出版社 2005～2008 年版。

[26]中共中央文献研究室编:《十七大以来重要文献选编》(上、中、下),人民出版社 2009～2013 年版。

[27]中共中央文献研究室编:《十八大以来重要文献选编》(上、中、下),人民出版社 2014～2016 年版。

（三）国内学者著作类文献

[1]胡绳:《中国共产党的七十年》,中共党史出版社 1991 年版。

[2]张静如等:《中国共产党思想史》,青岛出版社 1991 年版。

[3]龚育之:《从毛泽东到邓小平》,中共党史出版社 2002 年版。

[4]虞云耀:《党的建设研究》,中共中央党校出版社 2004 年版。

[5]蔡长水、刘振华:《新世纪党建九大问题》,江苏人民出版社 2000 年版。

[6]蔡长水:《论执政党的作风建设》,陕西人民出版社 2002 年版。

[7]陈登才、张文正、卢先福:《党的领导和党的建设》,中共中央党校出版社 2000 年版。

[8]卢先福、端木婕:《中国执政党建设研究》,上海人民出版社 2002 年版。

[9]赵云献、杨杰:《马克思主义政党学说史略》,甘肃人民出版社 1985 年版。

[10]赵云献:《列宁建党学说概述》,北京出版社 1984 年版。

[11]赵云献:《马克思主义政党建设原理》,人民出版社 1998 年版。

[12]林尚立:《党内民主——中国共产党的理论与实践》,上海社会科学出版社 2002 年版。

[13]俞良早:《列宁主义研究》,广西人民出版社 1993 年版。

[14]俞良早:《列宁后期思想探要》,湖北人民出版社 1995 年版。

[15]俞良早:《创论"东方列宁学"》,南京师范大学出版社 2004 年版。

[16]唐鸣、俞良早:《共产党执政与社会主义建设》,人民出版社 2008 年版。

[17]张冀星、贺翠香、陈岸瑛:《读懂列宁》,四川人民出版社 2001 年版。

[18]陶文昭、郭悦、邹星:《列宁传》,当代世界出版社 1998 年版。

[19]季正聚:《列宁传》,人民日报出版社 2009 年版。

[20]叶卫平:《西方"列宁学"研究》,中国人民大学出版社 1991 年版。

[21]甄小英:《党的建设理论》,中国青年出版社 1992 年版。

[22]陆南泉、蒋长斌、徐葵、李静杰:《苏联兴亡史论》,人民出版社 2002 年版。

[23]黄苇町:《苏共亡党十年祭》,江西高校出版社 2000 年版。

[24]张慕良:《列宁民主集中制奥秘初探》,中央编译出版社 2012 年版。

[25]王进芬:《列宁共产党执政思想研究》,中共中央党校出版社 2008 年版。

[26]孙祚成、付广存、曹胜强:《马克思主义政党学说要籍概述》,吉林大

学出版社 1991 年版。

[27]吴美华:《马克思主义党的学说和党的建设》,中国人民大学出版社 2007 年版。

[28]邢广成:《列宁对社会主义的探索》,长春出版社 2009 年版。

[29]郭华甫:《列宁苏维埃政权建设思想与当代中国》,合肥工业大学出版社 2009 年版。

[30]魏泽焕:《马克思主义党的学说及其发展》,广东人民出版社 2001 年版。

[31]魏泽焕:《列宁执政党领导思想研究》,中共中央党校出版社 1994 年版。

[32]黄飏:《马克思主义党风建设理论中国化研究》,世界图书出版广东有限公司 2011 年版。

[33]刘志明:《列宁社会主义建设理论与实践研究》,经济科学出版社 2013 年版。

[34]顾训宝:《列宁执政党学习思想研究》,中国社会科学出版社 2013 年版。

[35]张友谊:《马克思恩格斯党的建设思想研究》,中共中央党校出版社 2007 年版。

[36]张洪修:《列宁党的建设思想研究》,中共中央党校出版社 2007 年版。

[37]周叶中、邓联繁:《党的作风建设的新视野——基于宪法学思维方式的一种研究》,人民出版社 2002 年版。

[38]王昌英:《列宁时代观研究》,中央编译出版社 2011 年版。

[39]尹彦:《列宁时期的党内民主》,厦门大学出版社 2003 年版。

[40]彭大成:《列宁的社会主义观》,湖南师范大学出版社 2002 年版。

[41]俞敏、李小珊:《列宁后期重要著作与理论创新》,人民出版社 2011 年版。

[42]张士海:《"列宁主义观"历史流变研究》,山东大学出版社 2012 年版。

[43]徐鸿武:《从列宁到邓小平——民主理论发展轨迹》,中共中央党校出版社 1997 年版。

[44]张荣臣:《马克思主义执政党建设理论研究》,红旗出版社 2006 年版。

[45]黄宏、谷松:《东欧剧变与执政党建设》,红旗出版社 1991 年版。

[46]李新泰:《马克思主义学风论》,中共中央党校出版社 2001 年版。

[47]田培炎、李长峰:《政党作风片论》,人民出版社 2004 年版。

[48]赵晓呼:《政党论》,天津人民出版社 2002 年版。

[49]刘晶芳:《中国共产党优良作风建设史》,中共中央党校出版社 1998

年版。

[50]刘俊奇:《党风建设研究》,湖北人民出版社2003年版。

[51]晋乾泰:《中国共产党作风建设学》,红旗出版社1993年版。

[52]高放:《政治学和政治体制改革》,中国书籍出版社2002年版。

[53]沈志华:《一个大国的崛起与崩溃:苏联历史研究(1917~1991)》上册,社会科学文献出版社2009年版。

[54]王长江、姜跃:《现代政党执政方式比较研究》,上海人民出版社2002年版。

[55]王长江:《苏共——一个大党衰落的启示》,河南人民出版社2002年版。

[56]王伟光:《社会主义发展史》第3卷,人民出版社2011年版。

[57]宋则行、樊亢:《世界经济史》上卷,经济科学出版社1993年版。

[58]叶卫平:《西方"列宁学"研究》,中国人民大学出版社1991年版。

[59]陆南泉等:《苏联兴亡史论》,人民出版社2004年版。

(四)国外学者著作类文献

[1][苏]娜·康·克鲁普斯卡娅:《列宁回忆录》,哲夫译,人民出版社1960年版。

[2][苏]托洛茨基:《论列宁》,王家华、张海滨译,三联书店1980年版。

[3][苏]亚历山大·季诺维也夫:《列宁主义——列宁主义研究导论》,郑异凡、郑桥译,东方出版社1989年版。

[4][德]卡尔·考茨基:《无产阶级专政》,叶至译,三联书店1963年版。

[5][德]克拉拉·蔡特金:《列宁印象记》,马清槐译,三联书店1979年版。

[6][苏]格·马·克尔日扎诺夫斯基:《伟大的列宁》,彭卓吾译,档案出版社1987年版。

[7][美]路易斯·费希尔:《神奇的伟人——列宁》,彭卓吾译,中国社会科学出版社1989年版。

[8][美]路易斯·费希尔:《列宁》(上、下),彭卓吾译,国际文化出版公司2010年版。

[9][匈]卢卡奇:《列宁关于思想统一性的研究》,张冀星译,(台北)远流出版事业股份有限公司1991年版。

[10][英]戴维·麦克莱伦:《马克思以后的马克思主义》,李智译,中国人民大学出版社2004年版。

[11][美]罗伯特·文森特·丹尼尔斯:《革命的良心——苏联党内反对派》,高德平译,北京出版社1985年版。

[12][美]莫里斯·迈斯纳:《马克思主义、毛泽东主义与乌托邦主义》,张宁等译,中国人民大学出版社 2005 年版。

[13][法]罗曼·罗兰:《莫斯科日记》,袁俊生译,上海人民出版社 1995 年版。

[14][德]赫尔曼·韦伯尔:《列宁》,王源译,河北教育出版社 2001 年版。

[15][苏]祖波克:《第二国际史》第 2 卷,南开大学外文系译,人民出版社 1984 年版。

(五)学术期刊类文献

[1]周泳、徐世钦:《列宁反对官僚主义的斗争》,《暨南学报(哲学社会科学版)》1985 年第 1 期。

[2]陈显泗、黄家泉:《十月革命胜利后列宁反对官僚主义的斗争》,《郑州大学学报(哲学社会科学版)》1981 年第 1 期。

[3]闵宝力:《列宁反对官僚主义的斗争及其历史经验》,《外国问题研究》1987 年第 4 期。

[4]李剑:《略论列宁反对官僚主义的斗争》,《理论学刊》1987 年第 6 期。

[5]谢冠超:《列宁反对官僚主义的理论与实践》,《河南师范大学学报(哲学社会科学版)》1988 年第 1 期。

[6]万春生:《列宁反对官僚主义的理论与实践》,《苏联东欧问题》1988 年第 3 期。

[7]禹如琦:《列宁反对特权思想的斗争》,《马克思主义研究》1986 年第4 期。

[8]姬金铎:《列宁反腐败斗争的理论与实践》,《中国青年政治学院学报》1991 年第 2 期。

[9]刘彦章:《列宁反腐败二三事》,《马克思主义与现实》1991 年第 1 期。

[10]魏倩、孙景峰:《列宁关于无产阶级政党同劳动群众密切联系的理论与实践》,《苏州大学学报》1993 年第 1 期。

[11]杨福禄:《列宁关于执政党密切联系群众的理论与实践》,《山东师大学报(社会科学版)》1991 年第 3 期。

[12]杨秀彬:《列宁关于执政党密切联系群众的理论与实践探索》,《浙江社会科学》1991 年第 3 期。

[13]李忠杰:《列宁论党与人民群众的血肉联系》,《国际共运史研究》1990 年第 2 期。

[14]张晓敏:《列宁论官僚主义产生的深层次原因及反对官僚主义的原则》,《河南师范大学学报(哲学社会科学版)》1991 年第 4 期。

[15]李俊明:《列宁论官僚主义现象和社会主义民主的形式》,《理论探讨》1992 年第 3 期。

[16]刘义泉:《列宁论官僚主义现象和社会主义民主的形式》,《厦门大学学报(哲学社会科学版)》1984 年第 2 期。

[17]张希:《列宁晚年的监督思想与反对官僚主义》,《西北大学学报(哲学社会科学版)》1992 年第 2 期。

[18]E. 维滕贝格:《论列宁反对个人崇拜》,刘光慧译,《国外社会科学》1989 年第 11 期。

[19]潦水:《关于执政党的党风关系到党的生死存亡的观点》,《求实》1988 年第 5 期。

[20]张冬平:《加强党风建设的重要意义》,《合肥工业大学学报(社会科学版)》1991 年第 2 期。

[21]张振东:《具体地分析具体的情况:学习列宁关于无产阶级执政党党风建设的理论》,《中州学刊》1984 年第 1 期。

[22]包心鉴:《论党风和党性》,《理论学刊》1985 年第 2 期。

[23]李宗远:《略论党风与世界观》,《青海社会科学》1991 年第 3 期。

[24]白玉民、储瑞耕、赵子平:《提高党员质量　增强党的战斗力——学习列宁领导俄共(布)加强党的建设的历史经验》,《河北学刊》1982 年第 2 期。

[25]陈先煌:《试论端正党风的关键与途径》,《江西社会科学》1986 年第 1 期。

[26]A. 奥库索夫:《官僚主义及其克服途径》,周金生译,《国外社会科学》1989 年第 2 期。

[27]R. 柴卢里科夫:《列宁反对官僚主义和拖拉作风》,刘光慧译,《国外社会科学》1987 年第 12 期。

[28]A. 兹维列夫:《列宁论官僚与官僚主义的实质》,毛信仁、杨希钺译,《苏联问题参考资料》1988 年第 3 期。

[29]方思远、谢锺若:《略论无产阶级执政党的党风问题》,《华南师范大学学报(社会科学版)》1981 年第 4 期。

[30]牛安生、刘彦昌:《〈关于实行党风廉政建设责任制的规定〉的理性思考》,《河南社会科学》2001 年第 1 期。

[31]窦凌:《邓小平学风观初探》,《桂海论丛》1999 年第 2 期。

[32]张有军、林建华:《反腐防腐惩腐——列宁加强党政机关廉政建设的理论与实践》,《石油大学学报(社会科学版)》2001 年第 6 期。

[33]李乐宣、范爱武:《论新形势下党的作风建设》,《南京理工大学学报

（社会科学版）》2001年第6期。

[34]龚廷泰：《官僚主义的体制原因及其消解手段——重温列宁反对官僚主义的理论与实践》，《江苏社会科学》1998年第5期。

[35]张克敏：《进一步弘扬马克思主义学风》，《中国党政干部论坛》1998年第12期。

[36]杨明佳：《列宁党群关系理论初探》，《武汉理工大学学报（社会科学版）》2001年第5期。

[37]钟晓雄：《列宁反对官僚主义的探索》，《岭南学刊》1999年第3期。

[38]李宗楼：《列宁反对官僚主义的理论与实践》，《安徽师大学报》1995年第2期。

[39]周克武、徐一飞：《列宁关于党风建设的理论与实践》，《渝州大学学报（社会科学版）》2002年第1期。

[40]周克武、徐一飞：《列宁关于保持党与群众血肉联系的理论与实践》，《广西社会科学》2002年第1期。

[41]窦效民：《列宁关于党风廉政建设的理论与实践》，《郑州大学学报（哲学社会科学版）》1998年第6期。

[42]王庆海：《列宁关于密切与群众联系的理论与实践》，《东欧中亚研究》2000年第6期。

[43]刘爱华：《列宁关于无产阶级执政党反腐防变的原则和重要举措》，《内蒙古大学学报（哲学社会科学版）》1994年第2期。

[44]徐隆彬：《列宁廉政建设和惩治腐败的理论与实践》，《东欧中亚研究》1995年第5期。

[45]徐卫国：《列宁论无产阶级执政党的根本任务》，《中南财经政法大学学报》2002年第1期。

[46]胡连生：《论列宁的反腐倡廉思想》，《理论探讨》1995年第5期。

[47]何礼利：《论党风和党性》，《湖南社会科学》1998年第3期。

[48]李乐宣、范爱武：《论新形势下党的作风建设》，《南京理工大学学报（社会科学版）》2001年第6期。

[49]贺瑞：《试比较列宁与邓小平监督执政党思想》，《内蒙古师大学报（哲学社会科学版）》1997年第5期。

[50]江传彬：《学习列宁关于反腐败思想的思考》，《西南民族大学学报（人文社科版）》2003年第11期。

[51]宁锦歌、王军：《反思与超越：列宁晚年保持党的纯洁性思想的当代解读》，《南京政治学院学报》2013年第1期。

[52]赵清华：《工人阶级执政党保持团结统一的列宁思想钩沉》，《南华

大学学报(社会科学版)》2012 年第 3 期。

[53]杨海波:《官僚主义的文化探源与启示——列宁基于逻辑判断与现实选择的分析》,《湖北社会科学》2012 年第 5 期。

[54]黄勇:《列宁党群关系理论的再认识》,《江汉论坛》2013 年第 7 期。

[55]陈海英、司春燕、魏力超:《列宁的廉政思想及对我国廉政建设的启示》,《河北大学学报(社会科学版)》2013 年第 3 期。

[56]林燕:《列宁的执政党密切联系群众思想及时代意义》,《黑龙江社会科学》2008 年第 5 期。

[57]田猛:《列宁对官僚主义的透视和剖析》,《西安交通大学学报(社会科学版)》2011 年第 3 期。

[58]吴波:《列宁关于无产阶级政党群众路线思想及其启示》,《北京航空航天大学学报(社会科学版)》2016 年第 5 期。

[59]俞敏:《列宁反对"革命空谈"的话语及思想》,《当代世界与社会主义》2008 年第 6 期。

[60]刘雪明、黄欣:《列宁反腐倡廉思想及其启示》,《湖北社会科学》2011 年第 2 期。

[61]董世明:《列宁反腐倡廉思想述论》,《广州大学学报(社会科学版)》2011 年第 2 期。

[62]王进芬:《列宁关于反对"革命空谈"的思想》,《学术论坛》2009 年第 12 期。

[63]王进芬:《列宁关于执政党争取群众认同和支持的重要思想》,《马克思主义研究》2007 年第 6 期。

[64]王进芬:《俄共(布)十大对党内民主的争论及其走向和影响》,《当代世界和社会主义》2016 年第 5 期。

[65]蒯正明:《列宁关于密切党群关系的思想与现实启示》,《社会主义研究》2013 年第 6 期。

[66]沈其新、邓学源:《列宁廉洁文化观的政治伦理解读》,《学术论坛》2010 年第 4 期。

[67]赵先明:《列宁论腐败现象的存在与俄共(布)的历史联系》,《社会科学家》2012 年第 10 期。

[68]寇清杰:《列宁人民群众观及其当代价值》,《思想理论教育导刊》2013 年第 10 期。

[69]郭春生、王书文:《论列宁的反特权思想》,《中国延安干部学院学报》2012 年第 1 期。

[70]徐世杰:《论列宁的马克思主义学风观》,《理论探讨》2004 年第

6 期。

[71]张国安:《论列宁对巴黎公社公仆原则的坚持与发展》,《理论探讨》2007 年第 6 期。

[72]赵清华、苏凤超:《论列宁工人阶级执政党保持团结统一的价值观——列宁的执政党建设理论与实践钩沉》,《中北大学学报(社会科学版)》2012 年第 5 期。

[73]龚廷泰:《论列宁关于权力监督的理论与实践》,《江海学刊》2005 年第 3 期。

[74]秦义、许斗斗:《列宁党内团结思想及其当代价值》,《学校党建和思想教育》2015 年第 13 期。

[75]孟宪平:《马列主义群众观论析》,《中国特色社会主义研究》2013 年第 5 期。

[76]王永浩:《试论列宁的反腐倡廉思想》,《求实》2011 年第 1 期。

[77]李慎明:《苏联亡党亡国 20 年祭(上)——俄罗斯人在诉说》,《马克思主义研究》2012 年第 3 期。

[78]李慎明:《苏联亡党亡国 20 年祭(下)——俄罗斯人在诉说》,《马克思主义研究》2012 年第 4 期。

[79]许蓉:《列宁关于密切党群关系的思想及启示》,《理论探索》2009 年第 2 期。

[80]魏泽焕:《学习列宁开展反腐败斗争的宝贵经验》,《中国党政干部论坛》2007 年第 2 期。

[81]魏泽焕:《学习列宁开展批评与自我批评的勇气和方法》,《中国党政干部论坛》2005 年第 4 期。

[82]曾光梅、曹希岭:《列宁的党政监督思想论析》,《学习论坛》2015 年第 12 期。

[83]郑异凡:《俄共(布)党内民主问题的历史考察》,《理论参考》2004 年第 9 期。

[84]张五钢:《列宁民主政治建设思想的历史意蕴及当代价值》,《甘肃社会科学》2012 年第 5 期。

[85]陈登才:《马克思列宁关于政党建设的基本理论研究》,《中国延安干部学院学报》2009 年第 4 期。

[86]高放:《列宁对党内民主建设的探索——兼评列宁晚年民主思想》,《厦门特区党校学报》2003 年第 5 期。

[87]俞良早:《列宁逝世前夕关于加强党建的重要思想》,《当代世界与社会主义》2002 年第 2 期。

[88]季正聚:《戈尔巴乔夫时期苏共党内民主建设的教训及启示》,《中国延安干部学院学报》2011年第6期。

[89]秦宣:《"全民党"的思潮与现实》,《高校理论战线》2002年第8期。

[90]沈志华:《新经济政策与苏维埃俄国向社会主义过渡》,《管理世界》1987年第4期。

[91]蔡亚志:《社会主义民主思想与中国特色社会主义民主政治建设》,《科学社会主义》2011年第1期。

[92]蒋逸民:《列宁晚年的权力制约思想及其启示》,《社会主义研究》1996年第4期。

[93]宁锦歌、李宝江:《列宁晚年对政党精英权力制约与监督的思考》,《河北学刊》2013年第2期。

[94]司永海:《列宁党内民主环境思想探析》,《湖北社会科学》2011年第5期。

[95]顾玉兰:《列宁关于无产阶级民主建设思想的价值诉求及当代启示》,《马克思主义研究》2012年第5期。

[96]尹彦:《列宁时期的党内民主》,《当代世界与社会主义》2003年第2期。

[97]王晓秋、刘世华:《列宁时期前苏联的民主得失及其启示》,《学术交流》2013年第3期。

[98]叶剑锋:《列宁推进党内民主的历史经验》,《当代世界与社会主义》2006年第6期。

[99]柳礼泉、戴晓慧:《论列宁党内批评思想及其当代价值》,《马克思主义研究》2016年第1期。

[100]杨萍:《论列宁对无产阶级政党党内民主建设的理论贡献》,《东岳论丛》2011年第11期。

后　记

时光飞逝，岁月如歌。不经意间，我从中央财经大学马克思主义学院毕业已近一年。回望自己博士研究生阶段学习生活的点点滴滴，感慨颇多。在那里，曾经，既有求知的热切渴望，又有冷静的深刻思考；既有老师的谆谆教诲，又有同学间的相互启发；既有课堂上的严肃认真，又有课后的生动活泼；既有苦思时的孤单寂寥，又有顿悟时的欢欣鼓舞；等等。如今，伴随着这一幕幕场景的渐行渐远，愈发感觉到这段美好时光之于我人生的弥足珍贵。在此，我要深深地感谢我的导师韩小谦教授对我的教诲，还要感谢李志军教授、王春玺教授、张世飞教授等诸位老师对我的提点。当然，我还要感谢我的妻子和女儿对我的大力支持和默默付出，是她们为我的研究工作注入了源源不断的精神动力。

另外，我还要感谢山东大学出版社的各位编辑老师为本书的出版提供的巨大帮助。

特别需要指出的是，由于列宁党风建设思想与实践的博大精深和丰富多彩，加之本人的认识有限，所以本书不过是撷取了浩瀚汪洋的一朵小小的浪花而已，但是我仍然衷心希望这一朵小小的浪花能够折射出列宁党建思想与实践的华彩和光芒。

李桂树

2018 年 3 月 23 日于延安